리더의 자기혁신

HARVARD BUSINESS REVIEW ON MANAGING YOURSELF

Original work copyright © 2005
Harvard Business School Publishing Corporation
All rights reserved.

This Korean edition was published by Book21 Publishing Group in 2010
by arrangement with Harvard Business Press, Boston, MA
through KCC(Korea Copyright Center Inc.), Seoul.

이 책은 한국저작권센터(KCC)를 통한 저작권자와의 독점 계약으로 (주)북이십일에서 출간되었습니다.
저작권법에 의해 한국 내에서 보호를 받는 저작물이므로 무단전재와 무단복제를 금합니다.

리더의 자기혁신

자아실현과 리더십 개발을 위한 자기관리 원칙

헤르미니아 이바라 외 지음
김정혜 옮김

www.book21.com

| 발간사 |

시대를 뛰어넘는 현대경영학의 진수

지금으로부터 100여 년 전인 1908년은 경영의 역사에서 상당히 의미 있는 해라고 볼 수 있다. 한때 세계 최고의 기업이었지만 지금은 파산 신청 이후 새로운 회사로 거듭나려고 하는 미국 자동차 회사 GM이 설립된 해가 1908년이다. 또한 그보다 5년 앞서 설립된 포드가 본격적으로 조립식 생산방식을 도입해 '모델 T'라고 불리는 자동차를 생산하기 시작한 해도 1908년이다. 그러나 무엇보다 주목해야 할 것은 전 세계 경영학 교육의 메카라 불리는 '하버드 비즈니스 스쿨'이 1908년에 설립되었다는 점이다. 물론 최초의 경영학 교육기관은 1881년 설립된 펜실베이니아 대학의 와튼 스쿨이다. 그럼에도 불구하고 우리가 하버드 비즈니스 스쿨에 주목하는 것은 이 대학이 경영학 교육은 물론 실제 기업 경영에 미친 지대한 공헌 때문일 것이다.

실사구시의 전통

공교롭게도 하버드 비즈니스 스쿨의 시작은 경영학의 출발을 알리는 신호탄이었다. 1636년 설립된, 미국에서 가장 오래된 대학 중 하나였던 하버드가 본격적으로 경영학 교육에 뛰어들었다는 상징성 외에도, 하버드 비즈니스 스쿨은 경영학 교육의 정체성을 확립하는 데 결정적인 역할을 했기 때문이다. 경영학의 역사에서 해묵은 논쟁 중의 하나는 학문의 정체성을 둘러싼 논란이다. '경영학은 과연 과학인가 아니면 기술인가?'

  사실 기업의 역사는 경영학의 역사보다 훨씬 길다. 굳이 기업의 역사를 들먹이지 않더라도 화학 산업의 선두주자인 듀폰이 1802년에 설립되었으며, 석유 산업의 원조인 '스탠다드 오일'과 유통 산업의 개척자인 '시어스'는 1870년과 1886년에 이미 설립되었다. 따라서 경영학이 존재하지 않던 시절에도 기업은 경영자에 의해 운영되고 있었다. 그러나 듀폰의 설립으로부터 100년이 훨씬 지난 1911년 프레데릭 테일러라는 한 경영자에 의해 경영학은 과학이라고 하는 역사적인 출발을 알리게 되었다.

  미드베일과 베들레헴 철강회사의 엔지니어였던 테일러는 생산 현장에서 쌓았던 자신의 경험과 연구 성과들을 정리해서 1911년에 『과학적 관리법의 원리(The principles of scientific management)』라는 책을 출간하였다. 이 책이 바로 후대 경영학자들에 의해 테일러가 경영학의 아버지로 칭송되는 결정적인 근거가 되었다. 한 가지 재미있는 사실은 그가 하버드 대학에 합격하고도 시력 악화로 진학을 포기하고 경영자의 길을 걸었다는 점이다. 아무튼 이 책에서 그는 작업에 소요되는 시간과 작업자의 동작에 대한 연구를 통해 하루의 공정한 작업량을 측정하고 이에 근거해서 근로자들을 관리하였다. 즉 단순한 감이나 오랜 경험과 같은 주먹구구식 방법이 아니라, 과학적 지식을 이용해서 기업 현장의 생산성을 향상시킬 수 있다는 점을 최초로 실증하였던 셈이다.

  이로부터 개발된 경영학적 지식들이야말로 바로 이러한 테일러의 사상에 기반을 두고, 과학적인 연구 결과와 방법론들을 통해 기업 경영의 효율성을 제고시키는 역할을 해왔다. 이처럼 경영학은 과학적인 지식을 활용해서 기업 현실의 문제를 풀어간다는 의미에서 과학이면서 동시에 기술이라는 양면성을 갖고 있다고 봐야 한다. 하지만 하버드 비즈니스 스쿨이야말로 경영자들이 당면한 기업 현실의 문제를 해결하기 위한 과학적 지식과 방법을 연구하고 전파시키는 경영학 교육 본연의 모습, 즉 원형을 창조하고 발전시킨 기관이라고 할 수 있다. 하버드 비즈니스 스쿨이 경영학 교육에 끼친 지대한 영향은 크게 다음 세 가지로 요약할 수 있다. 기업 사례의 개발과 활용, MBA 교육의 시작, 『하버드 비즈니스 리뷰』의 발간 등이다.

기업 사례란 경영자들이 직면한 실제의 경영 상황을 설명해 주는 자료로, 학생들이 특정 기업이 처해 있는 실제적인 상황을 분석하고 토론하여 최종적인 의사결정을 해봄으로써 경영자들이 실제 경영에서 얻은 것과 유사한 경험을 갖게 하는 데 목적이 있다. 수업 시간에 주어진 사례를 분석하고 토론하는 과정에서 학생들은 단순한 강의로는 얻을 수 없는 경영의 지혜를 스스로 터득할 수 있다. 사실 사례는 오래전부터 의학이나 법학 분야에서 교육 목적으로 널리 활용되어 왔다. 병원에 있는 실제 환자의 사례 혹은 법정에서의 판례는 실제 의사나 판·검사, 변호사가 되기 이전에 학생들에게 충분한 교육과 연습으로서의 가치를 지닌 교육 자료이자 방법이었다.

하버드 비즈니스 스쿨은 경영학 최초로 1910년부터 강의 외에 학생들에게 토론의 기회를 주는 사례교육을 도입하였다. 뿐만 아니라 기업의 경영자들이 학교에 초빙되어 기업이 당면하고 있는 문제점을 제시하고, 이러한 문제점에 대해 학생들과 토론하는 수업이 진행되었다. 하버드 비즈니스 스쿨에 의해 시작된 사례교육 방법은 경영에 관한 일반적 지식을 다양한 현실에 적용시킬 수 있는 능력을 배양하는 효과적인 방법이었다. 강의식 교육이 교수의 주도적 역할에 의해 일반적인 지식을 학생에게 전수시키는 것이라면, 사례교육 방법은 학생의 적극적

참여에 의해 스스로 깨우치는 것에 초점을 두는 방법이라 할 것이다.

게다가 사례는 허구의 이야기가 아니라 생생한 기업 현장의 스토리였다. 강의실에서 가르치는 지식이 주로 보편적이고 일반적인 지식인 데 반해, 실제 경영현상은 매우 다양하고 복잡했기 때문에 사례는 이러한 이론과 현실 간의 차이를 메워줄 수 있는 효과적인 수단이었던 셈이다. 지금도 하버드 비즈니스 스쿨은 경영학 모든 분야의 교육용 사례를 개발해서 배포하는 선두 기관으로 자리매김하고 있다. 과학적 지식뿐만 아니라 활발한 사례 개발과 교육을 통해 하버드 비즈니스 스쿨은 실사구시의 학풍을 확고히 정립할 수 있었다.

『하버드 비즈니스 리뷰』의 발간

1921년 하버드 비즈니스 스쿨이 최초로 경영자를 육성하는 MBA 교육을 시작할 무렵, 경영학계에는 두 가지 의미 있는 일이 시작되었다. 첫 번째로 당시 신임 돈햄(Donham) 학장의 전폭적인 후원하에, 앞서 설명한 사례교육이 경영학 교육과정에 확고히 자리 잡기 시작했다. 법학자였던 돈햄 학장은 이미 사례교육에 익숙했고, 경영학에서도 사례교육이 중요하다는 확신을 갖고 사례교육 방법을 전 교과과정에서 채택하도록 노력했다. 이후 사례교육은 미국의 각 대학으로 번져나갔다.

두 번째로 『하버드 비즈니스 리뷰』라는 경영 학술지가 1922년부터 발간되기 시작했다. 『하버드 비즈니스 리뷰』는 여타 학술지와 다른 독특한 특성을 갖고 있었는데, 이는 하버드 비즈니스 스쿨의 실사구시 학풍과도 밀접한 관계가 있었다. 우선 『하버드 비즈니스 리뷰』는 일반적인 학술지와는 달리 철저하게 경영자를 위한 학술지였다. 통상 학술지라고 하면 학자들이 까다로운 기준에 맞춰 연구한 내용을 발표하기 때문에 일반 경영자들보다는 학자나 박사과정 학생들이 즐겨보는 것이 현실이다. 물론 엄밀한 과학성을 추구하는 것은 학술지로서 갖추어야 할 중요한 요건이지만, 학술지들이 너무 지나친 자기검열 기준에 따라 경영학 지식을 다루다보니 경영자들이 쉽게 읽고 이해하는 것이 어렵게 되어버렸다.

하지만 『하버드 비즈니스 리뷰』는 거의 유일하게 창간 이후 지금까지 독창적이면서 혁신적인 경영 아이디어를 다루면서도 결코 경영자들을 실망시키지 않는 풍부한 시사점을 갖춘 경영의 주제들을 담고 있다. 엄격한 학문적인 기준에서는 『하버드 비즈니스 리뷰』는 학술지가 아니라 경영 잡지에 불과하다는 혹독한 비판도 있지만, 기업계는 물론 학계나 기타 컨설팅 업계에서도 『하버드 비즈니스 리뷰』를 인정하는 것은 시대를 관통하는 촌철살인의 문제의식과 독창적인 아이디어를 담고 있기 때문이다. 이제 막 100년을 넘긴 경영학의 역사에서 한 시대를 대표하는 핵심적인 이론과 개념들이 『하버드 비즈니스 리뷰』를 통해 발표되었다는 것은 주목할 만한 일이다.

예컨대 마이클 포터의 산업구조분석(5 forces model), 게리 하멜의 핵심역량(core competence), 마이클 해머의 리엔지니어링(reengineering), 로버트 캐플란의 균형성과표(balanced scorecard) 등 경영학의 역사에서 하나의 변곡점을 만들어낸 주요 개념과 이론들이 『하버드 비즈니스 리뷰』를 통해 소개되었다. 뿐만 아니라 20세기 초의 GM, 포드, 듀폰, 코닥, P&G는 물론 20세기 후반 GE, IBM, 인텔, 마이크로소프트, 애플, 구글 등 수많은 성공 기업의 사례도 이 학술지를 통해 전 세계적으로 널리 알려지게 되었다. 어디 그뿐인가? 우리는 『하버드 비즈니스 리뷰』를 통해 피터 드러커, 테오도르 레빗, 로자베스 모스 캔터, C. K. 프라할라드, 잭 웰치, 마이클 델 등 세계적인 석학이나 성공한 경영자의 사상과 경험들을 접할 수도 있다. 전 세계적으로 유명한 학자나 성공한 기업가, 똑똑한 컨설턴트들이 자신의 원고를 『하버드 비즈니스 리뷰』에 게재하고 싶어 안달인 것은 그만큼 이 학술지가 업계에 미치는 엄청난 영향력을 잘 알고 있기 때문이다.

그동안 『하버드 비즈니스 리뷰』는 시대를 앞선 트렌드와 시대를 넘어서는 고전이라는 두 마리 토끼를 동시에 잡아왔다. 이 학술지에 실린 글들 중 상당수는 당시의 트렌드를 잘 반영하고 있지만, 그렇다고 해서 이 글들은 일시적인 유행에만 머문 것이 아니라 시대를 관통하는 경영학의 고전들이 되었다. 마이클 포터의 산업구조분석에 대한 연구가 없었다면 경영자들은 아직도 산업 내에서 벌어지는 기업 간 경쟁에 대해서 체계적으로 대응할 수 없었을 것이다. 마이클 해머의 리엔지니어링 개념이 소개되지 않았다면, 아마도 많은 경영자들이 기업 내 다양한 프로세스의 중요성을 인식하지 못했을 것이고, 여전히 고객들은 다양한 부서들의 틈바구니에서 불편함을 겪었을 것이다. 또한 로버트 캐플란이 균형성과표를 소개하지 않았다면, 경영자들은 아직도 단기적인 재무 성과 지표들에만 집착한 나머지 장기적인 관점에서 기업의 성과에 영향을 미치는 고객이나 내부 프로세스, 종업원 등에 대한 성과 측정과 개선이 이루어지지 않았을 것이다.

현대 경영학의 결정판

이런 관점에서 이번에 21세기북스에서 발간되는 '하버드 비즈니스 클래식'은 지난 100년간 발전되어온 현대 경영학의 진수를 제대로 살펴볼 수 있는 좋은 기회라고 생각된다. 1990년대 말부터 『하버드 비즈니스 리뷰』에서는 학술지에 실렸던 우수한 논문이나 기고문 중에서 시대를 넘어서는 글들을 엄선해서 주제별 단행본을 출간하고 있다. 예컨대 변화관리, 리더십, 브랜드 관리, 윤리경영 등 다양한 주제별로 『하버드 비즈니스 리뷰』에 발표되었던 주옥 같은 글들을 묶어서 정리하는 방식이다. 즉 시대별로 발간되는 『하버드 비즈니스 리뷰』를 주제별로 묶어서 재발간하는 셈이다. 이 단행본들을 이번에 21세기북스에서 '하버드 비즈니스 클래식'이라는 제목으로 소개하게 된 것이다.

'하버드 비즈니스 클래식'은 다음과 같은 세 가지 측면에서 경영자들이나 학생들에게 큰 도움을 줄 수 있다고 생각한다. 첫째, 다양성이다. 각각의 단행본들이 다루고 있는 주제들에 대한 다양한 시각을 살펴볼 수 있다. 굉장히 복잡한 경영의 이슈들을 하나의 이론이나 주장으로 이해한다는 것은 애초부터 불가능한 일이었을 것이다. 예컨대 기업의 영원한 숙제인 '성장 전략'만 하더라도 한두 개의 이론이나 사례로 해결할 수 있는 이슈가 아니다. 기업이 성장하기 위해서는 기존 사업을 혁신시킬 수도 있고, 다른 기업을 인수합병할 수도 있다. 마찬가지로 신규 사업으로 다각화할 수도 있고 파트너들과의 전략적 제휴를 활용할 수도 있다. 하버드 비즈니스 클래식은 성장 전략에 대해 유일무이한 하나의 해답을 제공하려고 애쓰지 않고, 각기 다른 시각에서 연구되어 온 다양한 시각을 제공한다. 그리고 마치 토론을 통해 스스로 해답을 찾아가는 사례교육 방법처럼, 다양한 시각을 담은 글 속에서 독자들 스스로 깨달음을 얻도록 유도하고 있다.

둘째, 연계성이다. 각 단행본들이 담고 있는 글들은 다루는 주제에 대한 다양한 시각을 담고 있지만, 이 글들이 따로 노는 것이 아니라 하나의 주제에 맞게 서로 연결된다는 점이다. 예컨대 '변화관리'의 경우 총 8개의 논문으로 구성되어 있는데, 첫 번째 논문이 변화의 8단계를 설명했다면, 다른 논문은 경영자들이 8단계 모델에 따라 변화를 주도할 때 고려해야 하는 비전, 리더십, 저항, 프로그램 등의 주제를 각기 다루고 있다. 따라서 독자들은 성공적인 변화관리를 위한 다양한 주제들을 읽으면서도 이들 서로 다른 논문들을 통해 변화관리에 성공하기 위한 공통점이나 보완점들을 발견할 수 있다. 다양한 논문들은 각기 다른 시각을 제공하지만, 이들 관점들이 하나의 체계를 갖추고 있기 때문에 독자들이 일독을 끝냈을 무렵에는 머릿속에 주제와 관련된 큰 그림이 그려지는 셈이다.

셋째, 실용성이다. 책에 담긴 논문들은 연구를 위한 연구, 소수 학자들을 위한 현학적 수사를 배제한 철저하게 실무적인 이슈와 시사점들을 다루고 있다. 이미 언급한 것처럼 『하버드 비즈니스 리뷰』는 창간 때부터 경영자를 위한 학술지라는 독특한 위치를 고수했다. 아무리 이론이 훌륭하더라도 실제 기업 경영에 대한 시사점이 부족하고 경영자들이 이해하기 힘든 개념이나 숫자들로 채워져 있다면 결코 『하버드 비즈니스 리뷰』에 소개되기 어렵다. 따라서 『하버드 비즈니스 리뷰』에 실린 글들은 저마다 다양한 주제를 다루고 있지만, 실제 기업 경영에 미치는 영향력이라는 공통적인 잣대를 기준으로 평가되고 있다. 경영자들에게 큰 영향력을 미친 논문이 우수한 논문인 셈이다. 예컨대 마케팅에 관한 책을 보면 브랜드, 가격전쟁, 웹 마케팅, 마케팅 실험 등 철저하게 기업의 성과와 직결되는 실천적인 마케팅 주제들을 다루고 있다.

   최근에도 기업을 둘러싼 환경은 끊임없이 변하고 있다. 따라서 기업 경영을 주제로 다루고 있는 경영학도 예외는 아닐 것이다. 20세기 기업 경영에 도움이 되었던 경영학의 제반 지식이 21세기에도 그대로 적용되리라는 보장은 없다. 그러나 온고이지신이라고 했던가? 전통적인 것이나 새로운 것 어느 한쪽에만 치우치지 않아야 한다는 논어의 가르침처럼, 21세기를 위한 새로운 경영을 만들어나감에 있어 20세기 경영학의 핵심이라고 할 수 있는 '하버드 비즈니스 클래식'에 담긴 주옥같은 글들은 분명 독자들에게 결정적인 도움이 될 것이다.

이동현
'하버드 비즈니스 클래식' 기획위원
가톨릭대학교 경영학부 교수

저자 소개

헤르미니아 이바라 Herminia Ibarra는 프랑스 인시아드 경영대학원의 조직행동학 석좌교수이다. 이 대학에서 관리자들의 리더십 함양 프로그램을 이끌고 있다.

댄 시암파 Dan Ciampa는 고위경영자들을 위한 코칭 전문가이다. 『Right from the Start: Taking Charge in a New Leadership Role』을 공동 집필했다.

에드워드 할로웰 Edward M. Hallowell은 정신과 의사이자 하버드 의대 교수이며, 할로웰 인식 정서 건강 센터 설립자이다. 『용서해야 할 101가지 이유』 『행복의 발견』 『Driven to Distraction』 등의 저서를 집필했다.

켄트 라인백 Kent Lineback은 미국 매사추세츠 주 케임브리지에서 활동하는 스토리텔링과 변화에 관한 코치이자 작가이다.

로라 모건 로버츠 Laura Morgan Roberts는 하버드 경영대학원 조직행동학 교수이다.

그레첸 스프라이저 Gretchen Spreitzer는 미시건 스티븐 로스 경영대학원 교수이다.

제인 더튼 Jane Dutton은 미시건 스티븐 로스 경영대학원 교수이다.

로버트 퀸 Robert Quinn은 미시건 스티븐 로스 경영대학원 교수이다. 『리딩 체인지』 『아들에게 가르쳐주고 싶은 모든 것』 『Deep Change or Slow Death』 등의 저서를 집필했다.

에밀리 히피 Emily Heaphy는 미시건 스티븐 로스 경영대학원 박사 과정에 있다.

브리아나 바커 Brianna Barker는 미시건 대학 박사 과정에 있다.

도널드 설 Donald N. Sull은 기업 혁신 전문가이다. 맥킨지에서 컨설턴트로 일했으며, 런던 경영대학원에서 기업 전략을 연구하고 강의했다. 현재 하버드 대학 교수이다. 『기업 혁신의 전략』『Made in China』 등의 저서를 집필했다.

도미닉 훌더 Dominic Houlder는 런던 경영대학원 교수이며, 슬론 펠로우십(Sloan Fellowship) 프로그램 부학장이다. 『30대 팀장이 꼭 알아야 할 전략』을 공동 집필했다.

존 가바로 John J. Gabarro는 하버드 경영대학원 조직행동학 인적자원 관리 분야의 UPS재단 교수이다.

존 코터 John P. Kotter는 세계적인 변화 관리의 석학으로, 하버드 경영대학원 리더십 분야 석좌교수다. 경영대학 교과과정 혁신으로 엑손상, 가장 우수한 『HBR』 논문으로 맥킨지상 등을 수상했다.

피터 드러커 Peter F. Drucker는 현대 경영학을 발명한 이로 칭송받는 학자로 저술가, 교수, 컨설턴트로 활동하였다. 클레어몬트 경영대학원 사회과학부 석좌교수로 재직하였다.

데이지 웨이드먼 Daisy Wademan은 하버드 대학에서 MBA 학위를 취득했으며, J. P. 모건 앤 컴퍼니에서 일했다. 『하버드 졸업생은 마지막 수업에서 만들어진다』의 엮은이며, 『Remember Who You Are: Life Stories That Inspire the Heart and Mind』의 저자이다.

차례 | 리더의 자기혁신

발간사 ·· 4
저자 소개 ·· 12

1 CHAPTER 리더들의 승진 전략 ······················ 17
댄 시암파
'거의'의 함정에 빠진 2인자 | CEO 승계는 왜 특이할까 | CEO 승계의 함정 | 1인자가 되기 위한 자격 요건 | 운명을 개척하기 위한 기본 지침

2 CHAPTER 똑똑한 사람의 성과가 낮은 이유 ······ 45
에드워드 할로웰
적색 경고! ADT가 공격한다 | ADT를 이해하려면 ADD부터 파악하라 | 뇌에 관한 진실 | ADT를 관리하라 | 조화롭고 지적인 업무 환경을 조성하라

3 CHAPTER 상대방에게 자신의 이야기를 들려줘라 ······ 73
헤르미니아 이바라, 켄트 라인백
스토리텔링의 힘 | 왜 이야기가 필요할까 | 극적인 요소를 활용하라 | 안전하다는 말은 평범하다는 말과 동의어다 | 일관성을 유지하라 | 연속성과 인과성을 강조하라 | 다양한 이야기를 들려줘라 | 있는 그대로 이야기하라

4 CHAPTER 자신의 강점을 발견하고 활용하는 로드맵 ······ 99
로라 모건 로버츠, 그레첸 스프라이저, 제인 더튼, 로버트 퀸, 에밀리 히피, 브리아나 바커
긍정적 피드백의 힘과 RBS 훈련 | 1단계 : 피드백을 제공해줄 사람을 찾아 피드백을 요청하라 | 2단계 : 자신의 행동양식을 인지하라 | 3단계 : 자기 묘사 글을 작성하라 | 4단계 : 업무를 다시 설계하라 | '아주 좋은' 경계를 넘어서라

Managing Yourself

5 CHAPTER 헌신과 신념을 일치시켜라 ⋯⋯ 119
도널드 설, 도미닉 홀더
소중하게 여기는 것과 실제 하는 일 사이의 격차 | 가장 구속력 있는 헌신 | 훈련의 효과를 극대화하려면 | 격차를 확인하라 | 항로를 바꾸다

6 CHAPTER 당신의 상사를 관리하라 ⋯⋯ 149
존 가바로, 존 코터
상사도 관리 대상이다 | 상사와 부하직원 관계의 본질 | 상사를 이해하라 | 자신을 이해하라 | 관계를 육성하고 관리하라

7 CHAPTER 자기 자신을 관리하라 ⋯⋯ 173
피터 드러커
자기관리가 필요하다 | 자신의 강점을 파악하라 | 나는 어떻게 수행하는가 | 내 가치는 무엇인가 | 나는 어디에 속하는가 | 나는 어떤 기여를 해야 하나 | 관계에 대한 책임 | 인생의 후반부를 설계하라

8 CHAPTER 내 인생 최고의 조언 ⋯⋯ 205
데이지 웨이드먼
비즈니스 조언의 진실 | 셸리 라자루스 | 대니얼 바셀라 | 리즈 랭 | 헨리 폴슨 주니어 | 얼 그레이브스 | 배리 스턴리히트

출처 ⋯⋯ 238

1

리더들의 승진 전략

댄 시암파
Dan Ciampa

차기 CEO 후보 중 대부분은 CEO가 되어도 손색이 없을 만큼 유능하고 근면 성실하며 영리함에도, 결국 승진 사다리의 마지막 단계 앞에서 주저앉고 만다. 그들은 자신을 2인자 자리에 올려주었던 자질만으로는 1인자 자리를 차지하기 힘들다는 사실을 미처 알지 못한다. 댄 시암파는, 차기 CEO 후보로 지명된 사람들은 일뿐만 아니라 연합세력을 결성하고 지지를 얻는 기술을 자유자재로 구사할 수 있어야 한다고 주장한다. 아울러 자기 인식 능력은 물론이고 상사와 영향력 있는 동료들의 욕구를 명민하게 알아차리는 감각을 키워야 한다고 말한다. 왜 그럴까? 대개의 경우 일단 차기 CEO 물망에 오르고 나면 성과 피드백을 받기가 매우 힘들기 때문이다. 실제로 미묘한 단서를 포착하는 능력은 종종 CEO 자질 테스트에서 당락을 결정하는 중요한 부분이기도 하다.

승계가 순조롭게 이루어지지 않을 때 혹은 승계 계획 자체가 물거품이 될 때, 많은 사람들이 그 대가를 치른다. 순조로운 권력 승계에 크게 영향을 받는 종업원들, 지속적인 리더십을 기대하는 투자자들, 그간의 노력이 성과로 이어지지 않을 때 뿌리째 흔들리는 가족 등등. 그렇다면 그 사태에 대한 책임은 누구에게 있을까? 승계 과정을 주의 깊게 감독하지 못한 이사진, 차기 CEO 후보를 제대로 도와주지 못한 인적자원부서, 유망한 후계자 양성을 등한시한 CEO 등에게 책임의 화살이 향한다. 그러나 CEO를 꿈꾸는 당사자 역시 책임에서 자유로울 수 없다.

상사의 관점을 이해하고 자신의 한계와 약점을 인지하며, '정치적'이라는 평판을 얻지 않고도 심리학자 게리 이건(Gerry Egan)이 명명한 '그림자 조직'을 관리한다면 CEO 자리를 차지할 수 있을 것이다. 사내 정치적인 측면을 일컫는 그림자 조직은 무언의 암묵적인 관계와 동맹이 가장 큰 특징이다. CEO가 될 준비가 거의 된 것이 아니라 완벽하게 준비되었음을 보여주려면 아주 성숙하고 지혜롭게 행동하는 법을 배워야 한다.

리더들의 승진 전략

'거의'의 함정에 빠진 2인자

1960년 미국 대통령에 당선된 직후 존 케네디(John Kennedy)는 당시 포드(Ford)의 사장으로 재직하던 로버트 맥나마라(Robert McNamara)에게 재무부장관 직을 제안했다. 하지만 맥나마라는 자신은 그 자리를 맡을 만한 자격이 되지 않는다며 케네디의 제안을 정중히 거절했다. 그러자 이번에는 국방부장관 자리를 내밀었다. 이번에도 맥나마라가 똑같은 이유를 들며 케네디의 제안을 고사하자, 실망한 케네디가 버럭 고함을 질렀다. "밥, 나라고 대통령이 되는 법을 어디서 배운 줄 아시오? 대통령이 되는 법을 가르쳐주는 학교 따위는 없단 말이오!"

최고지도자의 역할은 경험이 많은 사람에게조차 결코 만만하지 않다. 하물며 생전 처음으로 그 자리에 오른 '새내기'에게야 말해 뭣할까. 분명, 새 역할에 수반되는 불확실성을 해결하고 새 기술을 습득하여 자유자재로 사용하는 것은 힘에 부치는 커다란 도전일 수도 있다. 최고지도자 사무실의 주인이 자주 바뀌는 것도 이런 맥락에서 보면 전혀 놀랄 일이 아니다.

세계적 리더십 연구 기관인 창조적 리더십 센터(Center for Creative Leadership)는 신임 CEO의 40%가 취임 후 18개월이 채 지나기 전에 회사를 떠난다고 추산했다. 더욱이 CEO 교체율은 지속적으로 늘어나고 있다. 특히 2002년 창조적 리더십 센터는 2001년 이후 해고되거나 사임한 CEO가 10%나 증가했다는 연구결과를 발표했다. 미국의 취업 정보 전문 업체인 챌린저 그레이 앤 크리스마스(Challenge, Gray & Christmas)는 "'주식회사 미국'이 조만간 직면할 가장 큰 도전은 신임 CEO를 찾는 것이다"라며 한 술 더 뜬다.

이런 현상은 CEO 자리를 노리는 사람에게는 심각한 문제가 아닐 수 없다. 그렇다면 CEO 후보로 지명된 사람들의 경험에 대해 우리는 무엇을 알까? 그들은 하나같이, 조직의 2인자가 되기까지 승진 사다리의 각 단계를 성공적으로 정복한 유능하고 근면 성실한 경영자라는 사실이다. 하버드 경영대학원의 마이클 왓킨스(Michael Watkins) 교수와 내가 1990년대에 실시한 연구 결과에 따르면, 내부 승진의 경우 CEO라는 최종 목표를 품고 어렵사리 2인자 자리에 오른 이들 가운데 실제로 그 자리를 꿰찬 사람은 절반에도 미치지 못했다. 뿐만 아니라 검증된 후보를 영입하기 위해 회사 외부로 눈을 돌리는 조직들이 더 많다는 사실이 드러났다. 놀라운 사실은 이게 다가 아니었다. 외부에서 영입된 후보 중에 실제로 CEO에 임명되거나 적어도 그 자리를 2년 이상 지켜낸 사람은 25%밖에 되지 않았다.

CEO와 이사진 입장에서 효율적이고 효과적인 승계 과정은 무엇보다 시급한 과제임이 분명하지만, 그 일을 주도할 조직이 드문 것도 엄연한 현실이다. 그 과정을 주도할 1차적인 책임은 인적자원부서에 있다. 그러나 문제는 그들 대부분은 '베스트 프랙티스'를 실행할 기술도, 영향력을 행사할 이사진의 능력에 대한 믿음도 없다는 점이다. 심지어 승계 계획조차 마련하지 않는 기업들이 너무나 많다.

이는 향후 수십 년의 재정적 안정이 후계자 승계에 달려 있는 가족기업들 역시 마찬가지다. 2002년, 매스뮤추얼 파이낸셜 그룹(MassMutual Financial Group)과 조지 앤 로빈 레이먼드 패밀리 비즈니스 연구소(George and Robin Raymond Family Business Institute)가 공동으로 설문조사를 실시했다. 조사 결과에 따르면, 응답자들(기업의 회장과 CEO들)의 40%가 4년 내에 은퇴 계획을 갖고 있었지만 61세 이상 응답자들 가운데 승계 계획조차 세우지 않은 이들이 무려 55%나 되었다.

차기 CEO 후보 역시 자신이 성공할 수 있다는 점에 대해 책임을 져야 한다. 유망한 후보에서 실제 CEO가 되려면 반드시 증명해보여야 할 자질이 있게 마련이다. 그러나 그런 자질이 이제껏 2인자 자리에 오르기 위해 구사했던 기술들과 확연히 다르다는 사실을 알지 못하는 이들이 너무 많다. 당연한 말이지만 CEO를 꿈꾸는 사람들은 자신이 맡은 일을 아주 성공적으로 해내야 한다. 하지만 그것만으로는 충분하지 않다. 경쟁자들로부터 지지를 얻고 그들과 연합세력을 결성하는 기술을 반드시 습득해야 한다. 이는 심리학자 게리 이건이 '그림자 조직'이라고 명명한 사내 정치적인 요소를 일컫는데, 연합세력을 통해 발휘되는 영향력과 무언의 암묵적 관계, 그리고 동맹이 가장 큰 특징이다.

대개의 경우 일단 차기 CEO 후보로 지명되면 실행 가능한 피드백을 받기가 매우 어렵다. 그러므로 이들은 자기 인식 능력뿐만 아니라 상사와 영향력 있는 동료들의 욕구와 욕망을 민감하게 알아차리는 능력을 반드시 갈고닦아야 한다. 아울러 아주 성숙하고 지혜롭게 행동하는 법을 배워야 한다. 그래야 현 CEO뿐만 아니라 이사진에게 자신이 최고경영자가 될 준비가 거의 된 것이 아니라 완벽하게 준비되었음을 보여줄 수 있기 때문이다.

CEO 승계는 왜 특이할까

CEO 승계의 독특한 특징은 무엇일까? 이 질문에 대한 답을 데니스(Dennis)의 사례를 통해 찾아보겠다(이 글에 등장하는 모든 사례 주인공의 이름은 가명이다). 데니스는 입사 후부터 고속 승진을 거듭했다. 아이비리그, 즉 미국 동부의 유명 사립 대학교 중 한 곳을 졸업한 뒤 3년간 산업 리더를 위한 세일즈 훈련 프로그램에 참여했다. 뿐만 아니라 유명 경영 대학원에서 MBA 학위를 취득했고, 업계 1위의 한 기업에서 재무 교육 프로그램을 마쳤다. 입사한 지 18개월 후에는 마케팅부서로 자리를 옮겼고, 그런 다음 몇 년간 지점장으로 근무했다. 그의 숨 가쁜 승진 경력은 여기서 그치지 않았다. 이후 그는 해외 근무를 하면서 해외지사장의 강력한 경쟁자로 부상했을 뿐만 아니라 그가 담당한 시장에서 매출 신기록까지 세웠다. 마침내 5년 후 그는 급성장하던 신흥 시장의 선임부사장이 되었다.

부사장이 되고 얼마 지나지 않아 그는 CEO 후계자 자리를 제안한 다른 회사로 자리를 옮겼다. 사실 그 회사의 제품과 기술에는 거의 문외한이나 다름없었는데도 말이다. 그의 말을 직접 들어보자.

"CEO 자리를 일부러 찾고 있었던 것은 아니었지만, 나는 항상 더 막중한 일도 너끈히 해낼 수 있다는 자신감이 있었습니다. 한마디로 나는 준비가 되어 있었습니다. 당시 나는 44세였는데 예전 회사의 COO(최고운영책임자)와 CEO는 다들 50대 중반이었습니다. …… 게다가 나와 그들 사이에는 범상치 않은 능력을 가진 사람들이 다소 있었습니다. 그래서 좀 더 일찍 CEO가 되려면 나로서는 회사를 그만둘 수밖에 없었습니다."

경영대학원 시절 그는 50세가 되기 전에 CEO가 되겠다는 목표를 세웠다. "꼭대기에 가까워질수록 목표 달성에 대한 자신감도 덩달아 커졌습니다. 그때까지 나는 네 군데 회사를 다녔는데, 하나같이 성공적이고 유망한 회사였습니다. 또한 운 좋게도 매번 CEO들을 바로 가까이에서 지켜보았습니다. 내가 그들보다 우월하다는 말은 절대 아닙니다. 하지만 나도 그들처럼 할 수 있다고 생각했고, 자신도 있었습니다."

이사회가 승인한 승계 계획의 요지는 데니스가 마케팅, 세일즈, 제조, 기술, 서비스 등 5개 부문을 총괄하는 COO가 되어 직접 보고를 받는다는 것이었다. 한편 사장 자리는 당분간 공석으로 남겨둔 채, 일부 고위급 간부(인적자원부서의 총책임자와 CFO, 선임 고문변호사)와 연구개발부서는 종전과 같이 회장 겸 CEO인 하비(Harvey)가 직접 주관하기로 했다. COO로서 처음 1년 6개월을 순조롭고 무탈하게 보낸다면 공석인 사장 자리는 데니스의 차지가 될 터였다. 그런 다음 1년 내에 데니스가 CEO로 승진하고, 반년 후에는 하비가 은퇴하여 경영일선에서 완전히 손을 뗄 예정이었다.

그 회사는 지난 몇 년간 지속적인 성장을 유지했지만, 시장점유율을 잠식당하면서 성장률이 점차 둔화되고 있었다. "모든 것이 한마디로 숫자놀음이었습니다"라고 데니스는 말했다. "그들이 나를 영입한 이유는 단 하나였습니다. 내가 '숫자를 맞출' 방법을 찾아낼 수 있으리라 생각한 것이지요. 비용을 절감하고 브랜드를 관리하며 고객 서비스의 질을 향상시킬 수 만 있다면 기술에 대해서는 알아야 할 필요조차 없었습니다. 그 일은 정말로 내 적성에도 맞았을뿐더러 내가 잘할 수 있는 분야의 일이기도 했습니다."

1년 6개월이 되기도 전에 데니스는 제조 부문을 합리화하고, 신속한 의사결정을 위해 조직을 정비했으며, 실적 향상이 기대되지 않는다는 이유로 많은 직원들을 해고했다. 또한 새로운 적기공급생산(JIT, Just in Time, 재고 비용을 최소화하기 위해 입하된 재료를 곧바로 제품의 생산에 투입하는 상품관리 방식 – 옮긴이) 프로그램을 도입하여 재무구조를 개선했다.

이처럼 다양한 변화 이니셔티브를 공격적으로 추진하였지만, 결코 그 과정이 순탄하지만은 않았다. 데니스는 자신이 예상했던 것보다 변화에 대한 저항이 거셌다고 인정했다. 또한 하비 회장은 좀 천천히 하자고, 그리고 고위관리자들을 좀 더 적극적으로 끌어들이라고 권유했다.

데니스는 불평을 토로했다. "하나에서 열까지 모두 하비 회장에게 보고했지만, 그는 한 번도 '아니'라고 말한 적이 없었습니다. …… 그는 내가 추진하는 모든 일에 거부권을 행사할 수 있었음에도 결코 그러지 않았습니다. …… 당장에야 힘들겠지만 결국에는 좋은 결실을 맺으리라는 것을 그도 잘 알고 있었던 것입니다."

그러나 데니스가 입사한 지 채 2년도 되기 전에 전혀 뜻밖의 일이 벌어졌다. 하비가 데니스에게 사직서를 요구한 것이다. 모든 사람이 기대했던 만큼 일이 잘되지 않았다는 게 이유였다. 그러면서 자신과 이사진은 현 CFO를 사장으로 승진시키기로 결정했다고 말했다. 하비는 데니스에게 사직서를 내야 하는 이유에 대해 구체적으로 언급하지 않은 채 "특별한 이유는 없다네"라고 얼버무렸다. 그리고 데니스가 주주들에게 많은 이익을 안겨주었으니 자신이 성취한 모든 것에 자부심을 가져야 한다는 둥, 아직 젊으니 기회는 얼마든지 있고 그를 CEO로 원하는 회사가 꼭 있을 거라는 둥의 위로의 말을 덧붙였다.

비록 회사가 데니스에게 퇴직 위로금을 두둑이 챙겨주었지만, 데니스는 분이 좀처럼 사그라지지 않았다. 그동안 자신이 큰 착각 속에 살았고 결국 이용만 당한 꼴이라고 내게 항변했다.

나는 데니스에게 "그토록 신중하게 준비했는데도 CEO 자리를 놓친 이유가 무엇이라고 생각하세요?"라고 물었다.

"댄, 당신도 아시겠지만 나는 정말 옳은 일만 해왔습니다. 회사에 필요한 옳은 일만 말입니다. 내가 CEO에서 탈락한 이유는 단 한 가지라고 생각합니다. 사내 정치 때문이지요. 기술과 제조, R&D, 그들 부서의 총책임자들은 처음부터 내가 추진하던 변화에 반대했습니다. …… 그들은 변화를 원하기는커녕 예전과 같은 방식을 고수하고 싶어 했습니다. 이유가 뭐겠습니까? 그래야 자신들의 기득권을 유지할 수 있기 때문이 아니겠습니까? …… 뿐만 아니라 그들은 사람들을 교묘히 조종하여 내게 등을 돌리도록 만들었습니다. 하비 역시 문제였습니다. 물론 갈등을 반기는 사람은 없겠지요. 하지만 그는 유독 갈등을 좋아하지 않았습니다. 그들에게 내 계획에 동참하라고 한 번쯤 말함으로써 내게 힘을 실어줄 수도 있었을 텐데, 그는 그렇게 하지 않았습니다. 힘든 대화가 될 것이 분명했기 때문입니다."

데니스는 유능한 임원이지만, 그의 반응을 보면 그가 실패한 이유를 짐작하고도 남는다. 먼저, 그는 다른 사람들을 탓하고 비난하는 행동을 그만두어야 한다. 그런 다음, 어떤 일이 자신을 곤경에 빠뜨렸는지 깊이 생각해보아야 한다. 이렇게 하지 않는다면 데니스는 자신의 목표를 달성하지 못할 공산이 크다.

첫째, 이익 창출이 CEO 자리를 담보하는 보증수표라는 생각부터가 계산 착오였다. 물론 영리를 추구하는 기업이므로 이익 창출이 중요하지만, 그것만으로는 자신을 차별화하기 힘들다. 다시 말해서 여러 유능한 CEO 후보 중에서 독보적인 우위를 차지하기는 어렵다.

둘째, 데니스의 COO 재임 기간은 그를 2인자 자리에 올려준 능력을 선보이기 위한 시간이 아니었다. 가장 중요한 대인관계와 동맹을 결성하고 관리하는 그의 능력을 시험하는 무대였다. 따라서 정치가 자신의 발목을 잡았다는 그의 주장은 일면 타당하다고 할 수 있다. 그러나 그는 정치적 기술이 CEO에게 절대적으로 중요하다는 점을 간과했다.

셋째, 데니스는 2인자에서 1인자로 성공적으로 도약하려면 다른 사람들의 도움이 필요하다는 점을 외면했다. 뿐만 아니라 그에게 주어진 시험은 새로운 문화를 포용하고 그 안에서 가치를 찾으며 자신보다는 다른 사람들의 관점을 높이 평가할 수 있음을 증명하는 것이라는 사실도 깨닫지 못했다.

넷째, 하비가 자신을 대신하여 모든 반대를 무마시켜줄 것이라는 헛된 기대를 품는 실수를 저질렀다. 요컨대 자신의 관점을 관철시키려면 누구를 설득하고 누구를 동지로 만들어야 하는지 이해하는 것이야말로 승계 과정을 성공적으로 관리하는 핵심이다.

CEO 승계의 함정

유력한 CEO 후보자 대부분은 마지막 '간택을 받기' 위해 이제까지 잘 해왔던 일을 더욱 열심히, 더 많이 하는 데 집중한다. 하지만 이러다 보면 CEO 승계의 중요한 측면 하나에 소홀해지기 십상이다. 중요한 대인 관계를, 특히 상사와의 관계를 관리하고 육성하는 노력을 지나치게 등한시하게 되는 것이다.

이번에는 빈스(Vince)의 사례를 통해 이 문제를 진단해보겠다. 빈스는 경영 악화로 고전하던 소비재 제조회사의 가장 큰 사업부를 맡은 지 채 1년도 안 되어 회사를 회생시켰다. 많은 기업이 그렇듯이 빈스의 회사도 그동안 성과보다는 근속 연수를 더 중요하게 생각하는 기업 문화가 팽배했다.

이에 빈스는 무엇보다 성과 중심의 기업 문화를 정착시키는 데 초점을 맞추었다. 우선, 변화에 가장 거세게 저항하는 종업원들을 해고했다. 또한 종업원 각자에 대한 회사의 기대치를 명확하게 보여주는 성과 측정 시스템을 도입했다. 만일 이런 '채찍' 만 사용했더라면 빈스는 자신이 원하는 것을 얻지 못했을 수도 있다. 하지만 그는 영리하게도, 격식과 형식에 얽매이지 않는 자유로운 스타일과 접근성이라는 '당근'을 함께 사용했다. 빈스의 이런 면은 종업원들에게 빈스가 그들과 그들의 기여를 소중하게 생각한다는 메시지를 전달했다. 그러자 종업원들은 빈스를 신뢰하게 되었고, 그가 하고자 하는 일을 지지하였다.

그런데 문제는 빈스가 예상하지 못한 곳에서 빚어졌다. 이는 그가 상사와의 관계를 전혀 발전시키지 못한 탓이었다. 얼마 지나지 않아 빈스와 상사와의 정기적인 일대일 회의는 기계적이고 형식적으로 반복되는 의례적 행사로 변했다. 게다가 시간이 흐르자 빈스는 심지어 회의 준비도 하지 않았다.

"그는 전략적인 사안에 대해서는 내게 아무 말도 하지 않습니다. 그저 내 일만 확인할 뿐이죠. 마치 내가 그런 사안을 다룰 만한 능력이 없다고 여기는 것 같았습니다"라고 빈스는 불평했다. 그렇게 1년 6개월이 지나자 빈스는 CEO가 자신을 후계자로 대해주지 않은 데 실망한 나머지 다른 일자리를 찾아보기 시작했다. 그는 CEO가 어디에 관심을 두는지, 다시 말해서 고위 임원에게 무엇을 기대하는지 분석할 시도조차 하지 않았다. 특히 상사와의 관계를 구축할 때 상사보다는 아랫사람인 자신이 주도하는 것이 더 중요하다는 사실을 전혀 몰랐다. 또한 빈스는 자기에게 주어진 시험의 본질을 조금도 이해하지 못했다. 즉 자신이 이제껏 익숙한 상사 스타일과는 사뭇 다른 현재의 상사 스타일에 적응할 수 있을 만큼 인지력과 융통성이 뛰어나다는 것을 보여주어야 했는데 그러지 못했다.

대체로 CEO 후보들은 상사와의 관계를 아주 성공적으로 꾸려간다. 그런데 개중에는 충분한 '도약' 능력을 보여주지 못하는 후보가 있다. 이것은 CEO가 반드시 갖추어야 하는 관점을 획득하는 능력이다. 이 문제를 내부 승진자인 라이(Leigh)의 사례를 통해 진단해보겠다. 라이는 기술 의존도가 높은 제조회사에서 운영 관리 부문의 여러 직책을 두루 거쳐 승진한 유능한 임원이었다. 그녀는 기술자가 아니었기에 기술적으로 단련된 다른 동료들보다 더욱 열심히 일하고 더 철저히 준비해야 했다. 그녀는 그것이 불공평하다고 생각했다. 하지만 라이는 그런 상황이 "나를 더욱 완벽하고 조화로운 관리자로 만들어주었습니다. …… 그리고 내게 필요한 지원을 받을 수 있을지 확신이 없었기 때문에, 나는 오로지 내 일을 잘하기 위해 더 많이 공부할 수밖에 없었습니다"라고 솔직하게 인정했다.

라이가 2인자가 되기 수년 전부터 그녀의 근면 성실함과 불평불만 없이 묵묵히 자기 일에 집중하는 그녀의 모습을 눈여겨보았던 CEO가 말했다. "나는 라이가 어떤 상황에서 일하는지 잘 알고 있었습니다. 그러나 그녀는 그 상황이 얼마나 힘든지 단 한 번도 내색한 적이 없었습니다. 나는 그런 태도가 그녀를 더욱 강하고 더욱 성숙하게 만들었다고 생각합니다. …… 또한 그것은 그녀의 활동무대를 넓혀주었습니다. 한 번에 하나씩이 아니라 두세 가지를 동시에 배웠으니 당연히 그랬겠지요."

그러나 라이가 COO 자리에 오르고 얼마 지나지 않았을 때 그녀의 경력에 빨간불이 들어오기 시작했다. 과연 그녀가 CEO 자리를 감당할 능력이 있는지 CEO가 의구심을 갖기 시작한 것이다. "COO로서 그녀의 모습은 정말 의외였습니다. 나는 그녀가 그동안 패배시켰던 (이제는 동료나 부하직원이 된) 남자들을 다룰 수 없을 것이라는 걱정은 조금도 하지 않았습니다. 또한 그들이 그녀의 지시에 저항하리라고는 꿈에도 생각하지 못했습니다. …… 어쨌든 그들 역시 나 못지않게 라이의 장점을 잘 알고 있었습니다. 하지만 문제는 내게 있었습니다. 나는 그녀가 과연 CEO가 될 재목인지 확신할 수 없었으니까요."

그런 다음 그는 라이에 대한 직속 부서 관리자들의 불만을 들려주었다. 그의 말에 따르면, 그들은 그녀의 독단적인 성향을 문제 삼았다. 그녀가 그들 각자에게 부서 운영과 관련하여 충분한 재량권을 허용하지 않은 것이 못내 불만이었던 것이다.

"관리자들의 불만을 듣기 전까지 나는 그녀가 지나치게 지배적이라고 생각해본 적은 한 번도 없었습니다. 그래서 나는 그들의 주장을 직접 확인했습니다. 그들의 이야기를 들으니 과연 그런 불만이 쏟아질 만했습니다. 그녀는 문제가 생기면 담당자들이 알아서 해결하도록 믿고 맡겨두는 것이 아니라 자신이 직접 문제를 해결하려고 했습니다. 물론 모든 일을 직접 처리하는 방식은 그녀가 COO가 될 수 있었던 원동력이었습니다. 하지만 2인자 자리에 오른 다음에는 달라져야 한다는 것을 그녀는 몰랐습니다. 그런 업무 방식은 그녀를 지나치게 사소한 일에까지 개입하게 만듭니다.

가령 어떤 프로젝트를 맡은 팀이 그녀의 마음에 들 만큼 민첩하게 움직이지 않는다면 그녀는 보고를 기다리기보다는 그들을 직접 만나서 상황을 진척시키려 합니다. 무엇을 어떻게 해야 했는지 일일이 지시하고 팀의 리더에게 책임을 물으면서 말입니다. 그런 태도는 그녀 자신에게도, 그리고 직속 부하직원들에게도 마찬가지였습니다. 부하직원 중 누군가가 문제를 들고 찾아오면, 그녀는 그가 스스로 해결책을 찾도록 이끌기보다는 직접 해결책을 제시하곤 했습니다."

그는 말을 이었다. "물론 라이는 조직을 아주 효율적이고 확실하게 통제했습니다. 무엇 하나 흠잡을 만한 일도 없었습니다. 그러나 그런 운영 스타일은 되레 그녀 자신에게 화살이 되어 돌아왔습니다. 그녀는 향후 3~4년을 내다볼 여유도, 우리 회사의 기술적 우위가 어디에서 위협을 받고 있는지도 알지 못했습니다. 또한 주요 경쟁자들이 우리를 어디에서 얼마나 앞서가고 있는지 알아볼 수도, 부하직원들의 능력을 시험할 여력도 없었습니다."

만일 빈스와 라이가 각자의 상사가 걱정하는 것을 성공적으로 채워주었더라면, 전혀 다른 상황이 벌어졌을지도 모를 일이다. 라이의 상사에게 피드백을 주는 게 어떠냐고 묻자 그는 무덤덤한 목소리로 말했다. "어쩌면 그래야 할지도 모르죠." 한편 빈스의 상사는 이 물음에 딱 잘라 말했다. "아뇨, 전혀 그럴 생각 없습니다. 나는 빈스가 스스로 그것을 깨닫기를 바랍니다."

이런 반응은 2인자들이 처한 상황이 얼마나 미묘한지를 단적으로 보여준다. 현실적으로 CEO 후보들은 승진의 마지막 계단을 오를 때 외부로부터 많은 도움을 기대할 수 없다. 이사진과 최고경영자들은 자신들이 기대하는 행동에 대해 오직 최소한의 언질만 줄 것이다. 그렇다면 CEO 후보가 모든 대답을 알고 있기를 바라기 때문일까? 아니다. 그들은 CEO 후보가 미묘한 단서를 얼마나 민감하게 알아차리고 그것에 맞추어 행동을 조정할 수 있는지 알고 싶어 하기 때문이다. 요컨대 이사진과 최고경영자들은 카운슬러보다는 시험 감독관에 더 가깝다.

1인자 자리를 노리는 예비 CEO에게 있어 단서를 감지하는 능력은 단순히 꾸며낼 수 있는 것이 아니다. 왜 그럴까? 고위관리자의 관계는 언제나 아주 엄격한 감시와 조사의 대상이 되고, 또한 예비 CEO는 늘 스포트라이트를 받기 때문이다. CEO 물망에 오른 고위관리자는 직속 조직에 유리한 것은 물론이고 회사 전체에 최선인 것에 관심을 기울임으로써 여러 후보 가운데 유리한 고지로 올라설 수 있다.

업계 1위 글로벌 대기업의 리더였던 헬렌(Helen)의 예를 보자. 일각에서는 그녀가 어느 모로 보나 CEO 후계자로 가장 적합하다고 생각했다. 그녀는 대인관계 기술이 뛰어나면서도, 그 기술을 보완해주는 매력과 겸손까지 겸비했으니 그럴 만도 했다. 게다가 그 회사에서는 이런 성품을 가진 사람을 찾아보기 힘들었다. 그녀는 초고속으로 승진 사다리를 올라갔다. 40대 중반에 이미 그녀는 CEO 직속 보고 라인에 들었고, 회사에서 가장 수익성이 좋은 사업부를 운영했다. 하지만 거기서부터 헬렌의 경력은 내리막길로 그리고 침체 국면으로 접어들었다.

CEO의 말을 들어보자. "헬렌은 분명 아주 많은 점에서 우리 회사에 중요한 사람입니다. 하지만 그녀는 어쩌면 절대로 CEO가 되지 못할지도 모릅니다. 가장 큰 이유 하나는 '삐뚤어진' 충성심 때문입니다."

동료 간 팀워크의 필요성에 대해 가끔 말하곤 했지만, 그녀가 언제나 팀플레이어였던 것은 아니다. 일례로 그녀는 사람들을 자신의 측근으로 받아들이는 조건으로 그녀 자신은 물론이고 자신의 이해관계에 대한 충성을 요구했다. 또한 유능한 직속 부하직원들이 다른 부서로 발령이 나면 그들을 쉽게 놓아주려 하지 않았다. 특히 그 부서의 관리자가 자신의 경쟁자일 경우에는 더욱 그러했다.

이런 사실을 안 CEO는 그녀에 대해 걱정하지 않을 수 없었다. 첫째, 그녀의 행동은 조직 전체보다는 직속 부서의 성공을 더 중요하게 생각한다는 사실을 드러냈다. 둘째, 그녀는 유능한 직속 부하직원들이 다른 부서로 옮기지 못하도록 막았다. 이는 부하직원들로서는 역량을 넓힐 수 있는 기회를 박탈당하는 것이고, 다른 부서로서는 새로운 인재를 뺏기는 것이었다. 셋째, 비록 직속 조직 내에서는 강력한 충성심으로 무장한 든든한 '아군'들이 있었지만, 그녀가 CEO가 되었을 때 필요한 정치적 '동맹군'이 없었다. 게다가 그녀에 대해 잘 알고 언제라도 그녀를 도와줄 수 있는 '지원군'을 조직 곳곳에 미리 심어놓지도 않았다.

노련한 CEO와 이사진은, 최고위 자리에 으레 따르는 미묘함을 능숙하게 관리하는 예비 CEO의 능력을 평가하는 전문가들이다. 데니스에게는 성과 향상을 위해 노력하던 회사 문화에서 가치를 찾는 시험이었고, 빈스에게는 상사가 중요하게 생각하는 것을 판단하는 시험이었다. 그리고 라이에게 주어진 시험은 모든 문제를 스스로 해결하기보다는 직원들이 해결책을 찾도록 믿고 맡기는 것이었다. 마지막으로 헬렌에게는 다른 사람들이 성공하도록 도와주고, 나아가 직속 부서만이 아니라 조직 전체를 발전시키는 데 초점을 맞추는 것이었다. 이들은 자신에게 주어진 시험을 이해하지 못했고, 그 결과 미묘한 단서를 놓치는 바람에 승진의 마지막 계단 앞에서 쓰디쓴 좌절을 맛보았다.

1인자가 되기 위한 자격 요건

위 사례에서 살펴본 CEO 후보들은 현 CEO가 물러날 수 있을 만큼 충분한 신뢰를 쌓는 데 실패했다. 실패의 징후가 곳곳에서 나타났지만, 정작 본인들은 자신들의 일이 요구하는 전략적·기술적 필요를 아주 훌륭하게 충족시켰기 때문에 그것들을 쉽게 포착하지 못했다. 사실 그들은 조직에 많은 이익을 가져다준 유능하고 성취적인 관리자였다. 그렇다면 그들은 어떤 '성분'이 부족했기에 CEO가 되지 못한 것일까? CEO와 이사진은 CEO 후보를 평가할 때 어떤 기준을 적용해야 할까? 좀 더 완벽한 기준 목록을 알고 싶다면 표 1-1 '승자의 차별적 특징'을 참조하기 바란다.

2인자들의 성공과 실패를 관찰하고 분석해보면, 1인자가 되기 위해 보유해야 하는 자격 요건이 아주 다양하다는 사실을 알 수 있다. 그 한쪽 끝은 CEO에게 요구되는 능력과 자격을 갖춘 '좋은' 관리자들이 차지한다. 그리고 반대편에는 CEO로서 효율적으로 일하는 데 필요한 미묘함과 정교함을 적용시켜 이런 능력을 갈고닦는 소수의 '위대한' 관리자들이 있다.

그런 능력은 크게 세 가지 범주로 나누어진다.

첫 번째 범주는 고위관리자들의 베스트 프랙티스와 관련 있다. 예컨대 일의 우선순위를 정하는 능력이 여기에 포함되는데, 결국 이 능력으로 인해 각자의 수행방식에서 차이가 나타난다. CEO 후보로 거론되는 관리자들은 반드시 시간을 현명하게 사용하고 적절한 업무를 위임하며 인재를 육성해야 한다. 솔직히 이런 것들은 관리자뿐만 아니라 모든 사람이 갖추어야 하는 기본 능력이다.

그러나 CEO 자리를 꿰차는 사람은 2인자에서 주저앉는 관리자와는 업무 방식에서 미묘한 차이가 나타난다. 예컨대 승자들은 여타의 관리자들

표 1-1 승자의 차별적 특징

아래의 목록은 좋은 CEO 후보의 능력과 위대한 후보의 차별적 특징을 보여준다.

	좋은 후보	위대한 후보
관리 지식	• 단기적 결과를 위한 경영상의 지식에 정통하다. • 다른 사람들이 직접 하도록 동기를 부여한다. • 시간을 잘 사용한다. • 중요한 모든 사안의 우선순위를 정한다. • 업무를 자주 위임한다. • 부하직원들이 발전하도록 도와주고 유능한 인재를 영입한 경험이 있다. • 가장 중요한 문제를 해결하기 위해 유능한 인재들을 조직화하고 끌어들인다. • 사람들로 하여금 할 수 있다고 생각하는 것보다 더 많이 성취하도록 이끈다.	• 다른 사람들이 다룰 수 있는 문제는 직접 해결하려 들지 않는다. • 에너지를 어디에 쏟아야 할지 현명하고 정확하게 판단한다. • 중요한 의사결정을 지속적으로 통제하고 우수한 인재들을 끊임없이 영입한다. • 사람들로 하여금 인정받는다고 느끼게 하고 계속 충성하게 만든다.
정치적 지능	• 정치적인 흐름을 정확하게 읽는다. • 낯선 환경에서도 대인관계의 패턴을 신속하게 이해한다. • 동료와 부하직원들과의 관계를 구축한다. • CEO와 이사진에게 자신의 능력을 확실하게 각인시킨다.	• '정치적'이라는 평판을 듣지 않는다. • 대인관계가 조기 성공에 어떤 영향을 끼치는지 잘 안다. • 동료와 부하직원들을 최고의 조력자로 끌어들인다. • 이기적으로 보이지 않는다.
개인적 스타일	• 최고의 성취자이다. • 남들보다 뛰어나고자 하는 욕구와 충동이 강하다. • 근면 성실하고, 대개 동료들보다 더 많은 시간과 노력을 쏟는다. • 조직의 성공에 유익하다고 판단되는 이니셔티브를 열정적으로 지지한다. • 동료 집단의 리더이다. • 새로운 업무방식을 이해하고 중요한 연결고리를 생성시킨다.	• 성공을 지극히 자연스러운 일처럼 보이게 한다. • 다른 사람의 성취 역시 인정한다. • 에너지를 관리하여 '일정한 상태'를 유지하고 '들쭉날쭉한 상태'를 피한다. • 물러설 때와 놓아줄 때를 안다. • 동료들이 성과를 향상시킬 수 있도록 도와준다. • 현실적인 감각을 유지하고 기본적 욕구를 충족시키는 한편 새로운 개념을 적극적으로 습득한다.

과 마찬가지로 단기적인 결과를 위해 무엇이 필요한지 잘 알고, 또한 다른 사람이 그 일을 하도록 이끌 수 있다. 하지만 (라이와는 달리) 그들은 다른 사람에게 맡겨두어야 할 문제를 자신이 직접 해결하려들면서 너무 깊이 개입하는 행동을 삼간다.

두 번째 범주는 정치적인 흐름을 관리하는 것과 관련 있다. 정치적 흐름 대부분을 정확하게 읽지만, 정치적 기교와 정교함이 부족한 관리자들이 있는 반면, 그런 기교와 정교함이 좀 더 다듬어진 사람들은 '정치적'이라는 평판을 피할 수 있는 방식을 택한다. 고위경영자 대부분은 (헬렌처럼) 동료들과 좋은 업무 관계를 형성한다. 하지만 CEO가 되기 위해서는 그것만으로는 부족하다. 반드시 동료들로부터 적극적인 지지를 이끌어내야 한다. 그리고 가끔 '승자'의 동료와 부하직원들은 (헬렌의 동료들과는 달리) 기꺼이 피드백을 제공하고 잠재적 문제를 알려주려 할 것이다.

한편 최종 고지에 거의 다다른 관리자 대부분은 CEO와 이사진에게 자신의 능력을 어떻게 보여주어야 하는지 잘 안다. 그러나 끝내 마지막 능선을 오르지 못하는 사람들은 자신이 충분한 인정을 받지 못한다고 생각하는 경향이 있다(빈스와 데니스의 경우가 이러했다). 이것은 결국 인정과 신뢰를 얻는 데 지나치게 연연해한다는 인상을 주게 되고, 이는 CEO 후보에게는 독이 될지언정 결코 득이 될 게 없다. 하지만 그런 능력이 뛰어난 관리자는 그들과는 다른 방식으로 신뢰를 쌓는다. 사람들이 그들의 미덕과 장점을 자발적으로 칭송하고 인정할 수 있는 방식을 찾는 것이다. 이렇게 한다면 그들 자신에게 관심의 스포트라이트를 지나치게 비출 필요가 없다.

세 번째 범주는 개인적인 스타일과 관련이 있다. 2인자는 근면 성실하고 개인적인 시간을 희생하며 인상적인 결과를 성취하기 위해 엄청난 노력을 경주한다. 그러나 승자는 (데니스와 빈스와는 달리) 자신의 힘으로 일군 성공인데도 공치사하는 법이 절대 없다. 물론 최고가 되고자 하는 욕구와 경쟁심이 강한 것은 고위관리자들의 공통된 특징이다. 하지만 승자는 자신이 받을 자격이 있는 인정은 그대로 유지하면서도 성공에 관계한 모든 사람에게 공을 돌리기 위해 최선을 다한다. 동료들의 리더가 되는 것은 고위경영자라면 누구나 지금의 자리에 오르기 위해 거치는 통과의례 같은 것이다. 다만 승자가 다른 사람과 차별화되는 점은, 동료들이 더 나은 성취자가 되게 하는 법을 알고 있다는 사실이다.

운명을 개척하기 위한 기본 지침

CEO 타이틀을 성공적으로 쟁취하는 데는 주어진 상황, 조직 문화, 관련된 사람들과의 관계 유형, 자신의 성격과 스타일 등등 여러 요인이 작용한다. 절대적인 승리의 법칙 따위는 없지만, 예비 CEO가 자신의 운명을 스스로 개척하는 데 도움이 될 만한 몇 가지 기본적인 지침이 있다.

상사의 관점을 이해하라

여기서는 당신이 CEO를 존경하는지 아닌지는 전혀 중요하지 않다. 중요한 것은 당신이 그의 입장을 존중하고 그가 무엇을 중요하게 생각하는지 이해하는 것이다. 먼저, 그의 성공에 가장 크게 기여한 요소부터 확인하라. CEO가 되는 과정에서 누가 그에게 도움을 주었나? 그는 아직도 그 조언자를 소중하게 생각하는가? 그는 실패를 어떻게 다루었나?

그런 다음 그의 개인적인 유형을 파악하기 위해 노력하라. 리더십 스타일과 의사결정 방식은 어떠한가? 어떤 유형의 질문을 하는가? 자신이 이미 결정한 것을 확인하기 위해 질문하는 편인가, 아니면 자신이 미처 생각하지 못한 정보를 얻기 위해 질문을 하는가? 그런 다음 상대의 대답에 어떻게 반응하는가? 의사결정을 할 때는 어떤 대화 형식을 좋아하는가? 일대일, 아니면 집단 대화?

마지막으로, 그와 관계를 구축하는 최선의 방법을 암시하는 단서를 찾아라. 그에게 가장 큰 영향을 미치는 사람은 누구인가? 그들의 충고를 어떻게 받아들이는가? 정보를 어떤 방식으로 얻고 싶어 하는가? 고위관리자들에게 어떤 행동을 기대하는가? 그의 스타일이 당신의 스타일, 그리고 예전 상사들의 스타일과 어떻게 다른가?

여기서 관건은 CEO 배턴을 넘겨주는 것이 그에게 얼마나 힘든 일인지 이해하는 것이다. 이 문제는 몇 해 전 CEO 후계자 시절의 내 개인적인 경험을 통해 알아보자. 내가 보기에 그 CEO(회장 직도 겸함)는 오직 주변 사람들에게 떠밀려서 마지못해 은퇴를 결심했던 것 같았다. 그래서 그가 입장을 바꿀 그 어떤 빌미도 주지 않기 위해 나는 더 열심히 일하고 더 생산적인 사람이 되자고 스스로에게 다짐했다.

당시 내게는 여러 명의 조언자가 있었는데, 보스턴 컨설팅 그룹(Boston Consulting Group)의 창업자인 브루스 헨더슨(Bruce Henderson)도 그들 중 한 명이었다(헨더슨은 은퇴했을 뿐 아니라 후계자에게 권력 이양까지 완벽하게 마친 상태였다). 나는 그를 찾아가 내 상황과 결심을 들려주면서 어떻게 행동해야 좋을지 조언을 구했다. 솔직히 내심 모든 사람의 코를 납작하게 만들어줄 소중한 전략적 지혜를 기대했다. 이를 테면 회사의 시장점유율을 크게 향상시킬 수 있는 수익성을 담보한 매출 성장 전략 같은 걸 원했다. 그러나 그의 대답은 싱거울 만큼 단순했다.

"(회장의) 현재 입장과 그가 처한 상황을 더 많이 더 깊이 이해하도록 노력하게나." 무심한 듯 들리는 그의 말에 나는 적잖이 실망했다. 특히 내가 직면한 미래에 대해 아무 말도 해주지 않은 것이 섭섭하기까지 했다. 그러면서 헨더슨의 통찰력이 예전 같지 않다고 생각했다. 하지만 나는 그러지 말았어야 했다. 오히려 시간적 여유를 두고 그의 말뜻을 이해하기 위해 노력했어야 옳았다. 만일 그렇게 했더라면 나의 CEO 취임은 훨씬 더 순조로웠을 것이다.

자신의 단점을 확인하라

이사진, CEO, 인적자원 담당자, 헤드헌터는 대개 예비 CEO에게 실제 그의 상황보다 '승계 준비'가 더 완벽한 것처럼 생각하게 하려고 노력한다. 이처럼 그들이 예비 CEO를 띄워주는 데는 많은 개인적인 계산이 깔려 있다. 물론 그들이 때로는 좋은 의도를 가지고 있을 수도 있다. 그런데 문제는, 예비 CEO가 그들의 말만 믿고 성공하는 데 가장 중요한 능력을 개발하는 것을 등한시할지도 모른다는 점이다.

웨인(Wayne)을 예로 들어보자. 그는 『포춘(Fortune)』이 선정한 50대 글로벌 대기업 중 한 곳에서 일하다가 좀 더 작은 기업으로 옮겼다. 이유는 단 하나였다. 하루라도 빨리 CEO가 될 수 있는 기회를 좇아서였다. 새 회사의 회장 겸 CEO는 병중이었고 선임이사는 임기가 거의 끝나가고 있었다. 이런 상황에서 그를 적극적으로 영입한 이는 다름 아닌 이사들이었다. 물론 그들에게도 나름의 이유가 있었다. 먼저, 웨인은 그들이 필요하다고 생각하는 많은 능력을 갖추고 있었다. 또한 웨인이 몸담고 있던 회사는 세계 최고의 성취적인 기업 중 하나였고 아주 훌륭한 관리자들을 배출하기로 유명했으며, 웨인은 그곳에서 신예 스타로 떠오른 인물이었다. 따라서 이사진은 웨인이 투자자와 종업원 모두에게 강한 인상을 줄 수 있다고 생각한 것이다.

취임 첫해에 웨인은 새로운 기술과 시장, 고객들을 완벽하게 파악하기 위해 정말 열심히 일했다. 또한 분석가와 기관투자자들에게 강한인상을 주는 법을 터득했다. 뿐만 아니라 그의 전문경영가적 능력은 이사진의 기대대로 회사의 '니즈'와 정확하게 맞아떨어지는 것으로 드러났다. 그리고 이 모든 것이 더해져서 정량적인 영업 성적표는 눈에 띄게 향상되었으며, 대폭적인 비용 절감이 이루어졌다.

그리고 종업원들에게도 긍정적인 영향을 끼쳤다. 종업원들은 웨인의 낙관적이고 긍정적인 스타일을 신선하게 받아들였다. 또한 새로운 접근법을 시도하도록 독려하는 그의 스타일은 종업원들에게 회사 역사상 전례 없는 혁신을 감행하도록 동기를 부여했다.

11개월이 지났을 때 선임이사가 말했다. "이사진은 모든 일이 정말로 잘되고 있다고 생각합니다. 당신을 한시라도 빨리 CEO로 승진시키고 싶습니다. …… 당신은 우리가 찾던 바로 그 사람입니다."

그 말을 들은 웨인의 감정은 아주 복잡했다. 놀라우면서도 기뻤고 또한 불안하고 초조했다. 물론 이사진의 두터운 신임이 고맙지 않았다는 말이 아니다. 하지만 자기 자신을 속일 수는 없었다. 비록 겉으로는 자신이 CEO가 될 능력이 충분한 것처럼 보이려고 매우 신경을 썼지만, CEO가 될 준비가 완벽한지 확신할 수 없었다. 그는 아직도 회사 업무를 배우는 중이었고, 더군다나 직접적인 경험도 없는 데다가 담당 관리자들만 믿고 맡기기에도 불안한 인수와 기술 제휴 등과 같은 도전적인 과제들이 산적해 있었다.

이후 한 달 동안 이사들은 웨인을 만나기 위해 사무실 문턱이 닳도록 들락거렸다. 개중에는 지난 11개월을 합친 것보다도 이번 1개월 동안 웨인과 이야기를 더 많이 나눈 이사들도 있었다. 그러자 처음에는 그들이 자신을 시험한다고 생각했던 웨인도, 얼마 지나지 않아 그들이 자신을 설득하려 한다는 사실을 깨달았다. 즉 그들은 웨인이 CEO 자리를 수락하도록 'CEO 세일즈' 중이었던 것이다.

이사진의 전폭적인 지지를 업고 취임했음에도 웨인의 CEO 기간은 15개월로 막을 내렸다. 결과만 놓고 보면, 그는 1인자 자리에 오를 준비가 되어 있지 않았고, 2인자 자리에서 2년 정도 더 머물렀어야 했다. 하지만 CEO가 될 수 있는 기회를 붙잡았다고 그를 탓할 수는 없다. 사실 그의 실패에는 그 자신보다는 이사진의 잘못이 훨씬 더 컸다. 시간이 조금만 더 허락되었더라면 분명 그는 충분한 자신감과 경험을 쌓았을 것이고, 결과적으로 회사의 아주 유능한 수장이 되었을 것이다. 이사진의 주된 관심은 외부에 비치는 회사의 이미지와 CEO 자리에 '누군가'를 신속하게 올리는 것이었다. 다시 말해서 그들은 웨인이나 회사에 득이 되는 일보다는 그들 자신에게 득이 되는 일에 더 큰 관심을 기울였다.

그림자 조직을 관리하라

CEO 타이틀을 쟁취하는 데 중요한 또 다른 요소가 있다. 후보자는 반드시 비록 당장은 명백하게 드러나지 않지만, 최고 자리에 으레 따르게 마련인 동맹과 정치적인 현실을 이해해야 한다. 새로운 조직에 합류했건 사내 승진이건, 현명한 관리자라면 때로는 숨어 있는 이런 관계와 규범의 네트워크가 개인의 성공에 어떠한 영향을 미칠 수 있는지 파악해야 한다.

그렇다면 그것을 이해할 수 있는 방법은 무엇일까? 그중 하나는 성공과 실패의 역사를 추적하는 것이다. 구체적으로는 다음과 같은 질문을 해보아야 한다. 최고책임자는 누구였고, 그들에게 무슨 일이 있었나? 그들은 영향력 있는 집단을 구축하는 데 어떤 힘을 보탰나? 어떤 종류의 충성심이 나타났나? 교훈을 선별한 다음 그것을 확실하게 이해시키려는 노력이 있었나? 그런 교훈이 인력 채용 과정과 성과 관리, 훈련 및 개발 프로그램에 반영되었나?

1970년대 일본 제조업체들의 업계 관행을 살펴보면 이런 질문들에 대한 이해가 한결 쉬울 것이다. 일본 제조업체들은 생산이나 유통과 관련하여 중요한 문제를 발견하면 "왜?"라는 질문을 다섯 차례나 반복하는 습관을 길렀다. 어떤 문제든 근본적인 원인은 적어도 표면에서 네 단계 아래에 존재한다고 믿었기 때문이다.

정치적 환경을 파악하는 또 다른 방법은, 회사가 실제로 높이 평가하는 실질적인 가치들을 이해하는 것이다. 대부분의 CEO들은 사무실 벽에 떡 하니 보란 듯이 걸려 있는 공식적인 가치 사명문을 지지한다. 그런데 문제는 대개 이런 공식적인 가치들이 실질적인 행동이나 가장 중요한 결정이 이루어지는 방식과는 거의 공통점이 없다는 것이다.

그런 가치가 실질적인 의미를 지니는지 확인하기 위해서는 그 '탄생 과정'을 살펴볼 필요가 있다. 오랜 시간에 걸쳐 '자생적으로' 탄생한 가치는 윤리적인 성공과 실패에서 진화한 무언가를 의미한다. 그리고 이런 가치는 시간이 지나도 변하지 않으며, 가장 소중한 가치는 세대에서 세대로 전승된다. 그러나 고용된 외부인의 손에 의해 탄생된 가치는 확실히 피상적이다.

이와 관련하여 웃지 못할 사연이 하나 있다. 한 회사가 새로운 가치 사명문을 만들고자 전문 컨설팅 회사에 의뢰했다. 그런데 그들이 새로운 사명문을 발표한 바로 그 주에, 그 컨설팅 회사는 다른 고객의 금융 스캔들에 직접 개입한 사실을 인정했다.

최고 자리에 근접한 사람들 대부분은 실제로 CEO가 되어도 손색없을 만큼 유능하고 근면 성실하며 영리하다. 그러나 안타깝게도 승진 사다리의 마지막 단계에서 주저앉고 마는 사람들이 너무나 많다. 도대체 이유가 무엇일까? 지금까지와는 전혀 다른 새로운 이 도전을 어떻게 다루어야 할지 모르기 때문에 이런 일이 벌어지는 것이다. 역으로 생각하면, 이런 실패의 대부분은 충분히 피할 수 있다는 이야기다.

그렇지 않았더라면 뛰어난 성취를 거두었을 조직에서 이런 일들이 발생했다는 점은, 그냥 웃고 넘길 일이 아니다. 그것은 시간과 돈은 물론 잠재력 낭비라는 엄청난 대가가 뒤따르기 때문이다. 더군다나 그 대가는 엉뚱한 사람들이 치른다. 순조로운 CEO 권력 승계에 크게 영향을 받는 직원들, 지속적인 리더십을 기대하는 투자자들, 그간의 노력이 기대했던 성과로 이어지지 않을 때 뿌리째 흔들리는 가족 등등.

그렇다면 그 사태에 대한 책임은 누구에게 있을까? 승계 과정을 주의 깊게 감독하지 못했거나 CEO에게 순조로운 권력 이양의 책임을 지우지 못한 이사진, 차기 CEO 후보를 제대로 도와주지 못한 인적자원부서, 유망한 후계자 양성을 등한시한 CEO 등에게 책임의 화살이 향한다. 그러나 이런 장애물에도 불구하고 CEO 후보가 자신의 성공 가능성을 극적으로 향상시킬 수 있는 방법이 분명 있다. 우선 조직의 문화와 정치적 현실에 대한 통찰력을 키워야 한다. 아울러 성공에 도움이 될 수 있는 유익한 관계를 구축하는 기술을 습득하고, 자기 인식력을 향상시켜야 한다. 그리고 무엇보다도, 의사결정권자들에게 자신이 정말로 완벽하게 준비되었음을 보여주려면 성숙하고 지혜롭게 행동하는 법을 배워야 한다.

2

똑똑한 사람의 성과가 낮은 이유

에드워드 할로웰
Edward M. Hallowell

===== 요약 | 똑똑한 사람의 성과가 낮은 이유

회의 내내 안절부절 못하고, 늘 약속을 잊어버리고, 잠시도 기다리지 못해 엘리베이터의 '닫힘' 버튼을 연신 눌러대는 사람들. 그들은 무언가에 심각하게 미쳐 있으며, 신경학적인 새로운 현상의 희생자들이다. 주의력 결핍 성향(ADT, attention deficit trait)이라 부르는 이 현상은 질병이 아니라 운동 과잉적인 주변 환경에 대한 순수한 반응일 뿐이다. 그러나 문제는 ADT가 오늘날 조직에서 전염병이 되어버렸다는 점이다.

자신의 처리 용량을 초과하는 정보를 동시에 처리하려 한다면 우리의 뇌는 어떻게 될까? 이는 포도주에 식초를 섞는다고 생각해보면 이해가 쉬울 것이다. 포도주와 식초를 섞으면, 포도주도 아니고 식초도 아닌 정체불명의 액체가 되어버린다. 우리의 뇌도 마찬가지다. 뇌의 전두엽은 특유의 정교한 기능을 상실하고 뇌와 신체는 반사회로에 갇힌다. 그 결과 회색 지대를 인지하고 사고하는 능력이 사라지고 단순한 흑백 사고방식이 기승을 부린다. ADT를 가진 사람들은 체계적이고 조직적인 상태를 유지하고 우선선위를 정하며 시간을 관리하는 데 어려움을 겪는다. 또한 약간의 공포감과 죄책감을 안고 살아간다.

ADT를 통제하려면 첫째, 몇 시간마다 한 번씩 '인간적 순간'을 위한 시간을 만들어라. 이는 당신이 좋아하는 사람과 직접 만나는 시간을 의미한다. 둘째, 충분한 수면을 취하고 균형 잡힌 식사를 하며 적절한 운동을 하라. 셋째, 큰 업무는 실행 가능한 작은 업무들로 나누고, 업무 공간의 일부를 '해방특구'로 유지하라. 넷째, 하루 일과에 약속과 이메일에서 '해방된' 시간을 포함시켜라. 필자는 ADT 예방법으로 긍정적인 업무 환경을 조성하는 데 도움이 되는 편의시설에 투자하라고 조언한다. 리더 역시, 각자의 기술과 능력에 맞는 업무를 할당함으로써 종업원들의 ADT를 예방하는 데 도움을 줄 수 있다. 그 누구도 ADT의 위협에서 자유로울 수 없다. ADT를 통제하지 않는다면 그것이 우리를 통제할 것이다.

적색 경고! ADT가 공격한다

데이비드(David)는 연신 손가락으로 키보드를 두드리며 이메일을 확인한다. 동시에 그는 지구 반대편에 있는 경영자와 통화 중이며, 드릴처럼 무릎을 끊임없이 들썩인다. 또한 이따금씩 입술을 깨물고 영원한 동반자인 커피를 마시려고 커피 잔을 찾아 손을 뻗는다. 그는 일련의 멀티태스킹에 너무 깊이 빠져 있는 바람에 예정된 약속을 잊어버렸다. 아웃룩(Outlook) 일정표를 보고서야 약속 시간이 이미 15분이나 지난 것을 깨닫는다.

선임부사장인 제인(Jane)의 사무실과 그녀의 직속상사이자 CEO인 마이크(Mike)의 사무실은 나란히 붙어 있다. 신속한 커뮤니케이션을 고려한 이런 사무실 배치에도 불구하고 그들 사이에 커뮤니케이션이 이루어질 기미는 전혀 보이지 않는다.

"마이크의 사무실에 갈 때마다 그의 전화 아니면 내 휴대전화가 울리죠. 또는 누군가가 찾아오기도 해요. 심지어 마이크가 갑자기 컴퓨터 화면 쪽으로 돌아앉으며 이메일을 쓰기도 하고, 어떨 때는 내가 처리하길

바라는 새로운 사안에 대해 일방적으로 말하기도 해요"라고 제인이 불만을 털어놓는다. "우리는 그저 하루하루 버티기에 급급할 뿐, 중요한 어떤 것도 성취하지 못합니다. 그것이 나를 미치게 만듭니다."

데이비드와 제인, 마이크는 미친 것일까? 아니다. 적어도 임상적으로는 미친 것이 아니다. 하지만 그들은 분명 무언가에 미쳐 있다. 그들의 경험은 오늘날 과도한 업무에 시달리는, 당신의 많은 동료들은 물론이고 어쩌면 당신 자신을 포함하여 모든 관리자의 자화상이 되고 있다. 그들은 내가 주의력 결핍 성향, 즉 ADT라고 부르는 매우 실제적이지만 널리 알려지지 않은 신경학적 현상의 희생자들이다.

뇌 과부하로 촉발되는 ADT는 오늘날 조직에서 하나의 전염병적 현상으로 자리매김했다. ADT의 주요 증상은 산만함, 내적 분노, 초조함 등이다. ADT 증상을 보이는 사람들은 체계적이고 조직적인 상태를 유지하고 우선순위를 정하며 시간을 관리하는 데 애를 먹는다. 이런 증상은 사람들의 성과, 특히 ADT에 희생되지 않았더라면 유능했을 경영자들의 성과를 손상시킬 수 있다. 따라서 무엇보다도 자신을 신경학적인 관점에서 이해하려는 노력이 중요하다. 그렇게만 한다면 데이비드, 마이크, 제인뿐만 아니라 ADT 증상을 보이는 사람들은 문제가 생길 때 그것에 단순히 반응하기보다는 자신의 삶을 적극적으로 관리하고 통제할 수 있을 것이다.

나는 정신의학자로서 주의력 결핍 장애, 즉 ADD(Attention Deficit Disorder) 증상을 가진 사람들을 진단하고 치료하는 데 지난 25년을 바쳤다. 그 와중에 나는 우연찮게도 어떤 현상의 급격한 확산을 지켜본 산증인이 되었다. ADD의 사촌격인 새로운 '전염병에 감염' 된 성인 인구의 폭발적인 증가를 직접 목격한 것이다. 오늘날 ADD는 임상적으로 주의력 결핍 과잉 행동 장애(ADHD, Attention Deficit Hyperactivity Disorder)로 알려져 있다. 내 병원을 찾아오는 ADT 환자는 지난 10년 동안 우후죽순으로 늘어 거의 10배 가까이 증가했다. 안타깝게도 만성적 과부하에 걸린 사람들에게 시간 관리 컨설턴트와 경영자 코치들이 제안하는 대부분의 치료법은 ADT의 근본적 원인을 해결하지 못한다.

ADD는 유전적인 요소와 관련 있고 또한 환경적·신체적 요인으로 인해 악화될 수도 있는 신경학적 장애이다. 하지만 ADT는 전적으로 환경 때문에 생기는 것으로, 교통 혼잡처럼 현대 삶이 낳은 인공물이다. 그러면 ADT의 원인은 무엇일까? 지난 20년 동안 폭발적으로 늘어난 우리의 시간과 관심에 대한 요구에서 그 원인을 찾을 수 있다. 소음(아무런 의미도 소용도 없는 단발성 사건들)이 우리의 정신을 장악하면서, 뇌는 완전하고 충분하게 관심을 기울일 수 있는 능력을 차츰 잃어버렸다.

ADT의 증상은 점진적으로 나타나는 경향이 있다. 즉 ADT에 걸린 사람들은 뒤처지지 않으려고 더욱 노력함에 따라 한 번에 하나의 위기를 경험하는 것이 아니라 일련의 경미한 위기를 연속적으로 경험한다. 가령 ADT 증상을 보이는 경영자는 자신이 하고 싶은 일은 물론이고 절대 할 수 없는 일도 감당해내려고 온갖 노력을 기울인다. 게다가 업무량이 증가하면 어떻게든 인내하고 불평해서는 안 된다고 스스로를 다그친다.

따라서 ADT 피해자는 늘 약간의 공포감과 죄책감을 안고 살아간다. 끝없는 업무에 시달리는 경영자는 모든 것이 순조로운 척 꾸미지만, 갈수록 서두르고 말을 함부로 내뱉으며 무례한 행동을 한다. 그리고 결국에는 아무것에도 집중하지 못하게 된다.

싸움에서 이기려면 적을 알아야 하는 법이다. 이는 ADT와의 전투에서도 그대로 적용된다. ADT를 통제하려면 먼저 그것을 알아야 한다. 또한 개인으로서 그리고 조직의 리더로서 성공하려면 반드시 ADT 증상을 통제할 수 있어야 한다. 지금부터 ADT의 근본적인 원인을 분석하고, 그런 다음 ADT를 통제하는 데 유익한 몇 가지 방법에 대해 알아보자.

ADT를 이해하려면 ADD부터 파악하라

ADT의 본질과 치료법에 대해 알아보기에 앞서, 그것의 사촌격인 ADD를 먼저 이해하는 편이 유익하다. ADD는 주로 아동들의 학습장애로 알려져 있지만, 사실 아동만의 전유물이 아니다. 연구 결과를 보면 무려 성인 중 약 5%가 ADD를 앓는다고 한다. 연구가들은 ADD 환자의 MRI(자기 공명 촬영 장치) 뇌 사진을 분석해 놀라운 결과를 내놓았다. 뇌에서 감정, 특히 분노와 좌절감을 조절하고 학습을 지원하는 등 다양한 기능을 관장하는 영역 네 곳의 크기가 정상인에 비해 약간 줄어든 사실을 발견한 것이다. 그중 하나는 전두엽과 전전두엽으로 이루어진 부분이다. 특히 이 영역은 생각을 유발하고 의사결정을 하며 우선순위를 정하고 활동을 조직화하는 기능을 담당한다. ADD 치료용 약물은 뇌의 물리적 구조를 바꾸지는 못해도 화학적 기능을 변화시킨다. 이런 화학적 변화로 인해 네 영역 모두의 기능이 향상되고, 결국 ADD 환자의 성과가 몰라보게 달라진다.

ADD에는 사실 단점뿐만 아니라 장점도 있다. 먼저 단점부터 알아보자. 첫째, 일을 자꾸 미루고 마감일정을 맞추지 못하는 성향이 있다. 이 때문에 ADD를 가진 사람은 비조직적이고 지연하는 습관 때문에 힘들어하고, 대화나 독서 중에도 쉽게 딴생각을 하면서 정신적 방랑을 거듭하고 건망증이 있을 수 있다. 둘째, 그들은 일관적인 성과를 거두지 못하는 경향이 있는데, 가령 한순간에는 성과가 아주 뛰어나다가도 바로 다음 순간에는 전혀 만족스럽지 못한 성과를 내기도 한다. 셋째, 스트레스가 없거나 멀티태스킹을 하고 있지 않으면 오히려 눈에 띄게 초조해하고 집중하지 못하는 경향이 크다. 이는 스트레스가, ADD 치료용 약물과 화학적으로 아주 비슷한 아드레날린을 생성시키기 때문이다. 넷째, ADD로 힘들어하는 사람들은 종종 자가 치료법으로서 알코올이나 여타 약물에 의존하기도 한다.

그렇다면 ADD의 긍정적인 측면은 무엇일까? 첫째, ADD 증상을 보이는 사람들은 대개 아주 특출한 재능과 재주를 선천적으로 타고난다. 하지만 안타깝게도 그런 재능은 종종 발견되지도 개발되지도 못한 채 그대로 사장되고 마는데, 이는 ADD의 부정적인 증상 때문에 이런 문제가 나타난다. 둘째, 창의성과 독창성이 남다를 수 있다. 셋째, 특정 상황에서는 이례적일 만큼 대단한 인내력을 발휘하고, 가끔은 기업가적 재능을 보이는 사람들도 있다. 이는 그들이 남다른 재능을 보유하고 다른 사람들의 재능도 이끌어내기 때문이다. 게다가 압박감을 받는 상황에서는 반짝이는 순간적 기지를 발휘하곤 한다. 넷째, 멀티태스킹에 아주 능하기 때문에 변화의 시기에 강력한 리더로 부상할 가능성이 크다. 다섯째, 실패와 좌절을 만나도 오뚝이처럼 신속하게 회복하고, 늘 조직에 새롭고 신선한 에너지를 불어넣는다.

이처럼 장단점을 모두 가진 ADD가 경영자에게는 어떤 영향을 미칠까? 무엇보다, ADD 증상을 보이는 경영자는 대체로 일관성 없는 결과를 가져온다. 어떨 때는 비조직적인 성향과 실수로 인해 참담하게 실패하면서도, 또 어떨 때는 최고의 성과로 이어지는 독창적인 아이디어와 전략들을 제시하면서 최고의 수행자가 되기도 한다.

제트블루 항공사(JetBlue Airways)의 CEO인 데이비드 닐먼(David Neeleman)은 대표적인 ADD 성향의 경영자이다. 자신도 인정하듯이 그에게 있어 ADD는 양날의 검이다. 그는 대학을 다니는 내내 끔찍한 고통에 시달렸다고 한다. 도무지 공부에 집중할 수 없었기에 학교와 관련된 모든 일을 끊임없이 미루었다. "바깥세상에 나가서 보람된 무언가를 해야 할 시간에, 내 인생에 아무짝에도 쓸모없는 통계학을 배우느라 책상에 꼼짝없이 잡혀 있다고 생각했습니다. 물론 교육이 필요 없다고 생각했다는 뜻은 아닙니다. 하지만 생애 첫 사업을 시작할 기회가 찾아오자 나는 뒤도 돌아보지 않고 대학을 떠났습니다."

그리하여 바깥 세상에 나온 닐먼은 말 그대로 펄펄 날았다. 자신의 강점, 즉 독창적인 사고, 지칠 줄 모르는 에너지, 사람들에게서 최선의 것을 이끌어내는 능력을 십분 발휘하고 조직과 시간 관리에 대해 배우고 도움을 받으면서 신속하게 정상을 향해 올라갔다.

대부분의 ADD 증상을 보이는 사람들과 마찬가지로, 닐먼도 가끔 무뚝뚝하고 퉁명스러운 말로 다른 사람들의 감정을 다치게 했다. 하지만 그의 독창적인 아이디어만큼은 타의 추종을 불허했다. 그리고 그런 뛰어난 아이디어가 항공산업의 패러다임을 바꾸었다. 전자 항공권을 발명한 이도 닐먼이었다.

"내가 그 아이디어를 제안했을 때, 사람들은 도대체 누가 종이 항공권도 없이 공항에 가려 하겠느냐면서 대놓고 비웃었습니다. 하지만 지금은 아무도 그런 말을 하지 않습니다. 누구나 전자 항공권을 이용합니다. 게다가 전자 항공권은 항공산업 전체에 수백만 달러의 경비 절감 효과를 가져왔습니다."

나는 전자 항공권의 탄생에 대해 이렇게 말하고 싶다. ADD 증상을 보이는 사람이 자신의 건망증을, 즉 종이 항공권을 지참해야 한다고 걱정할 필요 없는 기막힌 방법을 고안했다. 닐먼은 ADD가 그가 일군 성공의 일등 공신이라고 믿는다. 그는 자신의 ADD 성향을 유감스럽게 생각하기는커녕 오히려 그것을 축복이라 여긴다. 그러나 그도 자신의 ADD 성향을 주의 깊게 관리해야 한다는 것을 잘 안다.

ADT의 전형적인 특징은 바로 ADD의 부정적인 증상들이다. 그러나 ADD와는 달리 ADT는 유전적인 요소에서 비롯한다기보다는 순전히 오늘날의 활동량 과잉적인 환경에 대한 반응이다. 요컨대 후천적인 환경의 산물이다. 아닌 게 아니라 작금의 문화는 많은 사람들을 ADT 세상으로 이끈다고 해도 과언이 아니다. 일찍이 인류 역사상 인간의 뇌가 요즘처럼 많은 정보를 처리하도록 요구받은 적이 없었다. 어디를 둘러봐도 사람들은 경주라도 하듯이, 자료와 계획, 아이디어를 점점 더 빠르게 수집·전송하기 위해 휴대전화, 이메일, PDA 등등 각종 디지털 기기에 의존하고 있다.

혹자는 현 시대의 최고 가치는 속도라고 주장할 수도 있다. 소설가 밀란 쿤데라(Milan Kundera)는 속도를 "기술 혁명이 현대인에게 선사한 일종의 엑스터시, 즉 황홀경"이라고 일컬었다. 속도에 중독된 우리는 더 이상의 속도를 내는 것이 불가능할 때조차 속도를 원하는 지경에 이르렀다. 제임스 글릭(James Gleick)은 저서 『빨리빨리!』에서 엘리베이터 '닫힘 버튼'의 칠이 지워져 있는 경우가 많다고 말하면서 인간의 조급증을 냉정하게 꼬집었다. 인간의 뇌가 시대적 요구인 속도를 따르려고 사투를 벌임에 따라 뇌의 능력은 오히려 더욱 저하되고, 결국 ADT의 세상에 발을 들여놓게 된다.

뇌에 관한 진실

뇌주사(腦走査) 사진을 보고 '정상적인' 사람의 뇌와 ADT 증상자 뇌 사이의 해부학적 차이를 찾을 수는 없다. 하지만 많은 연구 결과에 의하면, 막대한 양의 정보를 처리하도록 요구받음에 따라 인간의 뇌는 탄력적이고 창의적으로 문제를 해결하는 능력이 갈수록 줄어들고 실수 빈도가 늘어난다고 한다. 도대체 인간의 뇌가 어떻기에 생겼기에 이런 일이 벌어지는지 알아보기 위해 잠시 뇌신경학 세상으로 여행을 떠나보자.

모든 생명체 중에서 최대의 피질을 선사받은 우리 인간은, 수조 개의 세포로 이루어진 이 기관의 소유주로서 오늘날 전두엽과 전전두엽에 엄청난 압력을 가하고 있다(이 글에서는 전두엽과 전전두엽을 묶어 간단히 '전두엽'이라 부르겠다). 이 영역은 소위 실행 기능(EF, Executive Functioning)이라 부르는 활동을 관장하는데, 실로 적절한 이름이 아닐 수 없다. 실행 기능은 의사결정과 계획 수립을 총괄하기 때문이다. 즉 정보와 아이디어를 체계화하고 우선순위를 정하며, 시간을 관리하고, 인간의 고유한 특징인 정교하고 다양한 관리 업무를 다스린다는 이야기다. 전두엽이 이런 기능에 대한 통제권을 유지하는 한 모든 것은 순조롭다.

전두엽 심부에는 뇌의 여러 영역 중에서도 특히 생존과 직결되는 기능을 관장하는 영역들이 자리하고 있다. 이들 심부 영역은 원시적인 수준의 긍정적 감정과 부정적 감정은 물론이고 수면, 배고픔, 성적 욕구, 호흡, 심장 박동 같은 기본적인 생명 유지 기능을 관장한다. 또한 어떤 일을 잘하고 최고 수준에서 실행하면 흥분과 만족감, 기쁨의 메시지를 전송한다. 뿐만 아니라 동기부여를 강화하고 집중력을 유지하는 데 도움을 준다. 그리고 작업 기억, 즉 한 번에 처리할 수 있는 자료의 양에 개입하지 않는다.

그러나 가령 세 번째 거래가 무산되고 열두 번째의 불가능한 요구가 컴퓨터 화면에 나타났던 그날에 대한 누락된 아홉 번째 정보를 한창 찾고 있는데, 다섯 번의 방해가 있은 다음 여섯 번째의 의사결정을 해야 한다면 어떨까? 그러면 뇌는 공황상태에 빠져, 마치 그 여섯 번째 결정이 피에 굶주린 식인 호랑이라도 되는 양 반응하기 시작한다.

학습 장애 전문가로서 나는 가장 위험한 장애는 난독증이나 ADD처럼 공식적으로 진단할 수 있는 질환이 아니라 오히려 두려움이라고 생각한다. 두려움은 인간을 생존 모드로 돌입시키고, 그런 다음 유동적인 학습과 예리한 이해력을 방해한다. 가령 진짜 호랑이가 눈앞에서 공격 태세를 갖추고 으르렁거리고 있다면, 분명 생존 모드가 시급을 다투는 일일 것이다. 그러나 미묘한 업무를 지능적으로 다루려고 하는 상황인 경우에는 이야기가 다르다. 이럴 경우 생존 모드는 너무나 불쾌하고 역효과만 불러올 뿐이다.

전두엽이 한계로 치닫고 정보를 다 처리할 수 없을 것이라는 두려움이 들기 시작할 때, 뇌의 상부와 하부 사이의 관계는 불길한 전환기를 맞는다. 수천 년 진화의 세월은 뇌의 상부에, 하부 영역에서 보내는 조난 신호를 무시하지 말라고 가르쳤다.

일단 생존 모드에 돌입하면 뇌의 하부 영역들이 통제권을 쥐고 상부 영역에 명령을 내리기 시작한다. 그 결과 전체 뇌는 신경학적인 딜레마에 빠져든다. 뇌의 심부 영역들은 전두엽이 전달한 과부하 메시지를 일상적인 다른 모든 메시지를 해석할 때와 똑같은 방식으로, 즉 원시적으로 해석한다. 그리하여 뇌의 하부 영역들은 두려움, 불안함, 초조함, 성급함, 분노, 공포 같은 신호를 미친 듯이 내보낸다.

이런 경고 신호는 전두엽의 주의력을 '유괴'하고, 전두엽이 고유의 기능을 관장할 대부분의 힘을 잃도록 '완력'을 동원한다. 생존 신호를 거부할 수 없기 때문에 전두엽은 뇌의 심부로 "메시지 수신됨. 계속 노력하고는 있지만 한 번도 성공하지 못함"이라는 메시지를 연신 전송한다. 이런 메시지는 뇌의 심부 영역들을 더욱 동요하고 불안하게 만들고, 결국에는 전두엽으로 더욱 강력한 조난 메시지를 되돌린다.

한편 뇌에서 벌어지는 급박한 상황은 신체의 나머지 영역에도 신속하게 영향을 미친다. 특히 내분비계, 호흡계, 심장혈관계, 근골격계, 말초신경계는 뇌의 생존 모드에 대한 반응으로 위기 모드에 돌입하고 평온한 상태에서 적색경보 상태로 기본적인 생리학을 변화시키는 것이다.

전두엽이 특유의 정교한 기능을 상실하면 뇌와 신체는 반사회로에 갇히고 만다. 이 상태에서 실행 기능은 단순하기 그지없는 흑백 사고로 되돌아간다. 회색 지대를 인지하고 사라진다는 이야기다. 또한 지능도 떨어진다. 용량과 능력을 초과하여 더 많은 정보를 처리하려는 무모하고 헛된 시도를 거듭하다 결국 뇌는 명쾌하고 명료하게 사고하는 능력을 점차 상실한다.

이런 신경학적인 사건은 관리자가 능력 이상으로 더 많은 정보를 다루려고 안간힘을 다할 때 발생한다. 생존 모드에 돌입하면 충동적인 섣부른 판단을 하고, 당면한 문제가 무엇이든 빨리 끝내려고 미친 듯이 달려든다. 그 문제를 즉각 통제해야 하고 인지된 위험이 진짜 위험이 되기 전에 신속하게 제거해야 한다는 강박증에 사로잡힌다. 그리하여 탄력성, 유머 감각, 미지의 것을 다루는 능력을 빼앗긴다. 또한 큰 그림과 자신이 지지하는 목표와 가치를 잊어버릴 뿐만 아니라 창의성과 계획을 수정하는 능력까지도 잃어버린다. 은유적으로 말해 그는 눈앞의 호랑이를 죽이려고 필사적이다.

하지만 이런 순간을 특히 경계해야 한다. 이때에는 자멸하고 성질을 부리며 다른 사람을 탓하고 스스로 제 무덤을 파는 경향이 크기 때문이다. 혹은 그와는 정반대 방향으로 나아갈지도 모른다. 즉 '부인(否認)'의 세상에 발을 들여놓고 자신을 공격하는 문제들을 철저하게 피해보지만, 결국에는 '호랑이'에게 통째로 잡아먹히고 만다. 이것이 바로 최악의 ADT이다.

비록 ADT가 언제나 극단적인 상황에 이르는 것은 아니지만, 가뜩이나 이래저래 괴로운 사람들에게 재앙을 초래할 위험이 있다. 비슷한 뇌란 있을 수 없기 때문에, 개중에는 그런 상황을 좀 더 잘 다루는 사람들도 있다. 그러나 겉보기에는 성공적으로 기능하는 것처럼 보일지라도, 자신의 실행 기능을 완벽하게 통제하는 사람은 결코 없다.

ADT를 관리하라

불행한 일이지만, 고위관리자들은 오늘날까지도 ADT 증상에 윤리나 성격의 왜곡된 잣대를 적용한다. 따라서 그들은 주변의 속도를 따라갈 수 없는 것처럼 보이는 종업원들을 무능하거나 나약하다고 생각한다. 한 경영자의 사례를 통해 이 문제를 짚어보겠다.

그가 나를 찾아왔을 때는 그는 이미 심각한 과부하에 걸린 상태였다. 나는 그에게 자신의 상황을 상사에게 솔직하게 털어놓고 그에게 도움을 구하라고 제안했다. 하지만 그가 내 조언대로 했을 때 그에게 돌아온 반응은 냉담함 그 자체였다. 그는 자신이 만일 업무를 감당할 수 없다면 회사를 그만두는 것을 심각하게 고려해보겠다고 말했다. 비록 그의 인사고과 성적이 아주 뛰어났고 사내에서 가장 창의적인 사람 가운데 한 명이라는 칭찬을 받았지만, 회사는 그의 사직서를 두말 없이 수리했다. 아무리 사소한 일이라도 한도를 넘으면 위험할 수 있다는 기업 문화가 강한 회사였으므로, 업무가 힘에 부친다는 그의 하소연은 도저히 용납될 수 없었던 것이다. 회사를 제 발로 걸어 나간 뒤, 그는 말 그대로 꽃처럼 활짝 피어났다.

그렇다면 개인은 물론이고 조직에서 ADT의 파괴적인 영향력을 통제할 수 있는 방법은 없을까? ADD의 경우 약물로 어느 정도 치료가 가능하지만, ADT는 절대로 약물로 치료할 수 있는 게 아니다. ADT를 통제하는 방법은 증상자의 환경과 정서적·신체적 건강을 창의적으로 설계하는 것뿐이다. ADT 전문가로서 나는 경영자들이 ADT 증상을 통제하는 데 도움이 되는 몇 가지 예방법을 찾아냈다. 지금부터 차례대로 알아보겠다.

긍정적인 감정을 촉진하라

ADT를 관리하는 가장 중요한 단계는 최신형 블랙베리를 구입해서 할 일을 빼곡하게 저장하는 것이 아니라 뇌가 최상으로 기능할 수 있는 환경을 창조하는 것이다. 이는 곧, 두려움이 없는 긍정적인 감정적 환경을 조성하는 것을 의미한다. 왜 그럴까? 답은 간단하다. 감정은 실행 기능의 삭동 스위지이기 때문이다.

사람들이 신체 접촉을 하고 서로를 신뢰하고 존중하는 환경에서는 ADT의 발생률이 상대적으로 낮다. 여기에는 신경학적인 이유가 있다. 가령 동료와 편안한 관계를 유지하는 경우에는 비록 감당하기 힘든 문제를 다루고 있더라도, 뇌의 심부 영역들은 '쾌락 중추'를 거쳐 전두엽에 자원을 할당하는 영역으로 메시지를 전달한다. 심지어 극도의 스트레스를 받을 때조차 이런 인간적 연결감은 실행 기능을 더욱 촉진한다.

반면 신체적 고립 상태에서 일하는 사람은 ADT에 걸릴 가능성이 더 크다. 고립 정도가 심해질수록 스트레스는 더욱 증가한다. 나는 단절된 환경의 위험과 연결된 환경의 치료적 힘에 관한 극적인 사례를 직접 목격했다. 당시 나는 세계 제일의 화학학부 중 한 곳에 컨설팅을 해주고 있었다.

얼마 전까지만 해도 그 학부는 아주 공격적인 문화가 만연했고, ADT가 광범위하게 퍼져 있었다. 게다가 다른 사람에게 도움을 구하거나 무언가가 잘못되었다고 말하는 것은 용납되지 않는 분위기 때문에 ADT는 더욱 극성을 부렸다. 구성원들은 서로를 신뢰하지 않았다. 그리고 각자 단독으로 프로젝트를 진행한 탓에 이는 더욱 깊은 불신을 불러왔다. 구성원 대부분은 감정적인 고통에 시달렸지만, 그 학부의 문화에는 고통의 정도와 성과가 정비례한다는 이상한 암묵적 합의가 있었다.

1990년대 후반, 그 학부에서 가장 뛰어난 대학원생 중 한 명이 자살하는 사건이 발생했다. 그는 유서를 통해, 학교가 자신을 한계 너머로 지나치게 몰아붙였다고 노골적으로 비난했다. 그 학부의 문화는 말 그대로 사람의 목숨을 앗아갈 만큼 치명적이었다.

웬만한 조직이라면 그런 비극을 어떻게든 숨기려 했을 것이다. 하지만 그들은 그렇게 하지 않았다. 오히려 학과장과 그의 후계자는 대담하고 창의적으로 행동했다. 그들은 가장 먼저, 감독 체계 구조를 대대적으로 손보았다. 그리하여 감독관 1명이 조교 한 사람의 경력에 대해 전권을 행사하기보다는, 대학원생과 박사 후 과정 연구원 각각에게 감독관 3명이 배정되었다. 그리고 2주에 한 번씩 비공식적인 다과회를 열어 구성원들이 서로 만나는 시간을 만들었다(심지어 가장 폐쇄적이고 은둔 생활을 하는 화학자조차 음식을 먹으러 슬그머니 모습을 드러냈다. 그만큼 음식은 인간의 삶에서 가장 위대한 연결고리 중 하나이다). 또한 학과장을 비롯하여 리더들은 벽을 허물고 그랜드 피아노까지 완벽하게 구비된 에스프레소 바와 다양한 공용 시설을 추가하는 등 화학학부가 사용하던 주요 건물의 구조까지도 바꾸었다. 뿐만 아니라 그들은 모든 학생들을 대상으로 정신적 소모와 탈진의 위험 징후에 관한 강연회를 열었고 문자화된 정보를 제공했다. 도움이 필요한 학생을 지원하기 위해 정보 비공개 원칙의 새로운 절차도 도입했다.

이런 일련의 획기적인 조치와 고위 교수진과 대학 행정관들 사이의 정기적인 회의는 더욱 인간적이고 생산적인 문화로 이어졌다. 그리고 그 문화 속에서 학생과 교수진 모두는 완벽하고 강한 유대감을 느꼈다. 또한 그 학부의 성과는 여전히 최상이었고, 창의적인 연구는 그 어느 때보다 활발했다.

중요한 것은, 인간적인 연결을 강화하고 두려움을 줄이는 것은 두뇌의 힘을 촉진한다는 점이다. 짧게는 네 시간 길면 여섯 시간마다 '인간적 연결의 순간'을 위한 시간을 마련하라. 즉 좋아하는 사람을 만나 상호작용을 나누면 당신의 뇌가 원하는 가장 강렬한 욕구가 채워질 것이다.

뇌 보기를 몸같이 하라

수면과 건강한 식단, 운동은 ADT를 예방하는 데 탁월한 효과를 발휘한다. '뭐 별것 아니네'라고 생각할지 몰라도, 세상에는 건강 관리의 명백하고 기본적인 이 원칙들을 무시함으로써 뇌를 혹사하는 사람들이 너무 많다.

개중에는 일을 더 많이 하려는 헛된 희망을 품은 채 잠자는 시간을 줄임으로써 ADT를 다스리려는 사람도 있을 것이다. 하지만 ADT는 수면이 부족할 때 자주 나타나므로 충분한 수면이 무엇보다 중요하다. 수면 부족이 문제의 온상이라는 주장을 명백하게 뒷받침하는 연구 결과도 있다. 잘못된 결정과 창의성 감소에서부터 무모한 행동과 편집증에 이르기까지, 수면 부족으로 인한 문제는 일일이 열거하는 것조차 힘들다. 각자 필요한 수면량은 다르지만, 대개는 아침에 다른 사람이나 자명종의 도움 없이 스스로 일어날 정도면 충분한 수면량이라고 할 수 있다.

식사 역시 뇌 건강에 절대적으로 중요한 역할을 한다. 열심히 일하는 사람 중에는 습관적으로 탄수화물을 섭취하는 이들이 많은데, 탄수화물은 혈당치를 크게 요동치게 만든다. 이는 악순환으로 이어진다. 혈당치 상승은 인슐린 과잉 분비를 초래하고 이는 다시 탄수화물에 대한 욕구를 부추긴다. 또한 포도당을 에너지원으로 사용하는 뇌는 결국 포도당 과잉이나 부족 현상에 처하게 된다. 솔직히 어느 쪽도 최적의 인지 기능에는 하등의 도움이 되지 않는다.

뇌는 혈당치가 비교적 안정적으로 유지될 때 더욱 원활하고 효율적으로 기능한다. 그러기 위해서는 패스트리, 식빵, 파스타 같은 설탕과 흰 밀가루를 함유한 단순 탄수화물 섭취를 피해야 한다. 대신에 과일, 전곡(全穀), 채소 등에 함유된 복합 탄수화물을 섭취하라.

단백질도 탄수화물 못지않게 중요하다. 커피와 패스트리로 하루를 시작하기보다는, 통밀 빵에 훈제 연어나 달걀을 얹어 차와 함께 먹도록 하라. 생선기름에 다량 함유된 오메가3 지방산 영양 보조제와 더불어 종합비타민제를 매일 복용하는 것이 좋다. 오메가3와 종합비타민제에 함유된 비타민 E와 B는 건강한 뇌의 기능을 촉진하는 것은 물론이고, 알츠하이머병과 염증성 질환을 예방하는 효과도 있다. 염증성 질환은 심장질환, 뇌졸중, 당뇨병, 암 같은 주요 '살인자'의 근본적인 원인일 수도 있다.

알코올 섭취 역시 적정 수준을 유지해야 한다. 지나친 음주는 뇌 세포를 죽이고 기억 상실을 가속화하며, 심할 경우 치매 발병 시기를 앞당기기 때문이다. 최적의 뇌 기능과 전체적으로 양호한 건강 상태를 촉진하기 위해 식습관을 바꾼다면 체중 조절이라는 보너스도 얻을 수 있다.

'안 그래도 바빠 죽겠는데 운동할 시간이 어딨어?'라고 생각한다면 다시 생각해보라. 몇 시간 동안 계속해서 책상머리에 앉아 있으면 예민함이 줄어든다. 가장 큰 원인은 뇌에 공급되는 혈류량 감소다. 이 외에도 여러 가지 생화학적 요인들이 있다. 운동을 하면 신체는 엔도르핀, 세로토닌, 도파민, 에피네프린, 노르에피네프린 등 뇌가 좋아하는 일련의 화학물질을 분비한다.

또한 최근에 발견된 화학물질인 뇌 속 신경세포 성장인자라고 부르는 BDNF(Brain-Derived Neurotrophic Factor)와 신경 성장인자인 NGF(Nerve Growth Factor)를 생성시킨다. BDNF와 NGF는 뇌 세포의 건강과 성장을 촉진하고, 노화와 스트레스의 부정적인 영향력을 예방하며, 뇌를 최상의 상태로 유지하는 효과가 있다. 이런 BDNF와 NGF의 생성을 촉진하는 데는 신체 운동만한 것이 없다. 예컨대 규칙적으로 운동하다가 며칠 쉬면 되레 몸과 마음이 더 쉽게 지치고 기운이 없지 않은가? BDNF와 NGF의 부속 때문에 이런 현상이 생긴다.

러닝머신 위에서 땀 흘리는 시간은 생산성과 효율성이라는 더 큰 보상으로 돌아올 것이다. 하지만 ADT 증상을 예방하려고 꼭 헬스클럽에 등록해야 하는 것은 아니다. 직장에서 간단히 할 수 있는 운동도 얼마든지 있다. 가령 계단을 몇 번 오르내리거나 활기찬 걸음으로 복도를 왕복하는 것도 좋다. 이처럼 짧은 시간에 할 수 있는 간단한 노력이 당신 뇌의 재설정 버튼을 누를 것이다.

ADT에 조직적으로 대비하라

체계적이고 조직적인 일 처리를 위한 전술을 개발하는 것은 중요하다. 그러나 공허한 새해의 결심처럼 작심삼일로 끝나는 전술은 안 된다. 대신 무체계성으로 인해 목표를 달성하지 못하는 일이 없도록 자신에게 맞는 방식으로 일을 조직적이고 체계적으로 처리하는 방법을 찾는 것이 좋다.

먼저, 전두엽이 통제력을 유지하는 데 도움이 되는 전략을 수립하라. 이런 전략에는 큰 업무를 좀 더 작은 여러 업무로 나누고, 업무 공간이나 책상의 일부를 '해방특구', 즉 깨끗한 상태로 유지하는 것이 포함될 수도 있다(사무실 전체를 깔끔하게 정리할 필요까지는 없다. 그저 사무실의 일부 공간을 해방특구로 유지하면 된다). 사무실이라는 물리적 공간에서와 마찬가지로, 정신적 '해방특구'를 유지하는 것도 중요하다. 예를 들어 하루 일과 중에서 약속과 이메일처럼 정신적인 방해요소에서 해방되어 오로지 생각하고 계획하는 데만 집중하는 시간을 가져라. 이메일은 일을 지연시키는 동시에 ADT의 세상으로 끌어들이는 고속도로이다. 따라서 '이메일 처리 시간'을 따로 정하는 방법을 고려해보라. 사실 이메일 중에는 즉시 답장할 필요가 없는 것도 많지 않은가.

하루 일과를 시작하면서 이메일이나 보이스메일을 확인하는 데 매달리거나 사소한 업무에 정력을 낭비하지 마라. 이런 일은 시간 대비 효과가 아주 미미하다. 대신에 중요한 일부터 처리하라. 퇴근하기 전에는 내일해야 할 일을 중요한 순서대로 기록하되, 절대 다섯 가지를 넘지 마라. 목록이 짧아야 우선순위를 정하고 일을 끝내기가 한결 수월한 법이다.

그리고 봇물처럼 마구 쏟아지는 서류와는 늘 거리를 유지하라. 예전에 ADD 증상을 보이는 경영자를 치료한 적이 있다. 그는 일명 'OHIO' 규칙을 사용하는데, 이는 '반드시 한 번에 처리한다(Only Handle It Once)'는 규칙이다. 가령 서류 하나를 집어들면 그는 반드시 다음 세 가지 중 하나를 실천한다. 실행하거나 파일에 정리하거나 휴지통에 던져버리는 것이다. "나는 서류를 쌓아두지 않습니다. 서류더미는 잡초와 같아요. 화단의 잡초를 뽑지 않고 그냥 둬보세요. 온 화단이 잡초 천지가 되지 않습니까? 서류더미도 똑같아요. 하나둘 쌓아두다 보면 결국에는 주객이 전도되고 말죠."

하루 중에서 일을 가장 잘하는, 다시 말해서 업무 효율이 가장 높은 시간대에 관심을 기울여라. 그런 시간에 가장 중요한 일을 하고 기계적인 일들은 모아두었다가 다른 시간대에 하라. 그리고 사무실을 정신적 활동에 도움이 되는 방식으로 꾸며라. 가령 음악을 들으며 일할 때 집중력이 높아진다면 음악을 틀어놓아라(필요하다면 이어폰을 사용하라). 앉아 있을 때보다 서 있을 때 머리 회전이 더 잘된다면 서서 일을 하거나, 자주 걸어다녀라. 낙서를 긁적거리거나 손가락으로 책상을 두드리는 것이 도움이 된다면 다른 사람을 방해하지 않는 선에서 그렇게 하는 방법을 찾아라. 뭔가 만져야 집중이 잘된다면 회의에 참석할 때는 만지작거리며 손가락을 놀릴 수 있는 물건을 지참하라.

'이런 사소한 전략들이 얼마나 효과가 있을까?'라고 생각하는 사람들이 많을 것이다. 하지만 실험 결과, 이런 전략들은 집중력을 흩뜨리는 ADT 악마를 물리치는 데 탁월한 효과를 발휘했다.

전두엽을 보호하라

전두엽의 기능을 마비시키는 생존 모드를 피하고 뇌의 하부 영역이 뇌의 '통제실'을 통째로 장악하는 상황을 막고 싶다면 방법은 하나뿐이다. 속도를 늦추는 것이다.

상황을 올바르게 인식하고, 귀를 기울이고, 질문을 하고, 시간적 여유를 갖고 다른 사람들의 말을 이해하고, 절대 서두르지 마라. 그래야 혼란을 피하고 뇌가 공황상태에 빠지는 것을 막을 수 있다.

동료 혹은 비서나 조수에게 당신을 감시할 수 있는 권한을 부여하는 것도 좋은 방법이다. 즉 이메일을 처리하는 데 매달리거나 전화 통화가 길어지면 "그만하라"고 일깨워주고, 야근이 길어지면 "퇴근하라"고 말할 수 있도록 하라.

압도당한 기분이 들 때는 맑은 정신을 유지하기 위한 손쉬운 전략을 시도하라. 손목시계나 디지털 전자시계의 달력 기능을 재설정해도 좋고, 현재의 상황과 전혀 관련이 없는 제3의 주제를 골라 간단한 메모를 해보는 것도 좋다. 단순하고 기계적인 일이면 무엇이든 상관없다. 가령 프로젝트를 시작하기가 겁이 난다면 새 종이를 꺼내거나 문서 작성 프로그램을 열어 그 프로젝트와 전혀 관련이 없는 주제에 대해 한 문단 정도 작성해보라. 집이든 자동차든 심지어 신발이든, 자신이 잘 아는 대상이라면 무엇이든 상관없다.

또는 그 프로젝트에서 가장 쉬운 부분부터 시작하는 것도 괜찮은 방법이다. 예컨대 프로젝트에서 참고할 메모의 제목만 적어도 된다. 5분 정도 사전을 펼쳐 몇몇 단어의 정의를 찾아 읽어보거나 낱말 맞추기 퍼즐을 풀어보는 것도 좋다.

비록 사소해 보여도 이런 작은 전략은, 뇌 심부 영역이 집중력을 흩뜨리는 메시지를 전송하는 것을 차단함으로써 침묵하게 만들고, 대신 전두엽에 완전한 통제권을 넘겨줄 수 있다.

마지막으로, 책상 주변 등 쉽게 눈에 띄는 곳에 "ADT를 통제하라"는 짧은 메모를 붙여두고 ADT의 다음번 공격에 대비하라. 자신이 준비가 되어 있음을 아는 것만으로도 공격 가능성이 줄어든다. ADT 공격에 이미 준비가 된 상태이므로 공황상태에 빠져들지 않기 때문이다.

조화롭고 지적인 업무 환경을 조성하라

회사가 종업원들을 ADT로 내몰거나 증상을 악화시킬 수 있다. 가장 흔한 경우는 종업원들에게 신중한 사고보다는 신속한 사고를 요구하는 것이다. 또한 종업원들에게 중복되는 다양한 프로젝트와 이니셔티브를 한꺼번에 추진하도록 요구하는 회사도 많다. 이런 상황에서는 독창적인 사고는커녕 기껏해야 평범한 사고밖에 할 수 없다. 그래도 이 정도는, 종업원들에게 너무 많은 일을 동시에 요구하는 상벌체계에 비하면 약과다. 대개 이런 회사들은, 회사의 과중한 업무 지시를 순순히 따르는 종업원에게는 보상을 하고, 반대로 회사의 지시를 어기고 자신의 집중력을 유지하려는 종업원에게는 불이익을 부과하는 경향이 있다.

더욱이 오늘날 많은 조직이 보편적으로 저지르는 실수가 있다. 지원 인력을 지속적으로 삭숙함으로써 '적은 자원으로 더 많은 일'을 하도록 강요하는 것이다. 그런 회사는 결국 장기적으로는 금전적 손실을 입게 된다. 왜 그럴까? 관리자가 행정 조수의 역할을 하는 데 더 많은 시간을 들일수록, 부하직원에게 위임할 수 있는 일이 줄어들수록, 조직의 발전을 위한 일을 하는 역량과 효율이 떨어지기 때문이다.

뿐만 아니라 회사가 종업원들의 ADT 증상을 무시한다면, 그것은 부메랑이 되어 회사에 심각한 악영향을 초래한다. 종업원들은 성과가 떨어지고 혼란을 야기하며 얕은 술수를 동원하고 부주의한 실수를 저지르며 지적 능력을 엉뚱한 데 낭비한다. 결과적으로 말해, 요구가 지속적으로 증가함에 따라 압박감이 심한 기업 환경은 종업원들의 ADT 발병률과 이직률을 동반 상승시킨다.

그렇다면 회사가 ADT에 대항하고 종업원의 지적 능력을 최대한 이용하려면 어떻게 해야 할까? 무엇보다 긍정적인 환경 조성에 기여하는 부대시설에 적극적으로 투자해야 한다. 이런 영역에 대한 아낌없는 과감한 투자로 뛰어난 성과를 거두어 타의 모범이 되는 대표적인 회사는 미국의 소프트웨어 대기업인 사스(SAS Institute)이다.

노스캐롤라이나 주에 본사를 둔 사스는 광범위한 종업원 복리후생으로 유명하다. 3만 6000제곱피트에 달하는 사내 체육관, 7시간 근무와 5시 퇴근 정책, 노스캐롤라이나 최대의 사내 육아시설, 부모가 자녀와 함께 점심식사를 할 수 있도록 유아 좌석과 아동 보조석을 구비한 카페테리아, 무제한 유급 병가 등등을 자랑한다. 이처럼 따뜻하고 연결되어 있으며 여유로운 환경은 회사의 손익에도 매우 긍정적인 영향을 미친다. 일례로 사스의 종업원 이직률은 결코 5%를 넘지 않는다. 이로써 사스는, 소프트웨어 회사들이 인력을 채용하고 훈련시키며, 퇴직금으로(소프트웨어 업계는 퇴직금으로 최소한 임금의 1.5배를 지급하는 것으로 추산된다) 지급하는 수백만 달러를 아끼는 효과를 거둔다. 또한 종업원들은 회사가 제공한 혜택에 높은 생산성으로 보답한다. 다른 조직들을 멍들게 하는 ADT 호랑이의 파괴력은 사스 앞에서는 전혀 맥을 추지 못하는 종이호랑이에 불과하다.

　조직뿐만 아니라 관리자 역시 종업원 각자의 기술에 맞는 업무를 할당함으로써 ADT를 예방하는 데 일조할 수 있다. 관리자가 종업원에게 능력에 부치는 목표를 부과하거나 잘하는 일보다는 잘하지 못하는 일에 집중하도록 요구할 때 스트레스가 나타난다. 반면 ADT의 위험을 잘 아는 관리자라면 자신은 물론이고 조직 전체가 정상 궤도를 유지할 수 있는 방법을 찾는다.

　예컨대 제트블루의 데이비드 닐먼은 자신의 치부를 부끄러워하고 숨기기는커녕 오히려 공개적으로 드러냈다. 또한 보좌관에게 일을 위임하거나 자신에 대한 '지시권'을 부여함으로써 자신의 약점을 다룰 방법을 찾았다. 또한 닐먼의 이런 행동은 모든 종업원에게는 모델이 되었다. 즉 ADD가 야기하는 도전적인 상황에 대한 그의 솔직한 태도는 사람들로 하여금 자신의 주의력 결핍 문제에 대해 솔직하게 말하고 필요한 도움을 얻도록 하는 무언의 허락인 셈이다.

　뿐만 아니라 그는 관리자들에게 종업원 각자의 인지적·정서적 스타일에 맞는 일을 할당하라고 독려한다. 이는 개개인의 스타일은 다를 뿐, 좋고 나쁨을 따질 수 없다는 사실을 잘 알기 때문에 가능한 일이다. 닐먼은 사람들이 각자 강점에 맞는 일을 하도록 돕는 것이야말로 '정교한 관리'의 특징이며, 그들의 생산성과 사기를 향상시키는 가장 좋은 방법이라고 생각한다.

　ADT는 우리 모두에게 매우 실질적인 위협이다. 만일 그것을 통제하지 못한다면 되레 그것이 우리를 통제할 것이다. 그러나 ADT와 그것의 폐해를 이해한다면, 직업적인 삶과 개인적 삶 모두를 극적으로 향상시킬 매우 유익한 방법을 찾을 수 있다.

그렇다면 ADT를 잘 이해하는 리더가 그 문제를 해결하기 위해 취할 수 있는 가장 중요한 행동은 무엇일까? 바로 솔직하게 말하는 것이다. 먼저 ADT를 옷장에서 끄집어내어 그 증상들을 설명해야 한다. 그러면 오랜 세월 과중한 업무에 시달리는 종업원들에게 부당하게 부과했던 불명예스러운 오명을 씻어주고 도덕적 비난을 무효화시킬 수 있다. 또한 서로 도움을 청할 수 있는 환경을 조성하고, 스트레스 징후를 계속해서 주의 깊게 살펴야 한다. 그 결과 조직은 더욱 생산적이고 조화로우며 지적인 업무 환경을 육성할 수 있을 것이다.

:: 당신의 ADT를 통제하라

일상생활에서
- 적당한 수면을 취하라.
- 식습관에 주의하라. 단순 탄수화물과 지나친 알코올 섭취를 멀리하고, 대신 단백질과 복합 탄수화물(채소, 전곡류, 과일)을 섭취하라.
- 최소한 이틀에 한 번 적어도 30분씩 운동하라.
- 매일 종합비타민제와 오메가3 지방산 영양제를 복용하라.

직장에서
- 상호 신뢰적이고 연결된 업무 환경을 생성시키기 위해 최선을 다하라.
- 4~6시간마다 인간적인 연결의 시간을 가져라. 좋아하는 사람과 정담을 나누어라.
- 크고 부담스러운 업무는 좀 더 작고 실행 가능한 여러 업무로 분할하라.
- 업무 공간이나 책상의 한 부분을 '해방특구' 로 지정하여 늘 깨끗하게 정리 정돈하라.
- 매일 '생각 시간' 을 따로 정하라. 이때에는 약속도 이메일도 전화도 하지 마라.
- 일과를 시작하고 나서 적어도 중요한 업무 한두 가지를 끝낼 때까지는 이메일에 눈도 돌리지 마라.
- 매일 퇴근 전에 이튿날 처리할 3~5가지 업무를 정해서 짧은 목록을 작성하라.
- 일단 손에 집어든 서류는 어떻게든 처리하라. 실행하든 파일에 정리하든 아니면 휴지통에 던져버리든 말이다.
- 서류들을 쌓아두지 마라.
- 일을 가장 잘할 수 있는, 다시 말해서 업무 효율이 가장 높은 시간대에 관심을 기울여라. 그 시간대에 가장 중요한 일을 하고 기계적이고 덜 중요한 일은 별도로 모았다기 다른 시간에 하라.
- 업무에 대한 집중력을 높일 수 있다면 무엇이든 시도하라. 음악을 틀어도 좋고 주변을 어슬렁거리며 돌아다녀도 좋다. 집중력을 높여주는 것이라면 무엇이든 상관없다.
- 동료 혹은 비서나 조수에게 만일 이메일을 처리하는 데 매달리거나 전화 통화가 길

어지면 "그만하라"고 일깨워주고, 야근이 길어지면 "퇴근하라"고 말할 수 있도록 부탁하라.

압도된 기분이 들 때
- 속도를 늦추어라.
- 쉽고 기계적인 일을 하라. 시계의 시간을 다시 맞추거나 중립적인 주제에 대해 글을 써보라(당신의 집에 대해 간단히 설명하는 것이라도 상관없다). 또한 사전을 넘기며 몇몇 단어의 정의를 읽어보고 짧은 낱말 맞추기 퍼즐을 풀어보라.
- 몸을 움직여라. 계단을 몇 번 오르내리거나 활기찬 걸음으로 걸어보라.
- 도움을 요청하고 업무를 위임하며 동료와 브레인스토밍을 하라. 요컨대 혼자 머리를 싸매고 걱정하지 말라는 얘기다.

3

상대방에게 자신의
이야기를 들려줘라

헤르미니아 이바라
Herminia Ibarra

켄트 라인백
Kent Lineback

요약 | 상대방에게 자신의 이야기를 들려줘라

상대방에게 당신의 중요한 경력 변화 가운데 직업적 자아에 대한 이야기를 들려준다면 당신의 품성과 잠재력, 난관을 극복하는 역량에 대한 신뢰를 높일 수 있다. 아울러 당신은 인생의 새로운 장으로 넘어간다고 해서 이제껏 열심히 이룩한 모든 성취를 버릴 필요는 없다는 확신을 갖게 될 것이다.

이 글의 필자들은 직업적 목표를 추구할 때 이야기의 힘을 사용하지 못하는 사람들이 너무 많다고 안타까워한다. 물론 과도기에 관한 이야기를 잘 풀어내기란 쉬운 일이 아니다. 자신의 경력에 직업적 삶에 녹아 있는 비연속성을 매끄럽고 조화롭게 연결시키는 법을 몰라 종종 단순히 사실만을 죽 나열하기도 한다. 그럼으로써 자신을 안전한 사람이라고 묘사한다. 하지만 안전하다는 말은 곧 지루하고 평범하다는 뜻도 된다. 불안한 과도기에 관한 이야기라고 해서 반드시 안정성을 부각시킬 필요가 있을까? 필자들은 그렇지 않다고 주장하면서, 그런 과도기 이야기에는 본질상 극적인 매력이 있다고 항변한다. 그동안 당신은 돌아갈 수 없는 '루비콘 강'을 건넜음을 의미하는 사건을 겪었거나 통찰력을 얻었을 것이다. 이런 사건이나 통찰력을 통해 과거와 단절함으로써 자신의 진정한 모습을 발견하고 드러낼 수 있을 것이다. 또한 비연속성과 긴장은 그 경험의 일부이다. 그런 요소를 경력 이야기에서 빠뜨린다면, 그 이야기는 너무나 평범해질 것이다.

이런 우여곡절이 가득한 이야기를 통해 자신의 능력을 증명하고 듣는 이의 신뢰를 얻으려면 연속성과 인과성을 강조해야 한다. 다시 말해서 과거가 현재와 연결되어 있음을 증명하고, 나아가 그런 관점에서 확실하고 견고한 미래가 멀지 않았음을, 아니 목전에 다가와 있음을 보여줘야 한다. 과도기 이야기를 일관성 있게 구성하면 두 마리 토끼를 잡을 수 있다. 그 변화가 당신에게 아주 큰 의미가 있으며, 모두가 '원윈' 하는 결과를 도출할 것이라는 사실을 상대방이 받아들이도록 확신을 줄 것이다.

상대방에게 자신의 이야기를 들려줘라

스토리텔링의 힘

　최근, 고액 연봉의 직장을 다니다가 정리해고로 은퇴한 고위관리자들의 네트워킹을 위한 친목도모 행사가 있었다. 참석자들은 2분씩 차례로 돌아가며 예전의 경험과 앞으로의 계획에 대해 이야기했다. 자신의 순서가 되면 자리에서 일어나 각자의 경력과 업무를 연도순으로 자세하게 설명했다. 많은 이들이 첫 직장 이야기부터 시작했고, 심지어는 출생지 소개로 이야기를 시작하는 사람도 있었다. 다들 내용 하나라도 놓칠세라 소심하리만치 아주 세세하게 설명했다.

　그러다 보니 대부분 중요한 대목, 즉 현재 추구하는 목표에 대한 설명에 이르기도 전에 자신에게 주어진 2분을 다 써버렸다. 그리고 청중들도 더 이상 그들의 말에 귀를 기울이지 않았다. 그러나 이야기 결론을 위해 시간을 아껴둔 사람들조차도 그 시간을 유용하게 쓰지 못하기는 매한가지였다. 다음번에 추구할 수도 있는 서로 관련 없는 네댓 가지 목표를 단순히 열거하는 수준이었으니 말이다.

어쨌든 한 차례의 프레젠테이션이 끝날 때마다 피드백 시간이 뒤따랐다. 하지만 사실만을 열거한 '서술자'들은 유익한 피드백을 받기가 힘들었다. 청중들은 자신의 지식과 접촉 범위가 서술자의 상황과 어떤 공통점이 있는지 쉽게 이해할 수 없었던 것이다. 게다가 반드시 피드백을 해주어야 한다고도 생각하지 않았다.

경력 재조정에 관한 연구가와 코치로 일하면서 이 글의 필자인 우리는, 많은 사람들이 자신의 다음 목표와 경력 변화의 합당한 이유를 제대로 설명하지 못하는 모습을 목격했다. 우리 중 한 사람은 저서를 준비하는 일환으로 주요한 경력 변화를 아주 다양하게 연구했고, 다른 한 사람은 조직 혹은 개인들과 함께 이야기를 통해 긍정적인 변화를 유발하는 것에 대해 폭넓게 연구했다. 또한 수많은 네트워킹 행사에 참석한 우리의 견해로 보자면, 이 글의 사례 속 주인공들은 지극히 평범한 사람들이고, 그들의 이야기 또한 매우 보편적이다. 뿐만 아니라 우리는 많은 사람들이 중요한 경력 과도기에서 그런 대인간 접촉을 효과적으로 이용하고 지지자들을 성공적으로 끌어모으는 것을 목격했다. 이 모든 것을 종합하여 우리는 그런 차이를 만드는 가장 중요한 요소 하나를 발견했다. 그것은 좋은 이야기를 만드는 능력이었다.

왜 이야기가 필요할까

우리 모두에게는 자신만의 이야기가 필요하다. 이런 이야기는 우리 자신을 정의해준다. 따라서 누군가를 잘 알려면 오늘날 그 사람을 있게 한 경험들과 그 사람을 시험에 들게 했던 시련과 전환점 등등 그 사람의 이야기를 알아야 한다. 반대로 누군가에게 자신을 알리고 싶을 때는 어린 시절, 가족, 학창 시절, 첫사랑, 정치적 견해의 형성 과정 등등 자신의 이야기를 들려줘야 한다.

하지만 좋은 이야기가 가장 필요한 시점은 직업적 방향과 관련하여 주요한 변화가 한창 진행 중일 때다. 다시 말해서 기존의 'A' 경력과 새로운 'B' 경력의 중간 어디쯤에 있을 때이다. 그처럼 불안한 과도기에서 상대방에게 자신의 동인과 성품, 목표 달성 역량에 대한 믿음을 심어주는 가장 확실한 방법은 설득력 있는 이야기를 들려주는 것이다. 그 상대방이 동료든 상사든, 아니면 친구든 가족이든, 심지어 회의장에서 만난 낯선 사람일지라도.

하지만 우리의 말을 오해하지 않기 바란다. 효과적인 이야기를 사용하라는 것이 허무맹랑한 이야기를 꾸며내라는 뜻은 결코 아니다. '나쁜 상황을 좋아 보이게 포장하려고 억지로 꾸며내는' 이야기가 아니라, 상대방의 성공에 일익을 담당한다고 생각할 수 있게 만드는 아주 진실되고 매우 흥미로운 이야기를 의미한다. 앞서 살펴본 사례에서는 이런 역학이 부족했다. 이야기가 없었으므로 경력상의 사실들에 실질적인 의미를 부여하는 정황적 배경이 없었다. 또한 새로운 일자리를 얻는 것처럼, 목표 성취가 드라마의 대미를 장식할 3막에 대한 그 어떤 언질도 없었다.

공감을 불러일으키는 이야기를 만들고 들려주는 것은 '자기 믿음'을 쌓는 데도 도움이 된다. 사람들은 새로운 직업을 선택하는 변화를 맞을 때 혼란과 상실, 불안정과 불확실성을 경험하므로 두려움을 느낀다. 그래서 자신에게 묻는다. "언젠가 오늘을 되돌아보면서 이것이 내 평생에서 가장 좋았던 일이었노라고 생각하게 될까? 아니면 '종말의 시작'이었음을, 이때부터는 온통 내리막길뿐이었음을 깨달을까?"

누구나 과거에 계속 안주하고 싶은 마음과 미래를 끌어안고 싶은 마음 사이에서 갈등하며 갈피를 잡지 못한다. 왜 그럴까? 직업적 삶에 대한 이야기의 맥을 놓쳤기 때문이다. 삶에 의미와 통일성, 목표를 부여하는 매력적인 이야기가 없다면 사람들은 방향타를 잃은 배처럼 길을 잃고 헤매는 막막한 기분에 빠져들게 된다. 따라서 자신이 세운 계획의 타당성에 대한 확신과 안도감을 느끼게 해주는 좋은 이야기가 반드시 필요하다. 즉 경력의 변화가 이제까지 열심히 성취했던 모든 것을 헌신짝처럼 내버리거나 이기적인 욕심으로 가족과 생계를 위험에 빠뜨리는 것이 아니라는 확신을 가져야 한다. 좋은 이야기는 동기를 부여해주고, 좌절과 고통, 힘든 노력의 시간을 견디게 해주는 진통제의 역할을 할 것이다.

따라서 좋은 이야기는 성공적인 경력 변화를 위해서 반드시 필요하다. 그러나 대부분의 사람들이 앞서 살펴본 네트워킹 행사에 참석했던 사람들처럼, 명분을 추구하는 과정에서 '스토리텔링'의 힘을 사용하지 못한다. 혹은 이야기는 만들되 올바르게 사용하지 못한다. 그 이유 중 한 가지는 이야기하는 법을 잊어버렸기 때문일지도 모른다. 그러나 최고의 이야기꾼에게조차 문제와 긴장이 한 축을 이루는 과도기에 대한 이야기는 어려울 수밖에 없다. 따라서 이런 갈등을 해결하는 방법을 모른다면 '단순히 사실만을' 열거하는 수준에 그치고 만다.

극적인 요소를 활용하라

물론 개인차가 있지만, 대다수 사람들은 과도기 이야기라고 하면 어렵게 생각하는 경향이 있다. 하지만 거의 본질적으로 과도기 경험에는 좋은 이야깃거리가 담겨 있으므로 전혀 어렵게 생각할 필요가 없다(이 글의 마지막에 있는 '고전적 이야기의 핵심 요소'를 참조하라). 그 이야기의 주인공은 당연히 당신 자신이고, 문제의 중심에 있는 것은 당신의 경력이다.

삶에서 경력보다 더 중요한 것을 꼽으라면 사랑, 삶, 죽음 정도가 아닐까? 그리고 과도기라는 것은 항상, 이미 변화가 발생한 세상과 관련이 있다. 해고를 당했을 수도 있고, 어떤 식으로든 더 이상 이대로는 안 된다고 결심했을 수도 있다. 어쩌면 돌아갈 수 없는 '루비콘 강'을 건넜음을 의미하는 사건을 겪었거나 통찰력을 깨달았을지도 모르겠다. 좌절과 투쟁의 시기인 2막의 끝을 알리는 사건이나 통찰력 말이다. 결과적으로 만일 매사가 순조롭다면 개인적 삶이든 직업적 경력이든 긴장과 불확실성을 해소하고 새로운 '장'을 쓰기 시작할 것이다.

과도기 이야기는 고전적 이야기의 모든 요소를 포함하고 있을 뿐 아니라, 가장 중요한 요소들도 담고 있다. 이야기의 핵심 맥을 찾아라. 그것은 변화와 갈등, 긴장과 불연속성이다. 가령 영화나 소설에서 흥미를 자아내는 대목이 어디인지 한번 생각해보라. 전환점, 과거와의 단절, 주인공이 마침내 진정한 자신을 발견하고 드러낼 수 있도록 흥미롭고 매력적인 방식으로 세상이 변했다는 사실이 아니던가. 만일 그런 요소가 빠진다면 이야기는 평범해질 것이다. 요컨대 그런 이야기에는 일찍이 소설가 존 가드너(John Gardner)가 '풍부한 전개'라고 했던 요소가 부족할 것이다. 즉 앞으로 나아가거나, 어디론가 가고 있다는 느낌이 없다. 하지만 과도기 이야기에는 이런 요소가 넘쳐난다.

사도 바울의 회개와 개종에 관한 성경 이야기를 생각해보라. 유대 법에 대한 자신의 열정을 좇아 사울은 기독교인들을 탄압하는 폭력적인 박해자가 되었다. 『신약성경』에 따르면, 그는 다메섹(오늘날의 다마스쿠스 –

옮긴이)으로 가던 길에 빛에 둘러싸이면서 땅바닥에 엎어졌다. 그때 하늘에서 그의 이름을 부르는 목소리가 들려왔다. "사울아, 사울아, 네가 왜 나를 박해하느냐?" 그때부터 그는 앞을 볼 수 없었다. 그러다가 기독교인에 대한 마음을 바꾸자 거짓말같이 다시 빛을 보게 되었다. 그런 사연으로 인해 사울은 기독교의 수석사도 중 한 사람인 바울이 되었다.

무엇이 이보다 더 극적일 수 있을까? 사울이 바울로 변한 성경 이야기처럼, 경력 변화가 마무리된 다음에 들려주는 이야기의 대부분은 놀랍고 충격적인 사건과 기폭 장치를 포함하고 있다. 그것은 상황이 제자리를 찾아가고 바람직한 선택이 구체화되는 명백한 순간이다. 이 순간에는 우리 눈을 덮고 있던 비늘이 떨어져나가고, 옳은 길이 분명해지기 시작한다. 심지어 도약하는 것까지도 갑자기 쉬워 보인다.

지금부터 46세의 한 정보기술 전문가에게 경력의 전환점이 어떻게 찾아왔는지 살펴보겠다. 편의상 그를 루시 하트먼(Lucy Hartman)이라고 부르겠다(이 글의 사례 속 주인공 이름은 모두 가명이다). 겉보기에 루시는 (현재의 직장에서건 아니면 창업을 하건 간에) 최고경영자의 자리를 향해 순항 중인 듯했다. 그런데 경영자 수업을 받던 중 그녀는 '조직 발전 컨설턴트'라는 새로운 직업에 매력을 느끼게 되었다. 미래에 대한 생각이 일단 수면 위로 떠오르자 그녀의 마음속에서 쉽게 사라지지 않았다.

하지만 아직 그런 변화를 감행할 준비가 거의 되어 있지 않다고 판단한 루시는 같은 업계의 규모가 작은 회사로 자리를 옮겼다. 그동안 경영자 수업에서 배운 모든 것을 적용할 수 있겠다는 판단에서였다. "그맘때쯤이었을 거예요. 내가 다른 직업을 갖고 싶어 한다는 사실을 확실하게 깨달았던 때가 말이죠. 그러나 나는 나 자신을 재창조하는 큰 기회를 섣불리 붙잡기 전에 좀 더 자신감을 키울 필요가 있었어요. 그래서 내가 잘 아는 분야인 최첨단 기술업계에서 계속 일하면서 동시에 공부를 하기로 결심했어요. 그래서 조직 발전에 관한 석사 과정을 시작했어요. 적어도 더 나은 리더가 될 수 있을 것이라고 생각하면서, 또한 진정한 변화를 위한 자극이 되길 내심 바라면서 말이에요."

그때까지도 루시는 학업에만 전념할 것인지에 대해 몇 달간 고심했고, 새 직장을 구하지도 않은 채 덜컥 사표부터 내는 것은 어리석은 짓이라고 생각했다. 하지만 이후 잇따라 발생한 세 가지 사건이 결단을 내리게 만들었다.

첫째는 조직 변화 세미나였다. 그곳에서 업계 리더들의 이야기를 듣고 많은 업계 종사자들을 만나면서 루시는 이 분야야말로 자신이 일원이 되고 싶은 공동체라는 확고한 판단이 섰다. 두 번째 사건은 회사의 인수합병이었다. 합병 후의 구조조정은 그녀에게 정치적 권모술수가 판을 치는 새로운 '전쟁터' 외엔 아무런 의미가 없었다. 세 번째 사건은 그녀에게 직접 들어보자. "어느 날 남편이 내게 뜬금없이 묻는 거예요. '당신, 행복해?' 그러면서 남편이 말했어요. '만일 당신이 행복하다면 그보다 더 좋은 일은 없겠지. 그러나 내 눈에 당신은 행복해 보이질 않아. 내가 요즘 일은 어떠냐고 물으면 당신은 언제나 피곤하다고만 대답해.'" 결국 남편이 던진 "당신, 행복해?"라는 질문이 그녀로 하여금 사표를 내고 학업에만 전념하도록 만드는 결정적인 계기가 되었다.

루시의 이야기는 전환점의 중요성을 잘 설명한다. 자신의 이야기가 타당하다는 사실을 스스로 납득하려면 그런 전환점이 반드시 필요하다. 게다가 우리의 이야기를 듣는 사람들도 그런 전환점을 좋아한다. 왜냐하면 전환점은 이야기를 흥미진진한 새로운 방향으로 전개시키기 때문이다. 또한 전환점은 듣는 이의 관심을 더욱 자극하고 효과적인 이야기가 반드시 이끌어내야 하는 질문을 하도록 유도한다. "그래서 그다음에는 무슨 일이 벌어졌습니까?"

안전하다는 말은 평범하다는 말과 동의어다

처음의 사례를 떠올려보자. 은퇴한 고위관리자들의 네트워킹을 위한 친목도모 행사와 (사실 이야기라고 할 수도 없지만) 그곳의 참가자들이 들려준 단조로운 이야기들이 생각나는가? 그 이야기들이 지닌 세 가지 문제를 짚어보겠다.

첫째, 나름의 극적인 드라마와 비연속성을 가진 과도기 사연들은 실감 나게 이야기를 펼쳐나가는 데 많은 도움이 된다. 그런데 참석자 대부분이 인생의 흥미로운 전환점을 이야기하는 대신 과거 경력에 관한 기본적인 사실을 단순히 나열한 이유는 뭘까? 둘째, 현재의 과도기적 변화를 자신이 이제까지 해온 일의 점증적이고 논리적인 연장으로 만들려고 그토록 애를 썼던 이유는 뭘까? 셋째, 그들이 자신의 이야기에 담긴 흥미로운 사건들을 강조하지 못한 이유는 뭘까?

첫 번째 이유는, 여전히 2막의 한복판에 머물면서 이야기를 풀어가려고 했기 때문이다. 루시의 사례를 떠올려본다면 그녀가 설명하는 전환점이 우리가 매일 경험하는 일상적인 사건들과 크게 다르지 않음을 깨달을 수 있을 것이다. 그렇다면 그런 일상적인 사건들이 그녀에게만 유독 커다란 의미로 다가왔던 이유는 무엇일까? 그것은 오로지 그녀가 그런 사건들에 커다란 의미를 부여했기 때문이다. 대부분의 사람들에게 있어 전환점은 성경 속 사울보다는 현실 속 루시를 더 많이 닮았다. 그리고 그런 전환점은 현실보다는 이야기 속에서 훨씬 더 분명해지는 경향이 있다. 과도기 이야기에 날개를 달아주려면 반드시 그런 전환점을 포함시키는 법을 알아야 한다.

과도기에 대한 이야기를 도전적인 사안으로 만드는 두 번째 이유는, 그런 이야기를 잘하려면 일부 감정을 숨김없이 드러내야 하기 때문이다. 당신은 반드시 상대방에게 당신이 안고 있는 개인적인 위험 부담이 무엇인지 이해시켜야 한다. 하지만 취업 면접 때나 잘 모르는 사람 앞에서 이야기할 때는 그렇게 하기가 쉽지 않다.

세 번째 이유는, 삶의 비연속성에 관한 이야기는 말하는 사람의 능력, 신뢰성, 예측 가능성에 대해 적색경보를 발령하기 때문이다. 좋은 이야기는 자신에게 상대방을 신뢰하도록 요구할 뿐만 아니라, 반드시 상대방이 자신을 신뢰하도록 영감을 주어야 한다. 상대방은 의심을 품는다. '당신이 새로운 영역에서 뛰어난 성과를 거둘 것이라고 믿어야 하는 이유가 도대체 뭐지? 여태까지의 경력을 보면 그렇게 믿을 만한 아무런 근거가 없는데 말이야.' 게다가 좀 더 깊은 내면에서는 더 큰 의심이 똬리를 틀고 있다. '이 새로운 영역에서도 당신이 마음을 바꾸지 않을 것이라고 어떻게 믿어? 당신은 이미 마음을 바꾼 적이 있잖아?'

상대방에게 삶의 이야기를 들려줄 때 변화와 비연속성 같은 흥미로운 요소들을 강조하는 것은, 자신의 정체성과 신뢰성에 대한 의심을 자초하는 형국이다. 하기야 어느 누군들 반년마다 한 번씩 어디로 튈지 모르는 사람을 고용하려 할 것인가? 이런 이유 때문에 사람들은 자신의 이야기를 매력적으로 만들어줄 수도 있는 그런 요소들을 애써 무시하는 것이다. 그 대신 상대방의 신뢰를 얻기 위해 스스로를 안전한 사람인 것처럼 보이게 만든다. 하지만 안전하다는 말은 지루하고 평범하다는 말과 동의

어로 통한다는 사실을 기억하자.

일관성을 유지하라

좋은 이야기를 구성하는 요소는 무엇일까? 바로 일관성이다. 사실 이 것은 모든 이야기에서 아주 기본적이고 필수적인 성분이다. 특히 경력 과도기에 관한 삶의 이야기에서, 전체 이야기의 맥을 이어가는 일관성은 중추신경이라고 할 수 있다.

지금부터 인적자원 담당 임원 출신이었던 샘 티어먼(Sam Tierman)의 사례를 통해 이런 일관성의 문제를 짚어보자. 이 글의 필자인 우리 중 한 사람이 티어먼의 코치로서 그의 경력 과도기를 함께 겪었다. 샘은 꽤 규모가 큰 지역 은행 여러 곳에서 18년 동안 인적자원부서를 이끌었다. 그런데 마지막으로 근무했던 세 곳의 은행에서는 끝마무리가 좋지 않았다. 한 곳에서는 정리해고되었고, 다른 곳에서는 좌절감 때문에 사표를 냈으며, 마지막 직장에서는 해고를 당했다.

마침내 그는 마지막 경험을 통해 자신의 경력이 심각한 문제에 봉착했음을 깨달았다. 그는 개인과 조직 사이의 상호작용 문제를 처리할 때는 없는 힘도 불끈 솟아났지만, 평범하고 행정적인 업무를 처리할 때는 그야말로 죽을맛이었다. 인적관리 업무를 전략적인 기능으로 생각하고 인적자원부서장을 임원처럼 대접해주는 상사를 만나면 그는 날개를 달고 비상했다. 그러나 인적자원부서를 직업소개소쯤으로 여기는, 예를 들어 "인재를 구해와, 밥값은 해야지. 그리고 정부 사람들이 우리 회사에 발도 못 붙이게 해!"라고 말하는 상사와 일할 때면 자신의 일이 너무 싫었다.

마지막 직장에서는 더 이상 자신의 감정을 모른 체할 수 없었고, 인사 분석상의 사소한 문제 하나가 그에게 치명타를 날렸다. 사실 샘은 그 직장에 들어올 때만 해도 큰 희망을 품었다. 당시 CEO가 인적자원부서를 전략적으로 생각하는 인물이었기 때문이다. 하지만 불행하게도 그 CEO는 회사를 떠났고, 후임 CEO는 전임자와는 성향이 전혀 달랐다.

결국 샘은 자신과 코드가 맞는 상사를 찾는 일도, 기존의 상사 밑에서 계속 근무하는 것도 포기했다. 좌절하고 실망한 많은 경영자들이 그러하듯이, 샘은 신생기업에서 새 출발하는 것이 더 낫겠다고 결정했다. 그런데 샘은 얼핏 보기에도 신생기업 투자자들이 원하는 경험이나 자격이 부족하다는 게 문제였다. 샘이 그동안 몸담았던 금융기관의 고리타분한 행정 지원 업무와 에너지가 넘치는 신생기업 사이에는 커다란 격차가 있었던 것이다. 그래서 그 격차를 성공적으로 메우기 위해 자신의 경력 이야기를 일관성 있게 풀어나가려고 아무리 머리를 굴려도 묘안이 떠오르지 않았다.

일관성 있는 이야기는 억지스럽지 않다. 오히려 자연스럽고 직관적이라는 인상을 주고, 서로 밀접하게 연결된다. 또한 자신에 대해 그리고 자신을 도와주거나 고용하려는 사람이 믿고 싶어 하는 무언가를 보여주어야 한다. 그리고 삶이 자연스럽게 전개되고 상호 연결된 사건의 연속이라는 사실을 증명해야 한다. 다시 말해서 과거는 현재와, 현재는 미래와 연결되어 있으므로 그런 관점에서 과거와 현재를 통해 미래를 엿볼 수 있다.

일관성은 삶의 변화에 대한 이야기를 할 때 절대적으로 중요하다. 이는 상대방의 신뢰를 얻는 가장 확실한 방법이기 때문이다. 만일 변화와 재창조의 이야기를 일관성 있게 들려줄 수 있다면, 당신은 그 변화의 타당성과 성공 가능성을 납득시키기가 한결 수월해질 것이다. 아울러 당신이 안정적이고 신뢰할 수 있는 사람이라는 확신을 줄 수도 있을 것이다. 일관성 있는 이야기의 혜택은 또 있다. 그런 이야기는 스스로를 납득시키는 데도 아주 유익하다. 사실 이런 두 가지 혜택은 경중을 따지기가 힘들다.

변화의 시기를 견디기 힘든 시련의 시간으로 만드는 것은 다름 아닌 일관성의 상실이다. 낭떠러지로 달아나는 만화 주인공을 떠올려보라. 다리는 여전히 미친 듯이 내달리고 발밑을 내려다보기 전까지는 자신이 낭떠러지 위에 있음을 깨닫지 못한다. 과도기를 겪는 사람도 그 만화 주인공과 다를 게 없다. 일관성은 두 다리를 지탱해주는 확고한 토대이다. 일관성이 없으면 공중에 매달려 있는 느낌을 갖게 되고, 아래를 내려다보면 파멸의 나락으로 곤두박질칠까 봐 두려워할 것이다.

언어학자인 샬럿 린데(Charlotte Linde)는 삶의 이야기에서 일관성의 중요성을 연구하는 데 많은 노력을 바쳤다. 그리고 그녀는 자신의 저서에서 일관성은 대부분 연속성과 인과성에서 비롯한다고 주장한다. 사람들은 만일 삶의 이야기에서 이 두 가지 원칙을 발견하지 못하면 일관적이지 않다고 생각한다. 혹은 린데의 말대로 "자신의 삶이 무작위와 우연으로 가득하고 동기가 없을지 모른다는 무시무시한 가능성"을 깨닫는다. 게다가 그 무시시한 가능성은 분명 상대방에게도 그대로 전달될 것이다.

연속성과 인과성을 강조하라

처음의 사례로 다시 돌아가보자. 네트워킹 행사 참석자 대부분이 사실을 단순히 열거할 수밖에 없었던 이유가 지금쯤이면 충분히 이해가 될 것이다. 그들은 어떻게든 비연속성을 무시하고 자신이 얼마나 큰 직업적 도약을 꿈꾸는지 대충 얼버무렸다. 게다가 제멋대로이고 고집불통인 데다 길을 잃은 실패자 같은 인상을 주고 싶지 않았던 마음도 한몫 거들었을 것이다.

하지만 그것은 처음부터 잘못된 전략이었다. 청중들은 삶의 이야기에서 일관성의 부재에 특히 민감하다. 아니, 오히려 그들은 삶의 이야기에서 일관성을 '찾고' 있다는 표현이 더욱 적절하다. 따라서 무엇보다도 자신이 추구하는 변화가 얼마나 거대한지부터 스스로 인정해야 한다. 그렇게 하지 못한다면, 이는 청중들을 당황하게 만들고 결과적으로 그들의 신뢰를 무너뜨릴 것이다.

다시 강조하지만 과도기의 이야기를 들려줄 때는 반드시 이야기 속에 담긴 변화의 중대성을 다루어야 한다. 만일 연속성과 인과성을 구축하는 데 집중한다면 누구나 그렇게 할 수 있다. 아울러 상대방의 신뢰를 얻을 가능성도 높아진다. 지금부터 그렇게 하는 데 도움이 되는 몇 가지 전략에 대해 알아보겠다.

변화의 명분을 자신의 성격적 특성과 연결시켜라

변화에 대한 합리적인 명분 중에서 가장 설득력 있는 것은 아마 내적인 이유, 즉 근본적인 성격적 특성일 것이다. 예를 들어 이렇게 말할 수 있다. "나는 내가 ○○에 재능이 있다는 것을 발견했습니다." "나는 그것을 좋아합니다. 그것은 내게 진정한 기쁨을 느끼게 해줍니다." 린데도 지적했듯이 대부분의 사람들이 이런 설명의 엄청난 효과를 현장에서 직접 경험했을 것이다. 또한 이런 접근법을 통해 사람들은 유익한 학습과 자기 발견의 과정을 삶의 이야기 속에 자연스럽게 포함시킬 수 있다.

우리는 무언가를 시도할 수 있고, 그 경험에서 배울 수 있으며, 그 학습을 통해 자신이 무엇을 원하는지 더욱 잘 이해할 수 있다. 직업의 전환점 대부분을 이런 식으로 이용할 수 있다. 변신의 이유를 주로 자신의 외적 요소에서 찾는 것은 결코 현명하지 않다는 점을 명심하라. 물론 "나는 해고당했습니다"와 같은 말은 삶의 이야기에 반드시 포함시키고 설명해야 하는 명백한 사실일 수도 있다. 그러나 그것이 추구하는 목표에 대한 타당한 정당화 명분이 될 수 있을까? 확언컨대 그런 경우는 거의 없다. 오히려 외적 요소를 강조하면 자신의 운명을 그저 수동적으로 받아들인다는 인상을 줄 위험이 있다.

자신이 원하는 것에 대한 다양한 이유를 설명하라

어쩌면 당신은 변화에 대한 개인적인 명분과 직업적인 이유 둘 다 언급할지도 모른다. (분명 이런 명분과 이유는 상호 배타적이거나 모순적이라기보다는 상호보완적이어야 한다.) 당신의 변화 동기가 더욱 풍부하고 다양할수록, 상대방은 그 변화를 더 잘 이해하고 받아들일 것이다.

앞서 예로 들었던 샘의 경우를 다시 생각해보자. 샘은 인적자원 업무를 담당하면서 추진했던 많은 독특한 프로젝트를 언급할 수 있었다. 비록 대기업의 상황에서였지만 이는 기업가적으로 생각하고 행동하는 그의 능력을 증명하는 것이었다. 게다가 대학에서는 전자공학을 전공하고 유명 경영대학원에서 재무 분야 MBA 학위를 취득한 것은 신생기업들이 선호하는 기술적·분석적 성향을 지니고 있음을 보여주는 확실한 증거였다.

이야기 속에 과거의 사건을 반드시 포함시켜라

과거에 뿌리는 둔 목표는 최근에 형성된 목표보다 훨씬 효과적일 것이다. 물론 그러자면 애초에 그 목표를 추구할 수 없었던 이유를 설명할 필요가 있다. 하지만 여기서는 건강 문제, 사고, 가정 문제, 군 복무 등 외적 요인들이 큰 도움이 될 수도 있다.

과거를 현재 추구하는 변화의 관점에서 재구성하라

이것은 무언가를 숨기거나 대충 얼버무리라는 의미가 아니다. 사람들은 삶의 이야기를 끊임없이 다시 생각하고 다시 이야기한다. 그럴 때마다 과거 사건의 다른 측면들을 강조하거나 무시하고, 포함시키거나 배제하면서 각기 다른 이야기를 만들어낸다. 어쩌면 과거 업무의 특정 요소는 현재의 변화 계획과 더할 나위 없이 잘 맞아떨어질 수도 있다. 또한 그런 요소는 과거 경험을 현재 추구하는 삶의 일부와 연결시켜주는 가교 역할을 할 수도 있다. 핵심은 이런 경험을 조목조목 분석하고 현재 목표와 관련 있는 부분을 찾는 것이다(보다 자세한 방법을 알고 싶다면 이 글의 마지막에 있는 '이야기를 들려주는 레주메를 만들어라'를 참조하기 바람).

재창조의 이야기에 적합한 형식을 선택하라

이야기 형식은 아주 다양하다. 그 가운데 사랑 이야기, 전쟁 이야기, 서사적 이야기는 이야기의 역사에 견줄 수 있을 만큼 오래전부터 존재해왔다. 주인공이 시험에 드는 이야기도 있고 벌을 받는 이야기도 있다. 그렇다면 변화와 재창조를 설명하는 이야기에는 어떤 형식이 어울릴까? 아마도 청중들 대부분에게 아주 익숙한 이야기 형식을 선택하는 편이 현명할 것이다. 전통적인 이야기 구성법 중에서 성숙(혹은 성장) 접근법과 교육 접근법을 고려해봄직하다.

먼저 성숙 접근법은 게리 매카시(Gary McCarthy)에게 유익했다. 그는 앞으로 어떤 일을 할 것인지에 대한 아무런 생각도 계획도 없이 무작정 전략 컨설턴트라는 안전한 직업을 내팽개쳤다. 그는 35세에 그동안 살아온 삶의 이야기를 들려주는 것을 계기로 자신의 지난 경력을 되돌아보았다. 그러고는 이제껏 자신의 행동을 결정할 때 다른 사람의 생각을 맹목적으로 좇았고 또한 늘 사회적 압력에 반응해왔다는 사실을 깨달았다.

그가 무작정 사표를 제출하도록 만든 결정적인 사건은 부정적인 인사고과였다. 그의 말에 따르면, 그 사건 이후 그는 자기 삶의 주인 자리를 되찾아야겠다고 생각했다고 한다. 그는 자신에게 다음과 같은 최면을 걸었다. "너는 아침에 일어날 때마다, 어쩔 수 없이 해야 한다거나 다른 사람의 기대 때문에 그 일을 한다고 생각하는 것이 아니라 현재 네가 하고 싶은 일을 하고 있다는 확신을 가지는 것이 훨씬 나아."

반면 루시 하트먼의 사례는 교육 접근법의 아주 좋은 사례다. 그녀의 사례는 변화의 이유가 통찰력과 자기 이해력의 증가에서 비롯된 이야기 구조를 갖고 있다. 그녀에게 새로운 미래의 가능성을 얼핏이나마 처음 보여준 사람은 그녀의 스승, 즉 경영 코치였다. 그녀는 대학원에서 공부를 하고 다른 사람의 코치로 일하면서 배움을 계속 이어나갔다. 일련의 과도기적 사건에 대한 그녀의 설명에 따르면, 기업의 인간적 측면에 대해 더 많이 배울수록 이 분야에서 일하고 기여하고 싶은 욕구를 더욱 확실하게 깨달았다고 한다.

위의 전략들은 과도기 이야기에서 비연속성을 구성하고 청중을 설득시킬 일관성을 제공하는 방법이다. 상대방에게 이야기를 할 때 이런 전략들을 사용한다면, 당신의 본질은 그대로라는 사실을, 즉 어제의 당신이 오늘의 당신이고 내일의 당신이라는 점을 보여줄 수 있다. 뿐만 아니라 변화에 대한 타당하고 충분한 이유가 있음을 증명할 수도 있다. 만일 상대방에게 당신의 삶이 긴밀하게 연결되어 있다는 (혹은 연결될 것이라는) 확신을 줄 수 있다면, 당신은 변화와 혼란의 극적인 요소들과 불확실성을 이야기 속에 마음껏 포함시킬 수 있을 것이다. 그리고 이는 당신의 이야기를 더욱 설득력 있고 매력적으로 만들어줄 것이다.

다양한 이야기를 들려줘라

우리는 이미, 결과가 아직 안개 속에 있을 때 극적인 전환점으로 완성도를 높인 이야기를 창조하는 것이 얼마나 어려운지 살펴보았다. 명백한 진실 하나는, 경력 변화를 시작할 때 당신은 각기 다른 이해관계와 경로, 우선순위 사이에서 갈팡질팡하게 될 것이라는 점이다. 가령 주말에는 창업을 위한 사업 계획을 수립하고, 월요일에는 일상의 업무로 돌아와 다른 지위나 사업 단위로 전근시켜줄 것을 요구하고, 이튿날 화요일에는 점심시간을 이용해 헤드헌터와 만나 세 번째 선택의 기회를 찾으려 할 수도 있다.

이것이 잘못된 것일까? 전혀 그렇지 않다. 오히려 이것이 경력 변화의 본질이다. 그렇다면 이런 현실과 '재창조'라고 하는 명백하고 일관성 있는 단일한 이야기를 제시해야 하는 필요를 일치시키려면 어떻게 해야 할까? 즉 자신의 목표를 정확히 알고 있다는 것을 보여주는 이야기를 하려면 어떻게 해야 할까?

먼저, 이야기를 처음 시작하는 사람들이 명심할 것이 있다. 취업 면접에서 가슴속의 이야기나 현재 탐구 중인 몇몇 가능성에 대해 모조리 털어놓는다고 신뢰가 생기는 것은 아니라는 점이다. 물론 과도기의 초기 단계에서는 다양한 대안을 확인하고 적극적으로 고려하는 것이 중요하다. 그러나 누구에게 이야기를 들려주느냐에 따라 각각의 선택이나 선택 유형을 달리해야 할 것이다.

이것은 각기 다른 잠재적 자아를 위해 (그리고 그런 자아와 관련이 있는 다양한 청중들을 위해) 각기 다른 이야기를 창조해야 한다는 것을 뜻한다. 가령 샘은 지난 경험을 철저하게 분석하고 조사하는 것으로 시작한 일련의 과정을 통해, 신생기업에 초점을 맞추기로 선택했다. 그는 이제까지 '커다란 변화가 급박하게 진행되던' 시기, 즉 파산, 회생, 급격한 구조조정 등의 시기에 자신이 살아 있다는 느낌이 가장 강렬했음을 깨달았다. 따라서 그는 '급박하게 진행되는 커다란 변화'에 초점을 맞추어 직장 생활을 구축하겠다는 목표를 뒷받침해주는 세 가지 이야기를 준비했다.

첫 번째 이야기의 타깃은 고객에게 급격한 변화에 대한 컨설팅을 전문으로 제공하는 컨설팅 업종으로 잡았다. 자신이 그런 회사에서 인적자원 업무와 관련하여 어떤 기여를 할 수 있는지를 토대로 이야기를 구성했다. 두 번째 이야기는 부실기업을 인수하여 신속하게 회생시켰던 회사들을 타깃으로 잡았다. 그리고 마지막 이야기는 신생기업들을 집중적으로 공략했다. 아마도 1~2단계나 2~3단계 투자가 진행 중이던 벤처기업이었던 것 같다. 우선 그는 친구들과 네트워킹 행사에서 그 이야기들을 연습 삼아서 들려주었다. 그런 다음 마침내 타깃 기업 각각에 어울리는 이야기를 가지고 취업 면접에 도전했다.

이런 과정은 여러 가지 가능한 대안을 준비할 수 있게 해줄 뿐만 아니라, 가장 집중해서 추구할 경력을 확인하게 해준다. 샘의 경우를 다시 살펴보자. 그는 수많은 대화를 통해 자신이 1순위로 꼽았던 컨설팅 회사들은 아쉽지만 제외시켰다. 대개 컨설팅 회사는 완벽한 경험자가 아닐 경우, 그와 비슷한 나이와 자격을 가진 사람을 고용하지 않는 경향이 있음을 분명하게 깨달았기 때문이다. 회생 전문 기업에 대한 기회 역시 가능성이 별로 없어 보였다.

그러나 신생기업의 경우에는 어느 정도 진척이 있었다. 그중 한 곳에서 그에게 일련의 컨설팅 프로젝트를 맡겼고, 그는 그 관계를 CAO(관리담당 임원) 자리로 전환시킬 수 있었다. CAO 지위는 그에게 신생기업 커뮤니티와 많은 접촉을 할 수 있는 기회를 열어주었다. 그렇지만 무엇보다 중요한 것은, 그것이 샘에게 신생기업들 사이에서 진실되고 신의 있는 구성원이라는 확실한 꼬리표가 되어주었다는 점이다. 이런 일련의 과정을 통해 샘은 자신의 경력에서 진부한 임원의 이미지를 성공적으로 제거했다. 마침내 그는 한 대기업이 개발한 다음 스핀아웃(spin-out) 시킨 몇몇 기술을 상업화하기 시작하는 신생기업의 CEO 자리에 올랐다. 이렇게 되기까지 꼬박 4년의 세월이 걸렸고, 그동안 샘은 자신의 이야기를 여러 차례 수정했다. 그리고 수정이 이루어질 때마다 그의 변화의 이야기는 갈수록 일관성 있는 이야기로 발전했다.

있는 그대로 이야기하라

노련한 이야기꾼들은 다들, 살아 있는 청중을 대상으로 연습하는 것보다 더 좋은 방법이 없다고 입을 모은다. 당신의 이야기를 이야기하고 또 이야기하라. 서사 소설을 쓰는 것처럼 마침내 '적절한' 원고가 완성될 때까지 수정하고 또 수정하라.

당신의 이야기를 연습할 수 있는 방식이나 장소도 무궁무진하다. "당신에 대해 무슨 말씀을 하실 건가요?" "무슨 일을 하세요?" "당신은 무슨 일을 하고 싶으세요?" 같은 질문이 돌아온다면 방식이나 장소는 아무런 문제가 되지 않는다. 먼저 가족과 친구들을 대상으로 시작하라. 친구와 가까운 동료들로 '자문위원회'를 구성하여 그들의 도움을 얻는 것도 유익할 수 있다. 그들의 주요 역할은 당신의 진화하는 이야기를 반복적으로 듣고 반응하는 것이다. 우리가 연구하거나 변화 과정을 통해 코치했던 사람들 중에는 오직 그 목적을 위해 네트워크 집단을 직접 구성하거나 기존의 집단에 합류한 이도 꽤 있었다.

그렇다면 당신의 이야기가 잘 구성되었다는 것을 어떻게 알 수 있을까? 그것은 바로 당신이 그 이야기에 편안해지고 당신 스스로 충분히 납득할 수 있을 때이다. 그러나 다른 사람들(궁극적으로는 낯선 사람들) 앞에 자신을 노출시키고 당신이 이야기를 들려주는 동안 그들의 표정과 신체 언어를 관찰할 때까지는 그렇게 될 수 없다. 준 프레스코트(June Prescott)라는 여성의 사례를 살펴보자. 그녀는 그런 연습을 통해 마침내 세련되고 완벽한 프레젠테이션을 할 수 있었다. 자신을 설명하고자 하는 그녀의 노력은 초기에는 일시적이고 심지어 아주 서투르기까지 했다. 하지만 연습의 혜택은 그것만이 아니었다. (당시 그녀는 대학에서 월가로의 커다란 경력 변화를 시도하고 있었다.) 커버레터를 쓰거나 면접을 볼 때, 혹은 자신의 진전에 대해 가족과 친구들에게 알릴 때마다, 그녀는 자신을 흥분시키는 것이 무엇인지 더욱 확실하게 이해하게 되었다. 게다가 경력 변화에 대한 자신의 의지를 공공연하게 밝히면서 그녀의 의지는 더욱 강해졌다.

준의 경험은 경력 변화에 대한 최종적이고 중요한 교훈을 가르쳐준다. 샘도 그랬지만 준 역시 그런 극적인 변화를 정당화하고 동기를 부여하는 이야기를 창조했기에 변화할 수 있었던 것이다.

개인적 과도기에서 스토리텔링의 역할이 바로 이런 것이다. 다른 사람의 도움을 획득하는 것뿐만 아니라 자신에게 동기를 부여하기 위해서도 이야기에 대한 올바른 이해가 매우 중요하다. 변화를 꾀하는 모든 사람은 '구자아'와 '신자아'를 연결시키는 이야기를 반드시 구성해야 한다. 변화의 시기야말로 과거, 현재, 미래를 설득력 있는 전체 이야기 속으로 연결시키는 것이 가장 필요한 때이기 때문이다. 비록 가끔은 실패하더라도 말이다.

:: 고전적 이야기의 핵심 요소

그리스신화에서부터 「카사블랑카」와 「스타워즈」에 이르기까지 위대한 모든 이야기의 힘은 다음과 같은 몇 가지 기본 특징에서 비롯한다.

- **청중의 관심을 끄는 주인공**: 이야기는 반드시 그들의 투쟁이 우리가 어떤 형태로든 관계를 생성시킬 수 있는 개인이나 집단에 관한 것이어야 한다.
- **주인공으로 하여금 행동을 취하도록 동기를 부여하는 촉매제**: 중요한 무언가가 위험에 노출되도록 세상은 어떤 식으로든 변화한다. 대개의 경우 연극의 1막은 이 부분을 형성하는 데 집중한다. 그리고 상황을 다시 바로 잡는 것은 주인공의 몫이다.
- **시련**: 이야기의 2막은 장애물이 좌절과 갈등, 드라마를 유발하고, 가끔은 주인공이 아주 중요한 방식으로 변화하도록 유도하는 것으로 시작한다. 가령 「오디세이」에서 시련은 주인공의 성격을 드러내고 시험하며 형성한다. 시간은 먼 타지의 야생 환경에서 방황하며 흘러간다.
- **전환점**: 이것은 돌아갈 수 없는 지점을 의미하며 2막의 끝을 알린다. 주인공은 더 이상 예전과 같은 방식으로 보거나 행동하지 못한다.
- **해결**: 이것은 3막으로서, 이 단계에서 주인공은 크게 성공하거나 비참할 정도로 참담하게 실패한다.

이 다섯 가지 내용은 2300년 전에 아리스토텔레스가 처음 정리한 이후 수많은 사람들이 사용해온 '시작-중간-끝'이라는 고전적인 이야기 구조이다. 인간의 정신이 현실을 어떻게 조직화하고 싶어 하는지를 잘 보여주는 듯하다.

:: 이야기를 들려주는 레주메를 만들어라

비록 가끔은 같은 의미로 사용되기도 하지만, 이력서와 레주메(resume) 사이에는 커다란 차이가 있다. 이력서는 직업적 삶에 대한 사실들을 철저하고 엄격하게 연대기순으로 나열하는 것이다. 당신은 이력서가 필요할 수도 있지만 그것이 변화의 시기에 당신의 명분을 충족시켜줄 것이라고 기대해서는 안 된다. 하지만 이야기를 들려준다면, 그것은 읽는 이의 마음속에서 '완벽한 집'을 짓는다.

만일 당신의 자격에 이야기 구조를 부여하고 싶다면 이력서가 아니라 레주메를 사용하라. 그리고 거의 대부분 다양한 형태의 레주메가 필요할 것이라는 점을 명심하라. 각 레주메는 당신의 경험을 당신이 추구하는 직업적 혹은 경력 대안의 관점에서 각기 다른 방식으로 강조하고 해석할 것이다.

레주메를 작성하는 과정은 레주메라는 완성품만큼이나 아주 중요하다. 그 과정에는 이야기를 만들어가는 노력이 포함되기 때문이다. 레주메에 담긴 모든 내용은 반드시 하나의 목표에 초점을 맞추어야 한다. 물론 그 목표는 당신이 들려주는 이야기의 클라이맥스이다. 레주메는 다음 세 가지 부분으로 구성하라.

첫째, 당신이 원하는 자리를 설명하라.

둘째, 그 일을 할 수 있는 당신의 능력을 확실하게 증명하는 중요한 경험에 대한 목록을 작성하라. 당신이 보유한 모든 경험을 빠짐없이 고려하고(자원봉사 등 레주메에 포함시킬 수 있는 것은 무엇이든 빼먹지 마라), 당신이 들려주는 이야기를 지지하는 경험을 확인하라.

셋째, 당신의 직업적인 업적을 요약하라. 레주메의 이 부분은 역연대기순으로 구성된 이력서의 형태와 같다. 또한 이것은 그동안 당신이 거쳐왔던 관련 있는 모든 지위를 포함하고, 업무 각각에 대해 당신의 책임과 성취는 물론이고 근무 기간을 명기한다. 그리고 이런 설명은 당신의 경험이 강조하는 것과 똑같은 용어로 작성되어야 한다. 사실 당신이 강조하는 부분의 각 항목은 업무를 요약하는 내용으로 뒷받침되어야 한다.

위의 세 단계를 따른다면, 당신의 레주메는 일관성 있는 이야기를 들려줄 것이다. 당신의 업적과 당신이 발전시키고 드러냈던 기술과 이해관계는 명백하고 바람직한 해결책을 보여줄 것이다. 그것은 바로 당신이 분명하게 표현한 목표이다.

4

자신의 강점을 발견하고 활용하는 로드맵

로라 모건 로버츠
Laura Morgan Roberts

그레첸 스프라이저
Gretchen Spreitzer

제인 더튼
Jane Dutton

로버트 퀸
Robert Quinn

에밀리 히피
Emily Heaphy

브리아나 바커
Brianna Barker

요약 | 자신의 강점을 발견하고 활용하는 로드맵

대부분의 피드백은 부정성을 강조한다. 공식적인 직원 평가 시 비록 전체적인 평가는 긍정적일지라도, 토론의 초점이 '개선의 기회'에 맞추어지는 것은 피할 수 없는 일이다. 따라서 대부분의 경영자와 직속 부하직원들은 그런 토론을 두려워하게 마련이다. 물론 전통적인 '교정적' 피드백이 존재하고, 모든 조직은 성과가 부진한 직원들을 확인하고 모든 직원은 조직이 기대하는 능력 수준에서 피드백을 수행해야 한다. 그러나 문제 영역에 지나치게 초점을 맞추면 직원들로부터 최상의 결과를 얻어내지 못한다. 모든 포지션을 똑같이 훌륭하게 소화하는 야구 선수는 찾아보기 힘들다. 타고난 3루수가 우익수 기술을 습득하기 위해 애쓸 이유가 있을까?

이 글은 당신이 자신의 강점을 발견하고 최대한 활용하는 데 유익한 로드맵을 제시한다. '최상의 자아 재발견' 일명 RBS(Reflected Best Self) 훈련이라 부르는 이 방법은 부정적인 정보를 상쇄하는 독특한 피드백 경험을 제공한다. 이 훈련의 최대 장점은 당신이 알든 모르든 당신에게 있는 재능을 활용함으로써 당신의 잠재력을 향상시킬 수 있다는 것이다.

RBS 훈련을 시작하기 위해 먼저 가족, 친구, 동료, 스승 등 지인들에게 당신의 강점에 대한 피드백을 요청할 필요가 있다. 아울러 그런 강점이 가장 빛을 발했던 구체적인 사례와 시간을 알려달라고 덧붙여라. 둘째, 자신의 강점에 대해 체계적으로 정리하고, 피드백에서 공통된 주제를 찾아야 한다. 셋째, 산문 형식의 자화상을 작성할 필요가 있다. 즉 축적된 정보를 요약하고 응집시켜 당신 자신을 설명하라는 말이다. 마지막으로 자신이 잘하는 것을 토대로 행동하기 위해 개인적인 직무 설명서를 재설계할 필요가 있다. RBS 훈련은 최고 상태에 있을 때의 당신의 자화상을 발견하는 데 도움이 될 것이다. 일단 최상의 자아를 인지했다면 자신이 직접 선택한 '포지션'을 마음대로 구성할 수 있다.

자신의 강점을 발견하고 활용하는 로드맵

긍정적 피드백의 힘과 RBS 훈련

대부분의 피드백은 부정성을 강조한다. 공식적인 직원 평가 시 토론의 초점이 '개선의 기회'에 맞추어지는 것은 피할 수 없는 일이다. 이는 비록 전체 평가가 긍정적이라고 해도 마찬가지다. 대체로 쓰디쓴 비난과 비판은 달콤한 칭찬보다 가슴속에 훨씬 오래 남는다. 다양한 연구 결과를 보면, 사람들은 부정적인 정보에 더 큰 관심을 쏟는다고 한다. 가령 중요한 감정적 사건을 떠올려보라고 하면, 사람들은 대개 긍정적인 기억 하나에 네 가지의 부정적인 기억을 떠올린다. 사정이 이러니 대부분의 경영자가 성과 검토를 제공하고 받아들일 때 치과에 가는 어린아이와 똑같은 심정이 되는 것은 전혀 놀랄 일이 아니다.

물론 전통적인 '교정적' 피드백은 엄연히 존재하고, 모든 조직은 반드시 성과가 부진한 직원들을 확인하고 또한 모든 직원은 조직이 기대하는 능력 수준으로 피드백을 수행해야 한다. 하지만 결점을 색출하는 데 초점을 맞추는 피드백은 필히 주의해야 한다. 그런 피드백은 유능해질 수 있는 관리자가 자신의 약점을 강화하거나 감추는 데 급급하도록 만들 수 있다. 혹은 자신에게 맞지 않은 '옷'에 억지로 몸을 맞추려고 노력하는 데 지나치게 매달리게 할 수도 있다.

역설적이게도 문제 영역에 초점을 맞추는 것은 기업에도 전혀 득이 될 것이 없다. 오히려 그런 태도는 기업이 직원들로부터 최상의 성과를 획득하는 데 방해만 될 뿐이다. 모든 포지션을 똑같이 훌륭하게 소화할 수 있는 야구 선수는 찾아보기 힘들다. 타고난 3루수가 우익수 기술을 습득하기 위해 애쓸 이유가 있을까?

마커스 버킹엄(Marcus Buckingham)과 도널드 클리프턴(Donald Clifton)을 비롯한 몇몇 갤럽의 연구가들은 그것에 대한 대안을 제시한다. 타고난 3루수의 독특한 강점을 확인하고 이용함으로써 그의 최고 강점을 더욱 육성하는 것이다. 사람들이 비판과 비난의 말을 기억하면서도 칭찬에 반응하는 것은 인간 심리학의 역설이다. 비판과 비난은 사람들을 방어적으로 만들고 그 결과 변화의 가능성을 심각하게 저해한다. 반면 칭찬은 더 나은 수행에 대한 욕구를 불러일으키고 자신감을 낳는다. 자신의 강점을 강화하는 관리자들은 칭찬을 통해 잠재력을 최대한 발휘할 수 있다.

이런 긍정적인 접근법은 전통적 피드백 메커니즘이 확인한 문제를 무시하거나 부인하려고 하지 않는다. 오히려 부정적인 정보를 상쇄시킬 수 있는 독립적이고 독특한 피드백 경험을 선사한다. 또한 그런 접근법을 통해 관리자들은 알든 모르든 자신의 강점을 활용하고, 그 결과 조직에 더 많은 기여를 할 수 있다.

과거 몇 년 동안 우리는 사람들이 자신의 개인적인 재능을 이해하고 활용하는 데 유익한 강력한 도구를 개발했다. 이름 하여 '최상의 자아 재발견', 즉 RBS(Reflected Best Self) 훈련이다. RBS 훈련을 통해 관리자는 자신의 미래 잠재력을 증가시키기 위해 '개인적인 최고 상태'를 인지하는 감각을 개발한다. 사실 RBS 훈련은 우리의 작품이 아니라 '긍정적 조직학(POS, Positive Organizational Scholarship)' 분야에서 주창한 여러 가지 새로운 접근법 중 하나이다. 사람들이 비난과 비판보다는 칭찬에 더 잘 반응한다는 것은 심리학에서는 기본 중의 기본으로 모든 심리학자들은 이를 잘 안다. 또한 조직행동학 연구가들 역시 기업들이 탄력성과 신뢰 같은 긍정적인 특징에 초점을 맞출 때 인상적이고 본질적인 이익을 획득할 수 있다는 사실을 잘 안다(이 연구에 대한 더 많은 정보가 필요하다면 이 글의 마지막에 있는 '긍정적 조직'을 참조하라). 수많은 경영자들은 물론이고 전 세계 경영대학원을 졸업한 차세대 리더들은 RBS 훈련을 마쳤다.

이 글에서 우리는 RBS 훈련을 단계별로 설명하고, 그 훈련에서 얻을 수 있는 통찰력과 유익한 결과를 소개할 것이다. 그러나 본격적인 여행을 하기 전에, 미리 알아야 하는 단서조항이 있다.

첫째, RBS 훈련의 목적이 당신의 자아를 충족시키기 위함이 아니라는 사실을 이해하라. 오히려 더욱 효과적으로 행동하기 위해 계획을 수립하도록 도움을 주는 것이 목적이다(그런 행동이 없다면 당신은 계속 제자리만 맴돌 것이다).

둘째, RBS 훈련을 통해 배우는 교훈들은 만일 그것들에 진심 어린 관심을 기울이지 않는다면 아무 소용없을 것이다. 가령 시간 압박이 지나치게 강하거나 업무 요구가 과중하다면 당신은 그런 정보를 다른 곳에 보관해두었다가 결국 까맣게 잊어버릴지도 모른다. RBS 훈련이 성공하려면 헌신, 부단한 노력, 후속 조치가 반드시 필요하다. 그 훈련을 지속하도록 감시하는 코치를 두면 도움이 된다.

셋째, RBS 훈련을 하기에 가장 좋은 시기가 따로 있는 것은 아니지만,

그래도 전통적인 성과 검토 기간은 피하는 것이 좋다. 그래야 전통적인 메커니즘이 제공하는 부정적인 피드백이 RBS 훈련의 결과를 방해하지 못한다.

올바르게 사용한다면 RBS 훈련은 아직 인지되지도 탐구되지도 않은 잠재력 영역을 활용하는 데 도움이 될 수 있다. 최상의 자아에 대한 자료를 수집하고 분석하는 건설적이고 체계적인 과정으로 무장할 경우 업무 성과를 크게 향상시킬 수 있다.

1단계 : 피드백을 제공해줄 사람을 찾아 피드백을 요청하라

RBS 훈련의 첫 번째 과제는 조직 안팎의 다양한 사람들로부터 피드백을 수집하는 것이다. 가족, 과거와 현재 동료, 친구, 선생님 등 다양한 사람들로부터 정보를 모은다면 당신은 표준적인 그 어떤 성과 평가에서보다 자신을 더욱 깊고 넓게 이해할 수 있다.

이제부터 RBS 훈련의 총아였던 로버트 더건(Robert Duggan, 가명)의 경험을 통해 RBS 훈련 과정을 본격적으로 살펴보겠다. 그를 선택한 데는 그만한 이유가 있다. 그의 자기 발견 과정은 우리가 관찰한 수많은 관리자들의 전형이었다. 군대에서 성공적인 경력을 쌓다가 비교적 젊은 나이에 퇴역한 로버트는 유명 경영대학원에서 MBA 학위를 취득했다. 그런 다음에는 IT 서비스를 제공하는 회사에 중간관리자로 입사했다. 그러나 뛰어난 자격조건과 리더십 경험에도 불구하고 로버트는 몇 년째 똑같은 자리에 머물러 있었다. 그의 업무 평가는 대체로 좋았지만, 그를 성장 잠재력이 큰 궤도에 올려놓기에는 역부족이었다. 어디에도 마음을 붙이지 못해 좌절하고 실망한 로버트는 갈수록 스트레스가 심해졌고 회사에 대한 환멸감이 커졌다. 시간이 흐를수록 회사에서의 일과가 마치 TV 프로그램 「서바이버(Survivor)」에 출연하는 것처럼 느껴졌다.

성과를 향상시킬 방법을 찾던 로버트는 마침내 경영자 교육 프로그램에 등록했고, 그곳에서 생전 처음으로 RBS 훈련을 받았다. RBS 훈련 지침대로 그는 과거와 현재 자신에 대해 잘 아는 11명으로부터 피드백을 수집했다. 피드백 집단을 다양하지만 조화로운 사람들로 신중하게 구성했다. 아내를 포함하여 가족 3명, 경영대학원 시절부터 알고 지내던 친구 2명, 군대 시절의 전우 2명, 현재 동료 4명이었다.

피드백 집단을 구성한 다음에는 그들 각자에게 자신의 강점에 대한 정보를 요청했다. 아울러 자신이 그런 강점을 그들 개인이나 가족(팀) 전체에 혹은 조직에 의미 있는 방식으로 사용했던 때에 대한 구체적인 사례도 함께 알려달라고 요청했다. 로버트를 포함하여 많은 사람들이 오직 긍정적인 피드백만 요구하는 것을 불편하게 생각한다. 특히 상대방이 동료일 경우에는 두말할 필요도 없다. 자신의 강점과 약점에 대한 피드백을 한꺼번에 듣는 데 익숙한 경영자들은 긍정적인 모든 피드백이 비현실적일 것이라고 심지어는 거짓일 거라고 생각한다. 또한 어떤 사람은 상대방이 그 요청을 주제넘거나 이기적인 행동으로 받아들일까 봐 걱정하기도 한다. 그러나 일단 RBS 훈련이 성과를 향상시키는 데 도움이 될 것이라는 점을 받아들이면 대부분의 사람들은 더 이상 망설이지 않는다.

로버트는 요청을 하고 채 열흘도 안 되어 11명 모두로부터 피드백을 받았다. 고맙게도 그들 각자는 로버트가 중요한 기여를 제공했던 구체적인 사례를 설명하는 이메일을 보내주었다. 촉박한 기한 압박 속에서 양질의 성과를 거두기 위해 노력했다, 다양한 집단과 커뮤니케이션하는 데 적극적이었다, 중요한 정보를 찾아 열심히 노력했다 등등의 내용이었다. 로버트는 그런 이메일을 받고 깜짝 놀랐다.

군인 출신답게 그리고 MBA 학위를 가진 전문가로서 로버트는 자신의 감정에 좀처럼 휘둘리지 않았다. 그토록 감정에 인색한 로버트였지만 피드백 집단이 보내준 편지는 그를 감동시키고도 남았다. 마치 그를 위해 열린 행사에서 감사의 인사말을 듣고 있는 것처럼 말이다. 또한 그들이 들려준 이야기는 놀랄 만큼 설득적이었다. 그는 자신이 알고 있는 것보다 강점이 훨씬 많은 사람이었다(1단계에 대한 더 많은 정보가 필요하다면 이 글의 마지막에 있는 '피드백 수집하기'를 참조하기 바람).

2단계 : 자신의 행동양식을 인지하라

2단계에서 로버트는 자신이 선택한 피드백 집단이 보내준 피드백에서 공통 주제를 찾기 위해 노력했다. 아울러 그 피드백에 자신의 관찰 결과를 추가한 다음, 모든 정보를 표로 만들어 정리했다(로버트가 작성한 표에 대해 알고 싶다면 표 4-1 '공통 주제를 찾아라'를 참조하기 바람). RBS 훈련에 참가하는 많은 사람들과 마찬가지로 로버트는 다양한 사람들로 집단을 구성했기 때문에 피드백이 일관성이 없거나 어쩌면 상충적일지도 모른다고 예상했다. 하지만 그의 예상은 보기 좋게 빗나갔다.

모든 피드백이 너무나 엇비슷하다는 사실에 깜짝 놀랐다. 아내와 가족이 보내준 피드백과 전우와 직장 동료들이 제공한 피드백이 거의 흡사했던 것이다. 모든 사람이 압박에 굴복하지 않는 로버트의 용기, 높은 윤리적 기준, 끈기, 호기심, 적응성, 다양성에 대한 존중, 팀 구축 능력 등을

표 4-1 공통 주제를 찾아라

로버트는 사람들에게서 받은 피드백을 토대로 표를 작성했다. 이처럼 표를 작성하면 당신이 수집하는 피드백을 확실하게 이해하는 데 도움이 된다. 사례들을 분류함으로써 다양한 반응을 좀 더 쉽게 비교하고 공통된 주제를 확인할 수 있다.

공통된 주제	피드백 사례	가능한 해석
윤리, 가치, 용기	• 나는 상사와 동료들이 윤리적 행동의 경계를 넘어 위험 지대로 들어설 때 단호한 태도를 취한다. • 나는 내가 믿는 가치를 아무런 두려움 없이 당당하게 지지할 수 있다. 나는 부당한 행동을 하거나 공공장소에서 자녀에게 소리를 지르는 사람에게 맞선다.	• 내가 가장 돋보이는 순간은, 더 쉽지만 잘못된 일보다는 더 어려울지라도 옳은 일을 선택할 때이다. 다른 사람을 가르칠 수 있을 때 만족감이 더욱 커진다. 나는 직업적인 도전정신이 있다.
호기심, 끈기	• 나는 경영대학원에 진학하기 위해 군대에서의 전도유망한 경력을 포기했다. • 나는 혁신적인 방법으로 보안 침해 문제를 조사하고 해결했다.	• 나는 새로운 도전을 좋아한다. 나는 어떤 장애를 만나도 끈기를 가지고 위험을 감수한다.
팀 구축 능력	• 고등학교 시절 나는 학생들을 모아서 학업 수준을 향상시키는 데 도움이 되는 팀을 조직했다. • 나는 다른 사람들에게서 배우고자 하는 의지가 있고 충분히 탄력적이다. 인정해줄 사람은 인정하고 칭찬해줄 사람은 칭찬한다.	• 나는 다른 사람들과 긴밀한 관계 속에서 일할 때 더욱 빛을 발한다.

높이 샀다. 그러자 로버트는 무의식적인 작은 행동조차 다른 사람에게 커다란 인상을 줄 수 있다는 사실을 갑자기 깨달았다. 그는 이메일을 읽기 전까지만 해도 피드백 제공자들이 언급한 구체적인 사례 대부분을 까맣게 잊고 있었다. 각각의 상황에서 그는 자신의 행동에 별로 주의를 기울이지 않았던 것이다. 그도 그럴 것이 그런 행동이 그에게는 제2의 천성이나 다름없었기 때문이다.

RBS 훈련은 로버트에게는 기존의 자기 인식을 확인시켜주는 경험이었다. 하지만 자신의 강점을 모르는 사람은 어떨까? 그런 사람에게는 RBS

훈련이 새로운 깨달음에 눈을 뜨는 계몽적인 경험이 될 수도 있다. 가령 최근에 MBA를 갓 졸업한 에드워드(Edward)는 자동차 제조회사 임원으로 입사했다. 그의 동료와 부하직원들은 그보다 나이도 많았고 경험도 많았기 때문에 에드워드는 그들과 의견이 맞지 않으면 매우 불편했다. 하지만 RBS 훈련을 통해 새롭게 태어났다.

그는 동료들이 자신의 솔직하고 대안적인 관점을 높이 살 뿐 아니라 의견을 제시할 때 보여주는 사교적이고 사려 깊은 태도를 존중한다는 사실을 알게 된 것이다. 이후 에드워드는 아이디어를 피력할 때 점점 대담해지고 자신감이 넘쳤다. 상사와 동료들이 그의 말에 귀를 기울이고 그에게서 배우며 그가 말하는 내용을 높이 인정한다는 확신이 있었기 때문이다.

한편, RBS 훈련은 사람들이 당연하게 생각하는 기술을 좀 더 미묘하게 조명한다. 예를 들어보자. 베스(Beth)는 비영리 조직들을 대신하여 협상 테이블에 나서는 변호사였다. 평생토록 '남의 이야기를 잘 들어준다'는 말을 귀에 딱지가 앉도록 들어왔지만 RBS 훈련 도우미들의 피드백은 아주 구체적이었다. 그들은 그녀의 성공 요인으로, 그녀가 다른 사람의 말에 귀를 기울일 때 보여주는 상호작용적이고 공감적이고 통찰력 깊은 행동을 꼽았다. 구체적인 그런 피드백에 용기를 얻은 베스는 그때부터 섬세하고 사교적인 대화가 필요한 협상에서 주도권을 쥘 수 있었다.

선천적으로 분석적인 성향을 타고난 사람에게 RBS 훈련은 날개를 달아주는 격이다. 그 훈련의 분석적인 측면이 피드백을 종합하고 자신의 능력에 대한 더 큰 그림을 그리는 데 아주 유익하기 때문이다. 엔지니어였던 자넷(Janet)은 현수교의 기술적인 설계도면을 그리듯이 피드백을 공부할 수 있다고 생각했다. 그런 관점에서 그녀는 자신의 '재발견된 최상의 자아'를 조사하고 향상시킬 수 있을 것이라고 여겼다. 그러나 가족, 친구, 동료들이 보내준 피드백 내용을 보고 자신을 좀 더 폭넓고 더욱 인간적인 문맥에서 파악할 수 있었다. 그들은 디자인에 대한 그녀의 열정과 사랑을 그녀의 가장 두드러진 특징으로 꼽았다. 그런 피드백은 시간이 지나면서 그녀가 경력 경로를 수정할 때 도움이 되었다. 그리하여 그녀는 사람들을 이끌고 동기를 부여할 책임이 따르는 좀 더 관리자적인 역할을 추구할 수 있었다.

3단계 : 자기 묘사 글을 작성하라

3단계는 축적된 정보를 요약하고 응집시켜 자신에 대해 설명하는 이야기를 작성하는 것이다. 사람들이 보내준 피드백에서 확인한 주제들과 자기 관찰 결과를 솜씨 좋게 엮어서 최상의 상태에 있는 자아에 대한 종합적인 이야기로 만들어야 한다. 이런 자기 묘사 글의 목적은 심리적으로나 인지적으로 당신에 대한 완벽한 개요를 작성하기 위함이 아니다. 오히려 그것은 당신이 과거의 기여를 상기시켜주는 장치와 미래 행동의 지침으로 활용할 수 있는 통찰력이 강한 이미지여야 한다. 또한 서술적으로 묘사된 자기 묘사 글은 불릿 포인트로 무미건조하게 일련의 중요 사항을 나열하기보다는 "내가 최상의 상태에 있을 때 나는……" 같은 문구로 시작하는 산문 형식이어야 한다. 최상의 자아에 대한 이미지는 2~4문단의 이야기를 풀어가는 과정을 통해 의식 속에서 더욱 구체화되고 강화된다. 또한 이야기 형식은 예전에는 개별적이거나 관련 없는 것처럼 보였던 삶의 여러 주제 사이에 연결고리를 생성시키는 데도 유익하다.

산문 형식의 자기 묘사 글을 작성하려면 시간이 걸릴 뿐만 아니라 신중하고 깊은 사고가 필수적이다. 하지만 이 과정의 끝자락에서 당신은 최상의 자아에 대한 생생하고 활력 넘치는 이미지를 도출할 수 있다.

산문 형식의 자화상을 그릴 때 로버트는 피드백 제공자들의 말을 그대로 인용하면서 최상의 자아에 대한 자신의 관찰 결과로 마무리했다. 그는 부정확하고 동떨어진다고 생각하는 능력은 과감하게 배제했다. 이는 그가 그런 능력을 무시했다는 뜻이 아니다. 단지 전체적인 글이 반드시 진실하고 강력하게 보이도록 만전을 기하고 싶었다는 뜻이다. 로버트의 자기 묘사 글을 직접 읽어보자.

내가 최상의 상태에 있을 때, 나는 내 가치를 지지하고, 다른 사람들에게 내 행동의 중요성을 이해시킨다. 나는 좀 더 쉽지만 잘못된 일보다는 좀 더 어렵더라도 옳은 일을 선택한다. 나는 다른 사람에게 모범을 보이는 것을 좋아한다. 나는 배울 자세가 되어 있고 호기심과 열정을 자극하는 프로젝트가 있을 때 지칠 줄 모르는 열정으로 일할 수 있다. 또한 다른 사람들이 두려워하거나 너무 어렵다고 생각할지도 모르는 일을 처리하는 것을 좋아한다. 나는 현재 접근법이 효과가 없을 때 대안을 찾거나 한계를 정할 수 있다. 언제나 내가 옳다거나 내가 가장 잘 안다고 생각하는 것은 아니고, 이런 태도 때문에 사람들은 나를 존중한다. 나는 다른 사람들에게 권한을 부여하고 그들을 믿으려고 노력한다. 나는 인내심이 있고 언제라도 차이를 받아들일 준비가 되어 있다.

자기 묘사 글을 작성하자 로버트는 이제까지 직장에서 최선을 다하지 못했던 이유를 이해하기 시작했다. 요컨대 사명감이 부족했던 탓이었다. 군 복무 시절 그는 국가와 부하 병사들의 안전이 자신의 수행 능력에 달려 있다는 생각에 큰 만족감을 얻었다. 그는 끈끈한 팀워크를 좋아했고 해결될 수 있는 다양한 문제를 언제나 환영했다. 그런 그가 IT 회사에서 하드웨어 신제품의 일상적인 유지 관리를 책임지는 관리자로 일했으니 당연히 지루함과 소외감을 느낄 수밖에 없었다.

또한 이 과정은 로버트가 심리학자들이 '잠재적 자아'라고 부르는 더욱 생생하고 정교한 자아감을 창조하는 데도 도움이 되었다. 여기서 잠재적 자아란 그저 일상적인 업무 환경과는 전혀 다른 환경에 있을지도 모르는 그 자신을 말한다. 조직 연구가들은 '최고의 잠재적 자아감'을 개발할 때 삶에서 긍정적인 변화를 생성시키는 능력이 증가한다고 주장한다.

4단계 : 업무를 다시 설계하라

자신의 강점을 정확하게 확인한 로버트의 다음 행보는 그런 강점을 토대로 개인적인 직무 설명서를 다시 설계하는 일로 이어졌다. 일상적인 유지 관리 업무가 자신에게 아무런 감흥을 불러일으키지 못했으므로, 로버트의 도전은 업무와 최상의 자아를 더욱 조화롭게 일치시키는 일이었다. 대부분의 RBS 훈련 참가자와 마찬가지로, 로버트는 그 훈련을 통해 확인한 강점들을 자신의 현 위치에 적용할 수 있음을 깨달았다. 여기에는 업무 방식, 팀 구성 방식, 시간 관리 방식을 약간 변화시키는 것이 포함되었다(대부분의 업무는 이 세 가지 영역 모두에서 어느 정도 자유를 허용한다. 비결은 업무의 내재된 제약 조건을 벗어나지 않으면서 적어도 강점을 최대한 살릴 수 있는 방향으로 업무를 재설계하는 것이다).

로버트는 가장 먼저, 시스템 설계자와 기술자들과의 회의를 계획하고 일정을 잡았다. 그들은 평소 각자의 집단과 로버트의 유지 관리팀 사이에 적시에 정보 흐름이 이루어지지 않는다고 문제를 제기해왔다. 로버트는 커뮤니케이션만 향상된다면, 더 이상 신제품은 예전의 문제를 답습하지 않을 것이라고 생각했다. 이제까지는 신제품을 출시해도 많은 돈이 들어가는 중대한 유지 관리 문제가 골치였던 것이다. 그리하여 로버트는 예전의 유지 관리 문제를 신중하게 정리하여 문서화했고, 또한 자신에게 분석적이고 창조적으로 팀을 구축하는 천부적인 재능이 있음을 새삼 깨달았다. 이 두 가지를 등에 업고 로버트는, 그런 문제가 없는 신제품을 개발할 더 나은 방법을 찾기 위해 시스템 설계자와 기술자들과 정기적인 브레인스토밍 회의를 시작했다.

그 일련의 회의는 로버트의 최상의 자아에 관한 두 가지 욕구를 충족시켰다. 하나는 직장에서 더 많은 사람들과 상호작용이 가능했다는 점이고, 다른 하나는 그가 시스템 디자인과 기술에 대해 적극적으로 배울 수 있었다는 사실이었다. 이런 노력 덕분에, 핵심 임원들은 신뢰성 높은 신제품을 개발할 때 그가 보여준 주도적인 역할과, 그의 리더십과 사내의 여러 사업단위를 아우르는 협동력을 높이 샀다. 또한 그들은 로버트가 다른 사람들을 얼마나 신뢰하고 인정하는지를 직접 눈으로 목격했다. 9개월이 채 지나기 전에 로버트의 노력은 보상을 받았고 그는 프로그램 관리자로 승진했다. 임금과 권한이 동반 상승했을 뿐 아니라 로버트는 자신의 일을 더욱 즐기게 되었다. 그의 열정은 다시 불이 붙었고, 그는 하루하루 살아 있다는 강렬한 생동감을 만끽했으며 자기 신뢰감은 더욱 깊어졌다. 그리고 기운이 없거나 에너지가 부족하다고 생각할 때마다 그는 피드백 집단이 보내준 피드백 내용을 다시 꺼내 읽었다. 아무리 어려운 상황일지라도 그것들을 읽으면 다시 힘이 생겼다.

로버트는 RBS 훈련을 통해 확인한 강점을 토대로 더 높은 성취를 이룰 수 있었다. 그러나 RBS 훈련의 모든 참가자들이 다 그런 것은 아니었다. 그 훈련을 통해 얻은 교훈이 오히려 자신의 개인적인 업무가 처한 현실과 상충하는 사람들도 있었다.

판매 담당 임원이었던 제임스(James)가 대표적인 사례였다. 그는 우리에게 자신의 직업적인 상황을 설명하면서 "사면초가에 몰려 있다"라고 말했다. 야심 찬 매출 목표치를 달성할 수 없었고, 소방수 임무를 띠고 전 세계를 날아다니는 데 신물이 났으며, 가정생활마저 붕괴 직전이었으므로 스스로 감당하기 힘들 만큼 고통스러웠다. 제임스는 RBS 훈련을 통해 자신이 사람들을 관리하고 변화를 주도할 때 최상의 상태를 유지한다는 사실을 알게 되었다. 하지만 이런 선천적인 능력은 그의 현재 업무에서는 빛을 발하지도 빛을 발할 수도 없었다. RBS 훈련을 하고 얼마 지나지 않아 그는 스트레스가 심했던 직장에 과감하게 사표를 내고 개인 사업을 시작하여 성공했다.

제임스와는 달리 RBS 훈련을 통해 배운 교훈들은 가끔 관리자가 현재의 조직에서, 예전에는 꿈도 꾸지 못했던 지위를 추구하는 데 도움이 되기도 한다. 어떤 대학교의 고위 행정관이었던 사라(Sarah)가 여기에 해당된다. 그녀는 자기 묘사 글을 친한 동료들에게 보여주었다. 그러면서 자신의 강점과 재능을 더 잘 발휘할 수 있는 방법을 찾을 수 있도록 도와달라고 요청했다. 그러자 그들은 뜻밖의 대답을 들려주었다. 마치 입이라도 맞춘 듯 그들은, 새로운 주인을 찾고 있던 임원 자리가 그녀에게 '딱'이라고 말한 것이다. 예전의 그녀라면 자신은 자격이 되지 않는다고 손사래를 치면서 지원할 생각도 못했을 것이다. 하지만 결과를 보고 그녀 자신도 놀랐다. 다른 모든 경쟁자들을 손쉽게 물리치고 그녀가 그 자리의 새 주인이 된 것이다.

'아주 좋은' 경계를 넘어서라

앞서 말했듯이, 사람들이 비난과 비판을 기억하지만 결점을 안다고 해서 그런 인식이 반드시 더 나은 성과로 이어지는 것은 아니다. 그런 이해를 바탕으로 RBS 훈련은 자신의 강점을 기억하고 나아가 그런 강점을 토대로 계획을 수립하는 데 도움이 된다. 또한 자신의 강점을 아는 것은 자신의 약점을 다루는 방법을 파악하거나 약점을 다루는 데 필요한 자신감을 얻는 데도 도움이 된다. 따라서 당신은 이렇게 말할 수 있다. "나는 사람들을 이끄는 일은 아주 잘하지만, 숫자에는 영 젬병입니다. 그러니 나에게 수학을 직접 가르치는 대신 유능한 재무 파트너를 붙여주십시오."

뿐만 아니라 관리자들은 자신의 약점을 다루는 방법을 더 잘 이해할 수 있다. 예를 들어보자. 재무 담당 임원이었던 팀(Tim)은 피드백 집단으로부터 그가 아주 훌륭한 청취자와 코치라는 피드백을 받았다. 아울러 그는 자신이 치어리더가 되는 데 지나치게 집중하는 반면, 부하직원들을 업무에 집중하게 만드는 데는 별로 신경을 쓰지 않는다는 사실을 확실하게 깨달았다. 한편 홍보 담당 고위 임원이었던 수전(Susan)은 팀과는 정반대의 문제를 안고 있었다. 그녀에 관한 피드백은 결과 지향적인 관리 접근법에 대한 칭찬 일색이었다. 하지만 정작 수전이 바라던 피드백은 다른 것이었다. 그녀는 자신이 부하직원들에게 실수를 하고 배울 수 있도록 동기를 부여하는 관리자라는 확신을 갖고 싶었다.

강점을 기반으로 한 RBS 훈련은 당신이 '아주 좋은' 경계를 넘어서는 데 도움이 된다. 일단 최상의 자아를 알고 나면 현재 경력에서는 물론이고 경력의 다음 단계에서도 스스로 선택하는 '포지션'을 더욱 잘 수행하기 위해 강점을 활용할 수 있다.

:: 긍정적 조직

긍정적 조직학파는 조직 행동을 연구하는데, 그들은 향상된 생산성과 성과 같은 개인과 조직에 대한 긍정적인 영향력으로 이어지는 강점, 탄력성, 활기, 신뢰 등 긍정적인 역학에 초점을 맞춘다. '긍정적'이라는 단어는 그 학문 분야의 긍정적인 편향성을, '조직'이라는 말은 집단 환경에서 나타나는 과정과 조건에 초점을 맞춘다는 사실을 드러낸다. 또한 '학파'라는 단어는 그 접근법의 토대에 대한 정확한 정의와 엄밀함, 그리고 이론과 과학적 성향을 단적으로 보여준다.

긍정적 조직학 연구의 전제조건은, 모든 조직은 구성원들의 긍정적인 행동의 동인을 이해함으로써 새로운 성취 수준으로 도약할 수 있다는 것이다. 미시건 대학의 마셜 로사다(Marcial Rosada)와 에밀리 히피(Emily Heaphy)가 공동으로 수행한 연구 결과가 이를 잘 증명해준다. 그들은 부정적인 말 각각에 대해 긍정적인 말 다섯 가지를 들을 때 개인과 집단 모두는 성과를 향상시키는 긍정적인 에너지를 발산한다고 주장한다.

긍정적 조직학자인 킴 캐머런(Kim Cameron)은 콜로라도에 소재한 원자력발전소인 록키플랫(Rocky Flats)의 사례를 통해 긍정적인 접근법의 효과를 설명한다. 록키플랫은 이런 접근법을 도입함으로써 감히 누구도 상상하지 못한 성과를 거두었다. 1995년에 시작한 록키플랫의 정화 프로젝트는 애초 무려 70년이 걸리고 360억 달러가 소요될 것으로 추정되었다. 하지만 오늘날은 향후 10년 안에 총소요 경비 70억 달러 선에서 마무리될 것으로 예상된다. 도대체 무슨 일이 벌어졌던 걸까? 이는 정화 프로젝트를 수주한 카이저힐(Kaiser-Hill)의 변화된 조직 문화 덕분이었다. 카이저힐은 회사를 좀먹던 부인(否認) 문화를 종업원들의 탄력성을 육성하고 성취를 치하하는 문화로 변화시켰다. 그 결과 '빨리, 현명하게, 안전하게'라는 새로운 캐치프레이즈를 개발했다.

긍정적 조직학파는 하나의 특수한 이론이나 기본 틀을 고집하기보다는 높은 성과를 설명하고 예상하기 위해 모든 조직 이론을 연구한다. 따라서 긍정적 조직학파 사명의 핵심은, 조직이 자체의 관행을 향상시키는 데 도움을 줄 수 있는 사례와 도구, 평가 접근법을 창조하는 것이다. RBS 훈련은 긍정적 조직학을 통해 얻을 수 있는 수많은 실전 도구 중 하나일 뿐이다(긍정적 조직학에 대한 더 많은 정보가 필요하다면 미시건 대학 사이트인 www.bus.umich.edu/positive/를 참조하기 바람).

:: 피드백 수집하기

RBS 훈련을 할 때 가족, 친구, 교사, 동료들로부터 피드백을 요청하는 것은 중요한 단계이다. 이 단계에서는 이메일이 아주 효과적인 방법이다. 물론 이메일이 편리하고 빠르기 때문이기도 하지만, 이메일을 출력해서 필요한 부분을 잘라 분석표에 붙이기도 쉽기 때문이다(본문의 표 4-1을 참고하라).
아래의 편지는 앞서 본문에서 소개한 로버트(IT 기업의 관리자였다)가 현재 동료와 군 복무 시절의 전우에게 받은 피드백의 전문이다.

> 보내는 사람: 에이미 첸(Amy Chen)
> 받는 사람: 로버트 더건
> 제목: 피드백 요청에 대한 답변
>
> 안녕하세요?
> 로버트, 당신이 가치를 창출하는 가장 훌륭한 방법 가운데 하나는 당신은 늘 옳은 일을 하는 데 앞장선다는 점입니다.
> 예를 하나 들어볼게요. 예전에 주요 고객이 의뢰한 프로젝트가 일정에 뒤처지고 품질이 서서히 나빠지기 시작하던 때가 있었습니다. 그때 당신은 회의를 소집하고 우리에게 선택이 하나 있다고 말했어요. 기본적인 요구조건을 충족시켜 'C'를 받거나 일을 아주 잘하여 'A'를 받는 것 중에서 선택하라고 말했지요.
> 당신은 더 나은 결과를 위해 우리 각자가 기여할 수 있다는 사실을 상기시켜주었습니다. 결국 우리는 일정에 맞추어 프로젝트를 완수했을 뿐 아니라 고객도 우리의 결과물에 아주 만족했어요.

보내는 사람: 마이크 브루노(Mike Bruno)

받는 사람: 로버트 더건

제목: 피드백 요청에 대한 답변

로버트, 당신이 가치를 부가하는 가장 훌륭한 방법 가운데 하나는 어떤 역경을 만나도 절대 물러서는 법이 없다는 점입니다. 그런 당신의 장점을 보여주는 사건이 하나 있었지요.

우리 둘 다 삼엄한 경계 속에서 병사들을 이끌고 있었습니다. 당시 우리에게 지상군과 본부사령부로부터 엇갈리는 정보가 전달되었습니다. 그러자 당신은 촉박한 시간 때문에 상당한 압박을 받고 있음에도 불구하고 지상군과 본부사령부 담당자들로 하여금 그 문제에 대해 서로 이야기하도록 만들었죠.

결국 그 정보는 우리 모두의 목숨을 살렸습니다. 당신은 항상 침착했습니다. 나는 당신이 흥분하는 것을 한 번도 보지 못했습니다. 그리고 모든 관련자에게 늘 최상을 기대하거나 요구했습니다.

5

헌신과 신념을 일치시켜라

도널드 설
Donald N. Sull

도미닉 훌더
Dominic Houlder

요약 | 헌신과 신념을 일치시켜라

런던 경영대학원에서 전략을 가르치는 도널드 설 교수와 도미닉 훌더 교수는 이 글에서 헌신과 신념의 세계로 우리를 이끈다. 그들은 사람들이 가장 소중하게 생각하는 것과 실제로 시간과 돈을 투자하고 관심을 기울이는 방식 사이에 격차가 나타나는 이유를 탐구한다. 아울러 그 격차를 관리하는 실질적인 접근법을 소개한다. 그들이 제안하는 기본 틀은 '조직적' 헌신, 즉 오늘날 기업들의 투자와 약속, 계약 등에 대한 자신들의 공동 연구를 토대로 탄생했다. 사실상 기업들의 미래 행동을 결정하는 그런 헌신은 조직이 변화에 효과적으로 반응하는 것을 방해할 수 있다.

이와 비슷한 논리가 '개인'의 헌신, 즉 소중한 자원을 할당하는 방법에 대한 우리의 일상적인 결정에도 적용된다. 이런 결정은 개별적으로 보면 사소한 것들이라서 우리는 그것들을 쉽게 잊어버린다. 하지만 그렇게 할 때 헌신과 신념 사이에 격차가 발생할 수 있다.

이 글의 필자들은 개인적 헌신의 '내용'과 관련해서는 가치 판단을 하지 않는다. 다만 그들은 당신이 자신에게 가장 중요한 것을 자세히 조사하는 데 도움이 되는 약간 '냉정한' 도구를 고안했다. 여기에는 당신의 가장 중요한 가치 목록을 작성하고, 각각의 가치에 대해 당신의 연봉과 매주 투자하는 시간, 그리고 당신이 투자하는 에너지의 양을 백분율로 산정하는 것이 포함된다.

이 훈련을 통해 당신은 커다란 격차를 확인할 수 있을 것이다. 당신의 공식적인 가치임에도 당신의 희소한 자원을 거의 혹은 전혀 할당받지 못할 수도 있고, 단일 가치임에도 너무 많은 자원을 소진시킬 수 있다는 이야기다. 또한 확인하는 수준에 머물 것이 아니라, 그런 사실을 토대로 시간과 돈, 에너지를 할당하는 방법을 변화시킬 수 있어야 한다.

헌신과 신념을 일치시켜라

소중하게 여기는 것과 실제 하는 일 사이의 격차

우리 모두는 소중하게 여기는 무언가를 갖고 있다. 그것이 직업적 성취일 수도 있고 행복한 가정생활일 수도 있으며, 재정적 안정일 수도 있다. 그러나 한 걸음 물러나 자신의 일상적인 행동을 꼼꼼히 살펴보면, 자신이 가장 소중하게 생각하는 것과 자신이 실제로 시간과 돈을 투자하고 관심을 기울이는 방식 사이에 격차가 있음을 발견할지도 모른다. 물론 그 격차가 작은 사람도 있고 아주 큰 사람도 있을 것이다. 하지만 어떤 경우든 격차가 있다는 사실은 우리가 표방하는 가치와 실질적인 행동 사이의 차이를 어떻게 관리해야 할지에 대해 의문을 제기한다.

건강관리 제품업체 CEO인 닉(Nick)의 사례를 통해 이 문제를 살펴보자(이 글에서 소개하는 모든 사람의 이름은 가명이다). 닉은 차입매수(LBO, Leveraged Bay-Out, 차입금을 통한 기업인수 방식 – 옮긴이) 방식으로 인수된 회사를 성공적으로 회생시켰으며, 다양한 우량기업과 진취적인 기업을 고루 거치며 성공적인 관리자로 눈부신 경력을 이어오고 있다. 그러므로 모기업을 소유한 사모펀드 투자자들은 그에게 깊은 신임과 큰 존경을 보낸다.

그러나 정작 닉이 관심을 갖고 있는 분야와 그가 실제로 하는 일 사이에는 커다란 격차가 있다. 닉은 자기 인생에서 가장 좋았던 시간 중 하나는 아내와 함께 안식년 휴가를 받아 1년 동안 이민자들을 돕는 조직에서 자원봉사 활동을 했을 때라고 말했다. 그 자신이 이민자의 아들인 탓에 그 활동에 아주 중요한 의미를 부여할 뿐 아니라 아내와 함께 보냈던 그 시간을 그리워한다. "요즘은 우리 부부의 스케줄로 보건대 한 달에 일주일 이상 시간을 함께 보내는 것만도 행운입니다"라고 그는 말한다. 아울러 닉은 자신의 직업적 영향력에 대해서도 의문을 제기한다. "이제 50세가 되고 나니 열심히 일할 수 있는 날도 5년 남짓밖에 남지 않았다는 생각이 듭니다. 아니 더 오래 일할 수 있다고 해도 길어봤자 10년이겠지요. 그런데도 나는 열정을 느끼지도 못하고 그렇다고 나를 부자로 만들어줄지 확신도 없는 일을 하느라 아까운 시간을 흘려 보내고 있습니다."

닉은 몇 가지 선택안을 두고 고민을 거듭하고 있다. 먼저 그는 다른 회사로 옮길 수도(물론 CEO로) 있다. 사실 여러 명의 헤드헌터들이 다양한 제안을 해오기도 했다. 혹은 회사가 적정한 가격에 매각된다면 일찍 은퇴할 수도 있다. 그런 다음 경영대학원에서 학생들을 가르치거나 아내와 함께 자원봉사 활동을 했던 비영리단체에서 전임으로 일할 수 있을지도 모른다.

비록 현재 하는 일에서 만족감을 느끼는 날은 거의 없지만, 닉은 주력 신제품 출시를 마무리하고 또한 어쩌면 자신의 재산에 어떤 변화가 생기는지 확인할 때까지 변화를 미룰지도 모른다. 그는 자신의 가치와 직장

생활 사이의 격차에 대해 지금 당장 무언가 적절한 조치를 취하기에는 너무 바쁘다고 말한다. 솔직히 그는 최근 몇 년 동안 계속 너무 바빴다.

아마 당신은 닉이 정신을 차리도록 마구 흔들고 싶은 생각이 들지도 모르겠다. 그러나 사실 성공적인 많은 사람들은 닉의 처지와 아주 비슷하다. 즉 그들은 자신의 일상적인 활동과 자신의 가장 깊은 욕구 사이에서 괴리감을 느낀다. 또한 그 격차와 관련하여 아무것도 할 수 없다는 무력감에 사로잡힌다.

우리는 아주 우연한 기회에 이러한 괴리감에 관심을 갖게 되었다. 1997년부터 우리는 런던 경영대학원에서 조직의 전략적 변화에 대해 가르치고 있다. 강의의 개념적 토대는 헌신이다. 이는 투자, 공약, 계약 등을 일컫는 것으로 조직에 특정한 수행 방식을 강요한다. 우리의 강의와 연구 활동은, 기존 헌신이 경쟁 환경에서 변화에 효과적으로 반응하지 못하는 조직의 무기력증과 어떤 관계를 갖고 있는지 분석하는 것이다. 또한 관리자들이 새로운 비즈니스 기회에 어떻게 헌신할 수 있는지 나아가 그들의 기업을 어떻게 변화시킬 수 있는지 탐구한다.

고맙게도 강의를 시작한 이후 많은 학생들이 헌신, 타성, 변화에 초점을 맞추는 우리 강의의 기본 틀을 받아들였다. 학생들의 대부분은 중간 관리자와 임원급이었다. 그들은 그런 틀을 개인적·직업적 헌신에 대해 체계적으로 사고하는 데 사용했다. 이런 일은 빈번하게 발생했고 또한 아주 흥미로운 결과를 낳았으므로 우리는 '개인적' 헌신 관리를 우리의 교과과정에 포함시키기로 했다. 아울러 우리는 시류를 좇아 그 과정에 컴퓨터 기반의 훈련을 도입했다.

이 훈련은 학생들이 개인적인 헌신을 자극하고 그들이 창조할지도 모르는 결과를 손쉽게 추적하는 데 도움이 된다. 심스(Sims, 컴퓨터 게임명 –

옮긴이)가 삶의 의미를 발견한다고 생각해보라. 지금부터 우리는 이 틀을 좀 더 자세히 살펴볼 것이다. 나아가 관리자들이 그들의 내면 깊은 곳에서 숨 쉬고 있는 가치와 일상적인 활동 사이의 격차를 좁히는 데 도움을 주는 방법을 탐구할 것이다. 개중에는 이미 중년에 접어든 관리자도 있을 것이고 경력을 한창 개발 중인 관리자도 있을 것이다.

하지만 본격적인 탐험을 나서기에 앞서 먼저 분명하게 짚고 넘어가야 할 것이 있다. 우리는 당신의 개인적 헌신의 '내용'이 어때야 하는지에 대해서는 말할 수 없고 또한 그렇게 하지도 않을 것이라는 점이다. 가령 사회봉사에 헌신하는 것이 사업 파트너를 만드는 것보다 더 중요하다고 주장하지 않을 것이다. 그 두 가지 모두 훌륭한 목표이다. 우리의 목표는, 당신의 개인적 헌신이 무엇이든 그 헌신을 관리함으로써 '과정'을 향상시키는 데 도움을 주는 것이다.

가장 구속력 있는 헌신

먼저 이 글에 등장하는 용어의 뜻을 확실하게 정의하고 그런 용어가 실제 비즈니스 현장에서 어떻게 사용되는지 알아보자. 관리적 헌신은 현재의 행동으로서, 이는 조직의 미래 행동을 결정하는 구속력이 있다. 관리적 헌신에 대해 생각할 때 대부분 사람들은 순간적으로 극적인 행동을 떠올린다. 예컨대 보잉이 777 모델에 회사의 사활을 걸었던 일, 오라클(Oracle)이 응용 소프트웨어 업계에서 확실한 입지를 다지기 위해 피플소프트(PeopleSoft)를 인수한 일 등이 있을 것이다. 경영자들은 그런 헌신을 체계적으로 관리한다.

책임감 있는 경영자라면 신제품을 출시하거나 중요한 인수 계약을 체결하기에 앞서, 반드시 조직적 연구를 수행하고 진전 상황을 정량적인 목표치와 비교 추적할 것이다. 이것은 사실 경영의 기본이다. 그러나 비즈니스에서 가장 구속력 있는 헌신은 가끔 너무나 평범해서 거의 눈에 보이지도 않는다. 어떤 기업이 기존의 기술을 개선하고 확대시키는 데 투자를 한창 진행 중이라고 가정해보자. 그런 투자는 시간이 흐를수록 그 기업이 빠져나오기 힘든 기술적 궤적에 더욱 집착하게 만들 수 있다. 또한 핵심 고객층에 대한 판매 노력에 집중하는 조직은 그들 고객에 대한 의존성이 더욱 증가할 수 있다. 그 결과 다른 고객들과 다른 비즈니스를 선택할 수 있는 자유가 제한될 수도 있다.

얼핏 보면 평범할 수 있는 이런 헌신은 구속력의 측면에서는 커다란 헌신과 전혀 차이가 없을 수도 있다. 하지만 그것에 대한 관리자들의 관심은 어떨까? 솔직히 그런 헌신과 커다란 헌신에 대한 관리자들의 관심의 정도는 하늘과 땅 차이다.

비슷한 논리가 개인의 삶에도 그대로 적용된다. 가장 구속력 있는 헌신이 가끔은 우리의 관심을 끌기에는 너무나 보잘것없는 일상적인 결정의 결과라는 이야기다. 물론 예외는 있다. 사람들은 직업을 바꾸거나 결혼을 하는 등 주기적으로 극적인 헌신을 한다. 게다가 군대와 법 집행처럼 특정한 공공서비스 경력을 선택하는 사람들은 자신의 삶을 대의명분에 고스란히 바침으로써 궁극적인 헌신을 할지도 모른다. 그러나 보통 사람들에게 가장 중요한 헌신은 돈, 시간, 에너지를 할당하는 방법에 대한 평범한 결정의 결과이다. 이런 각각의 결정은 작고 평범하기에 우리는 그런 결정을 쉽게 잊어버린다. 그러나 그렇게 할 때 우리가 소중하게 생각하는 것과 행동 사이의 격차는 더욱 벌어질 수 있다.

훈련의 효과를 극대화하려면

헌신을 관리하는 첫 번째 단계는 당신에게 중요한 것들을 자세하게 조사하는 것이다(표 5-1 '조사표'를 참조하면 도움이 될 것이다). 아마 대부분의 사람들은 자신이 가장 소중하게 여기는 것을 적어도 희미하게나마 알고 있을 것이다. 그러나 그런 주제를 이따금씩 명확하게 확인하고 이해하는 것은 아주 중요하다. 이 훈련을 통해 당신은 돈으로든 시간이나 에너지로든 당신이 입 밖에 내뱉은 말을 실제 행동으로 보여주는지 확인할 수 있다. 당신이 돈과 시간과 에너지를 어디에 투자하는지 체계적으로 조사하는 것은 종종 놀라운 격차를 드러낸다.

표 5-1 조사표

내게 중요한 것	돈	시간	에너지
기타			

위 조사표의 첫 번째 칸에 당신에게 가장 중요한 것들을 기록하라. 이 단계에 유익한 몇 가지 조언을 하자면, 먼저 '돈'이나 '가족'처럼 지나치게 모호한 명사는 피하고 대신에 좀 더 구체적인 문구를 사용하는 것이 좋다. 예를 들어 '돈'이라는 명사보다는 '내 가족에게 재정적인 안정을 제공하는 것'이나 '조기 은퇴할 수 있을 만큼 많은 돈을 버는 것' 혹은 '경영대학원 동기들보다 더 많은 돈을 버는 것' 같은 표현이 바람직하다. 가능한 가장 적절하고 구체적인 표현을 찾으려고 노력하라. 가령 '아이들'이라는 단어는 '고등 교육을 받고 도덕적 책임감이 있는 아이로 키우는 것'이나 '아이들과 많은 시간을 보내는 것' 같은 몇 가지 실천적인 행동적 가치로 나눌 수 있을지도 모른다. 이것들은 얼핏 생각하면 비슷한 가치처럼 보일지도 모른다. 하지만 각각 독특한 의미를 지닌 전혀 다른 가치이다. 당신이 자녀와 함께 얼마나 많은 시간을 보내는지와 당신이 그들과 어떤 활동을 하는지에 대해 각기 다른 의미를 부여해야 한다. 만일 전자의 경우라면 당신은 자녀와 함께 지역 봉사활동에 참여하는 것을 소중하게 생각할지도 모른다. 반면 후자의 경우라면 당신은 해변에서 자녀와 더 많은 시간을 보내고 싶을지도 모른다.

가치를 글로 표현하는 것을 겁내지 마라. 만일 마음에 안 들면 지워버리면 되고, 마음에 드는 가치를 찾을 때까지 계속 시도하면 된다. 가치에 '적당한' 개수란 있을 수 없지만, 대부분의 사람은 삶의 다양한 차원을 충분히 다루려면 최소한 5개의 가치가 필요하다고 생각한다. 예를 들면 직업적, 가정적, 사회적, 종교적, 개인적 가치가 있다. 만일 가치의 개수가 10개를 넘는다면, 아마 당신은 최우선의 가치 혹은 가장 중대한 가치에 집중하지 못할 것이다.

한편 배우자나 파트너에게도 이 단계의 훈련을 같이 해보자고 권유하면 유익할 수 있다. 이렇게 한다면 당신은 그들과 당신의 조사표를 비교하고, 나아가 당신과 그들이 가장 소중하게 생각하는 가치의 중요성과 차이를 탐구할 수 있다. 마지막으로, 당신의 가치에 대해 판단을 하거나 자신을 '검열'하기보다는 진심으로 소중하게 생각하는 가치를 기록하는 것이 중요하다. 이것은 당신이 (혹은 다른 사람들이) 당신의 가치가 어때야 한다고 '생각'하는지가 아니라 당신에게 '정말로' 중요한 것을 확인하는 훈련이기 때문이다.

두 번째 단계는, 조사표의 첫 번째 칸에 기록한 항목에 당신이 얼마나 헌신하는지를 자세히 살펴보는 것이다. 그러나 그런 증거를 찾는다고 있을지 없을지도 모르는 극적인 행동을 애써 떠올리려고 노력할 필요는 없을 것이다. 중대한 사건들은 비즈니스 세계에서뿐만 아니라 개인적인 삶에서도 비교적 드문 편이기 때문이다. 오히려 우리가 일상적으로 만들어 가는 더 작고 더 평범한 헌신에 정답이 있을 것이다. 다시 말해서 그런 작고 평범한 헌신들이 쌓여 결국에는 특정한 행동 방식으로 나타나는 것이다. 매일 돈과 시간, 에너지를 투자하는 활동이 당신의 가치와 일치하는지를 자세히 조사함으로써 그 훈련의 효과를 극대화시킬 수 있다. 이제부터 각 항목을 차례로 살펴보자.

돈

작년 한 해 동안 당신은 조사표에 기록한 가치 각각에 얼마만큼의 돈을 투자했는가? 이 질문에 대해서는 연말정산을 위해 모은 자료를 활용하는 것도 유익할 수 있다. 가령 '외식'은 '친구들과 함께 시간 보내기'라는 가치와 연결시킬 수 있다. 그러나 여기서 명심할 것이 있다. 당신은 주관적인 판단을 해야 할 것이라는 사실이다. 당신의 개인적인 예산 범주는 조사표에 기록된 가치들을 직접적으로 설명하지 못한다. 때로는 일치하는 것이 전혀 없을 수도 있고, 그런 지출은 '기타' 범주에 포함시켜야 할 것이다.

또 어떨 때는 개인적인 지출이 명확하지 않은 방식으로 가치를 설명해줄지도 모른다. 예를 들어 대출을 많이 받아서 부자 동네에 큰 집을 장만했다고 가정해보자. 이는 자녀를 위해 좋은 공립학교가 많은 학군으로 갈 수 있는 '입장권'을 사는 셈이기도 하다.

이렇듯 지출 하나가 여러 가치와 연결될 수도 있는데, 그럴 경우에는 그 지출을 몇몇 가치 범주로 나누는 것도 고려해봄직하다. 또한 상당액의 돈이 모기지나 은퇴 저축처럼 장기적인 고정 투자에 묶여 있을 수도 있다. 다시 한 번 강조하지만 어쨌든 당신은 돈 문제와 관련하여 주관적인 판단을 해야 한다. 오직 재량 지출 항목만, 예를 들어 헬스클럽이나 골프장 회원권 구매 금액 등을 평가하고 장기적인 투자에 대한 검토는 다음으로 미루기로 선택할 수도 있다. 혹은 한적한 시골에 있는 피서용 여름 별장과 관련하여 지출하는 금액처럼 고정 지출을 검토해야 할 1순위로 꼽을지도 모르겠다. 고정비를 줄인다면 그 비용을 벌기 위해 기울여야 하는 노력을 아낄 수 있고, 이는 결과적으로 다른 대안을 추구하는 데 사용할 수 있는 시간과 에너지를 만들어낸다.

이런 회계 사안을 아무리 잘 해결해도 다음 단계를 피해갈 수는 없다. 이번 단계에서 당신은 지출을 가계 총수입에 대한 백분율로 환산하고 그 백분율을 가치 우선순위와 비교해보아야 한다(샘플이 필요하다면 표 5-2 '가장 중요한 것: 조사표'를 참조하기 바람). 가장 중요한 가치가 가장 많은 돈을 차지하는가? 만일 그렇지 않다면, 이는 가치와 헌신 사이에 격차가 있다는 확실한 증거이다.

표 5-2 가장 중요한 것: 조사표

앤 몽고메리(Ann Montgomery)는 경영 컨설턴트로, 언제부턴가 자신이 소중하게 생각하는 것과 일상적인 활동이 삐걱거린다는 생각을 해왔다. 그녀는 이 조사표를 토대로 자신의 상황을 면밀히 조사했다.

첫 번째 칸에는 소중하게 생각하는 가치를 기록했고, 각 가치에 대해 돈과 시간, 에너지를 얼마나 소비하는지 계산했다. 두 번째 칸에 기록한 백분율은 앤의 가계 총수입에서 각각의 가치를 위해 사용되는 돈의 액수를 비율로 나타낸 것이다. 세 번째 칸에 기록된 시간은 주당 깨어 있는 전체 시간 중에서 표상된 가치를 지지하기 위해 사용된 시간을 의미한다. 그리고 네 번째 칸의 내용은 자신의 가치에 기울인 신체적·정신적 에너지의 품질을 표시한다. 최상의 관심을 쏟은 가치는 '+'로, 반대로 활력이 떨어지고 기운이 없을 때 관심을 받은 가치는 '-'로 표시했다.

내게 중요한 것	돈	시간	에너지
• 건강하고 균형 잡힌 아이를 키우는 것 • 가족과 아주 화목한 시간을 보내는 것	• 35%: 주택 담보 대출, 공과금, 주택 유지보수비 • 8%: 트롬본 레슨비, 축구캠프 참가비, 치열 교정비 • 12%: 기타 잡비 - 간식, 군것질 구입비	• 15시간: 일상 활동 - 학교(학원) 등하교 시키기, 아이들이 어질러놓은 것 청소하기, 아이들의 일상생활 관리하기 • 5시간: 아이들에게 잔소리하기 • 5시간: '양질 활동' - 의미 있는 부모 자식 간 대화 나누기, 숙제 돌봐주기	-/+ - +
• 재미있고 유익한 일 하기 • 인정받는 일 하기		• 60시간	+
• 은퇴와 아이들 대학 등록금을 위해 저축하기 • 실직에 대비하기	• 33%	• 15분: 펀드 투자금에 대해 걱정하기 • 15분: 주식 대박에 대한 백일몽 꾸기	- ++
• 재충전 활동: 독서, 글쓰기, 운동, 친구들 만나기, 남모르는 나만의 나쁜 습관	• 큰돈이 들지 않음 - 헬스클럽 입장료, 책값, 약간의 간식과 군것질, 가끔 외식비	• 5시간: 운동 • 5시간: 독서 • 0시간: 글쓰기	+ - -
• 긴밀한 관계 유지하기: 알렉스(남편), 엄마, 형제자매, 친구들		• 2~5시간	-/+
• 교회에 기여하기: 금전적인 측면뿐만 아니라 지역 봉사활동	• 2%	• 0시간: 지역 봉사활동	
• 기타	• 10%(내가 아는 한)	• 5~10시간: 텔레비전 시청(플레이오프 시즌에는 시간이 늘어남), 레드와인 마시기, 블로그 읽기, 인터넷 서핑	+

시간

대부분의 사람들이 돈이 부족한 경우보다 시간이 부족한 경우가 훨씬 많다고 생각한다. 시간은 늘 희소한 자원이며 분명 고갈을 막을 수 없는 한정된 자원이다. 반면 현금은, 가령 투자 수익률이 자본 비용을 초과한다면 시간이 흐름에 따라 증가할 수 있다. 지난 한 주 당신은 깨어 있는 시간(평균 112시간) 동안 무엇을 했는가? 이번에도 역시, 당신이 기록한 가치를 고려하고 지난 한 주에 소비한 시간을 그 가치와 연결시켜보라(만일 지난 한 주가 평소와 달리 예외적인 시간이었다면, 최근에 평소처럼 흘러갔던 한 주를 선택하라).

시간의 문제를 다룰 때도 돈의 문제를 다룰 때와 같은 접근법을 사용하라. 즉 공식적인 가치를 분명하게 지지하는 시간만 계산하라. 그리고 깨어 있는 전체 시간 중에서 명백하게 설명되지 않은 시간은 '기타' 항목에 포함시켜라. 물론 누구나 약간의 휴식시간이 필요한 법이므로 당신은 '정신적 배터리 충전하기' 같은 가치를 포함시키고 싶을 수도 있다.

그러나 한가한 주말 오후에 스포츠 중계방송을 보는 것이 도대체 왜 에너지 재충전이 아니라 소중한 시간을 낭비하는 항목에 들어가는지 스스로에게 물어볼 필요가 있다. (아무리 이성적인 부부라고 해도 이 질문에 관한 한 합의점을 찾지 못할 수도 있다.) 대부분의 시간을 당신에게 가장 가치 있는 활동을 하는 데 사용하는가? 사용처를 명백하게 설명할 수 없는 시간, 즉 당신에게 중요한 목표를 위해 사용되지 않은 시간이 많은가?

에너지

신체적·감정적·정신적 에너지는 또 다른 희소한 자원이며, 시간과 마찬가지로 나이를 먹을수록 줄어든다. 에너지가 충만하고 완벽하게 몰입할 때의 1시간은, 기진맥진해 지치고 정신이 산만할 때의 1시간보다 더 큰 헌신을 의미한다. 가령 일주일에 6일간 매일 12시간 꼬박 일한 다음에야 배우자나 연인과 함께 시간을 보내는가? 혹시 교회나 유대 회당에서 예배를 볼 때 월요일에 예정된 파워포인트 프레젠테이션에 온 정신이 쏠려 있었는가?

조사표에, 평균적으로 당신이 높은 관심을 갖는 가치는 '+'로 반대로 관심을 가장 덜 갖는 가치는 '−'로 표시하라.

격차를 확인하라

이제는 작성된 조사표를 토대로 당신이 소중하게 여기는 것과 돈, 시간, 에너지를 헌신하는 방법이 얼마나 일치하는지를 자세히 분석해보자. 이번 분석의 기본적인 목표는 커다란 격차를 확인하는 것이다. 당신의 희소한 자원을 거의 혹은 전혀 받지 못하는 표상된 가치가 있는가? 혹은 다른 가치에 비해 돈과 시간, 에너지를 지나치게 많이 소진하는 단일 가치가 있는가?

만일 당신의 가치와 일상적인 헌신이 일치한다면 더할 나위 없이 좋은 일이다. 많은 사람들은 가치와 헌신을 일치시키고 또한 지속적으로 유지하는 것이 어렵다고 생각한다. 대개 헌신과 신념 사이의 격차는 시간의 흐름에 따라 더욱 벌어지는 경향이 있다. 하지만 이런 격차의 생성과정을 이해한다면 격차가 더 벌어지는 것을 어느 정도 막을 수 있다.

때로는 시간, 돈, 에너지를 당신이 소중하게 생각하는 신념에 헌신하는 것을 주저하고 내켜 하지 않는 데서 그 격차가 비롯되기도 한다. 가령 직업적 혹은 개인적 실패는 당신의 자신감을 뒤흔들어 새로운 헌신을 하는 것이 두려울 수도 있다. 아니 어쩌면, 영원히 어른이 되지 않는 '피터 팬'처럼 당신 가슴 깊은 곳에는 가급적 오랫동안 가능성의 세계에 머물고 싶은 욕구가 자리하고 있는지도 모를 일이다.

물론 가끔은 선택의 가능성을 열어놓는 것이 가장 이치에 맞는 경우도 있다. 예를 들어 젊은이들은 대안적인 경력, 생활방식, 가치, 대인관계 등을 시험한다. 종종 부모 입장에서는 그런 자녀의 모습을 지켜보기가 고통스럽고 또한 자신의 젊은 시절을 돌아보면 당황스러운 것은 어쩔 수가 없다. 하지만 사실 그것은 현명한 자기 발견 과정이다.

신념과 헌신 사이에 격차가 생기는 훨씬 더 보편적인 이유는, 과거의 헌신에서 빠져나오지 못하고 그 안에 갇혀 있기 때문이다. 우리는 기업 전략에서 이와 유사한 현상을 발견했다. 관리자들은 경쟁적인 환경에서 심지어 가장 극적인 변화에 대응할 때조차 과거의 활동에 의존하고 되레 그런 활동을 가속화시킴으로써 반응하려는 성향을 보였다.

우리는 그런 현상을 '활동적 타성(active inertia)'이라고 부른다. 진흙구덩이에 바퀴가 빠진 자동차의 운전자와 마찬가지로, 경영자들은 환경의 변화를 포착하고 가속 페달을 밟는다. 하지만 이런 행동은 궁극적으로 조직을 더 깊은 수렁으로 몰아갈 뿐이다. 사람들을 활동적 타성에 가두는 것은 사실 과거에는 그들에게 성공을 안겨주었지만 이제는 굳어질 대로 굳어져버린 헌신이다. 전략적 틀은 사람들의 판단을 흐리게 만들고, 선택된 과정은 틀에 박힌 일상이 된다. 또한 관계는 족쇄가 되고, 자원은 버거운 부담이 되며, 한때는 그토록 자극적이던 가치가 딱딱한 '주의'로 경직된다.

많은 사람들이 예전에는 의욕적으로 달려들었지만 이제는 현실과 어울리지 않는 개인적인 헌신에 구속된다. 그런 헌신은 시간과 돈, 에너지를 고갈시킨다. 심지어 이제 더 이상, 현재 소중하게 여기는 가치나 신념과 일치하지 않음에도 우리의 자유를 제한한다.

중간 규모의 비영리기업의 CEO였던 캐서린(Katherine)의 사례를 통해 이 문제를 진단해보자. 어느 날 민영기업 한 곳으로부터 CEO 자리를 제의 받은 그녀는 몹시 흔들렸다. 사회 공공사업 분야에서 20년간 일했으니 그럴 만했다. 캐서린은 훌륭한 건강 관리 혜택과 연금 혜택, 업무용 차량 제공, 높은 급여뿐만 아니라 새로운 도전에도 상당히 마음이 끌렸다. 사실 이 모든 혜택은 캐서린 부부가 세 자녀를 대학 교육을 시키는 데 여러 모로 도움이 될 터였다.

과거에 캐서린은 영리 기업으로 자리를 옮기는 사람들을 배신자라고 비웃었다. 또한 정치 활동가이자 지역사회 조직자로 일하던 남편과 캐서린은 그동안 자신들이 물질적인 삶의 함정이라고 생각하는 모든 편의, 예를 들면 화려한 고급 자동차, 전문가를 고용한 주택 개보수, 비용이 많이 드는 휴가 등을 의식적으로 피해왔다.

그런 생활을 해왔으므로 캐서린의 남편은 그녀가 CEO 제의 문제를 꺼냈을 때 격노했고, 과연 친구들이 무슨 말을 할지 상기시켜주었다(사실 캐서린은 남편을 처음 만났을 때 그의 이상주의에 매력을 느꼈었다). 수년 동안 다른 아이들처럼 아이팟과 플레이스테이션을 사달라고 캐서린을 어지간히 조르다가 번번이 실패했던 아이들조차 이 문제에서는 그녀의 편이 아니었다. 오히려 그녀를 위선자라고 비난하고 나섰다. 사정이 이렇게 되자 비록 재정적인 안정과 새로운 도전을 갈망했지만, 캐서린은 자신이 지난 세월 동안 만들어왔던 헌신의 거미줄에 꼼짝없이 걸려들었다는 느낌을 지울 수 없었다.

어떤 사람들은 '잠행성 헌신(creeping commitment)'을 경험하기도 한다. 우리는 가끔 자신이 무엇을 하려는지 생각조차 하지 않은 채 일을 저지르기도 한다. 새로운 헌신을 해야 할 때, 그것에 내재된 약속을 수행할 때 따르는 장기적인 비용이나 기존 헌신과의 사이에 발생할지도 모르는 잠재적 갈등은 고려하지 않은 채 자동적으로 '예'라고 대답하기는 쉽다.

지나치게 과도한 헌신은 동시에 여러 가지 좋은 선택 사항에 직면한 사람들에게 파멸의 씨앗이 될 수도 있다. 뉴욕의 성공적인 기업가였던 한나(Hannah)가 대표적인 사례이다. 그녀는 주로 런던에서 생활하는 파트너와 가급적 더 많은 시간을 보내기로 약속했다. 그 즈음 그녀는 서부 해안 지역의 주요 경쟁자로부터 자신의 벤처기업을 후한 값에 매입하겠다는 제안을 받았다. 그러나 그 거래는 5년간 언아웃 방식(earn-out, 기업 인수합병에서 사용되는 일종의 이익 배분 방식으로 매수자와 매도자가 추후의 이익에 대해 배분하는 방식 – 옮긴이) 구조였고, 또한 한나가 샌프란시스코로 직접 가서 합병된 사업체를 운영한다는 조건이 붙었다. 이는 그녀가 하늘에 떠 있는 시간이 더 많아지고, 우연찮게도 거의 동시에 약속한 상충적이지만 중요한 두 헌신 사이에 꼼짝없이 낀 신세가 되었다는 것을 의미했다.

직업적인 것이든 개인적인 것이든 많은 헌신은 그 본질상 '도둑고양이처럼' 아무도 몰래 우리에게 살금살금 다가온다. 개인적인 헌신 가운데 결혼서약이나 종교서약처럼 명시적이고 공개적인 것은 비교적 적다.

앞서 살펴본 닉의 사례를 다시 떠올려보자. 건강관리 업체의 CEO로서 닉의 주요 헌신은 계약상의 사안이 아니었다. 사실 그는 고용계약서에 서명한 적도 없었다. 그의 의무감은 그 회사의 회장이자 주요 투자자인 제리(Jerry)에게 했던 암묵적인 약속에서 비롯되었다. 닉은 제리가 매입한 회사 두 곳에서 고위임원으로 일했고, 10년도 넘는 세월 동안 제리의 수족처럼 일하겠다는 암묵적인 헌신을 자신도 몰래 강화해왔던 것이다. 그런데 이제 그는 그런 헌신 때문에 오히려 함정에 빠진 것 같은 기분에 사로잡혔다. 또한 새로운 헌신을 고려하는 순간 마치 이제까지의 헌신이 공식적인 것이라도 되는 양, 그의 명성과 정체성, 스톡옵션은 큰 위험에 노출되었다.

잠행성 헌신은 가끔 구속력이 아주 강한 것처럼 보인다. 왜냐하면 그런 헌신에는 통상적으로 법적 서류에 기재되는 '출구' 조항과 명백한 경계가 부족하기 때문이다. 잠행성 헌신을 지키기 위해 당신이 하는 모든 행동은 예전의 약속이나 과거의 헌신을 강화하는 듯 보일 것이다. 이는 당신의 의도와는 전혀 상관없이 벌어지는 일이다.

다른 사람들의 기대 또한 우리가 시간과 돈, 에너지를 소중한 영역에 헌신하는 데 걸림돌이 된다. 많은 사람들이 자신의 성공을 외부의 기준을 토대로 측정한다. 그리고 어떤 사람들은 오래전에 독립했음에도 불구하고 부모가 만들어놓은 기대의 감옥에 포로로 갇혀 있기도 한다. 어린 시절, '성공'은 점수를 매기고 일자리를 제공하며 명성을 부여하고 승진을 시켜주는 사람을 기쁘게 하는 것을 의미한다. 이는 대학과 대학원을 졸업하고 완전한 성인이 된 다음에도 마찬가지다. 성공은 여전히 동료와 교수, 구인자들이 보여주는 호의적인 평가와 떼려야 뗄 수 없는 깊은 관련이 있기 때문이다. 비즈니스 세계에서는 공식적인 프로젝트 검토, 360도 피드백, 연례 인사고과 같은 관행이 다른 사람의 평가에 더욱 의존하도록 만든다.

만일 자신의 가치가 동료들의 가치와 어긋나지만 않는다면, 사실 이것도 무조건 나쁜 것만은 아니다. 아니, 긍정적인 측면도 있다. 래비(Ravi)의 예를 들어보자. 그는 대학을 졸업하자마자 모두가 선망하던 월가의 투자은행 한 곳에 입사했다. 그는 '가장 먼저 출근하고 가장 늦게 퇴근할 뿐 아니라 가장 열심히 일하는 직원'이라는 이미지를 의도적으로 쌓아나갔다. 심지어 동료들이 붙여준 '해병대'라는 별명을 은근히 즐겼다.

하지만 첫아이가 태어난 후 그가 헌신을 바치는 대상에 변화가 생겼다. 그는 가족과 보내는 시간을 늘리고 싶었고, 그것이 동료들을 당황하게 만들었다. 하지만 래비에게는 그 모든 것이 너무나 단순했다. 회사 일이 그의 우선순위에서 밀려난 게 아니라, 다만 회사일은 지금처럼 하면서도 가족과 더 많은 시간을 보내길 원했을 뿐이었다.

그러나 검증, 확인, 칭찬을 다른 사람들에게서 구함으로써 래비는 그들에게 자신의 우선순위를 정할 수 있는 칼자루를 쥐어주고 말았다. 래비가 깨달았듯이, 다른 사람 손에 자동차 열쇠를 넘겨주는 것은 만일 그가 당신이 더 이상 가고 싶지 않은 곳으로 당신을 데려갈 때 문제가 될 수도 있다.

게다가 어떤 가치는 다른 가치들보다 덜 긍정적인 측면을 강화하고, 그 결과 충분한 자원을 지원받지 못한다. 글로벌 경영 컨설팅 회사의 성공적인 임원이었던 이안(Ian)의 사례를 통해 이 문제를 짚어보자. 입사 후 12년 동안 이안은 매년 성과 검토에서 아주 놀라운 평가를 받으면서 컨설턴트에서 시작하여 매니저로, 파트너로 그다음에는 임원으로 신속하게 승진 사다리를 올라갔다. 물론 이안은 가족과 보내는 시간을 아주 소중하게 생각했다. 그런데 어느 날 이안은 자신의 시간과 에너지 대부분을 고객들에게 봉사하고 후배들을 교육시키며 회사를 발전시키는 데 헌신한다는 사실을 깨달았다.

이런 모순의 원인을 살펴본 결과, 이안은 자신이 직장에서 획득하는 긍정적인 강화에 중독된 사실을 발견했다. 그의 가정생활은 그런 강화를 절대 충족시켜줄 수 없었다. 그의 이야기를 직접 들어보자. "(사무실에서) 내 동료와 고객들은 나를 존중하고 내 근무평가는 칭찬 일색입니다. 그리고 집에서 나는 십 대 딸로부터 응석 어린 투정을 받고, 퇴근 후 귀가한 아내로부터 피곤에 지쳤을지언정 키스를 받을 만큼 운이 좋은 사람입니다."

'측정 가능한 것은 해결된다'는 원칙을 신봉했던 이안은 매주 가족과 함께 보내는 시간을 기록했고, 그것을 주 단위로 자신의 성과와 비교했다. 그 결과 이안은 깜짝 놀랍고도 기분 좋은 사실을 알게 되었다. 이런 단순한 훈련이 자신이 집에서 보내는 시간에 집중하도록 만들었음을 깨달은 것이다. 또한 주 단위로 비교하는 것은 그런 시간을 좀 더 많이 가질 필요가 있다는 것을 넌지시 알려주는 효과도 있었다.

과거에 헌신을 충족시켰던 경험은 상사, 동료, 친구, 가족에게 앞으로도 더욱더 헌신을 충족시킬 것이라는 기대를 낳게 만든다. 리(Lee)의 사례를 통해 이런 기대의 해악에 대해 알아보자. 리는 에너지산업 분야를 전문으로 취급하는 기업 조세 변호사로, 자신의 분야에서는 명성이 자자하다. 또한 그녀는 명망 있는 여러 위원회에서 의장을 겸임하고 있으며, 권위 있는 전문잡지에 기고하며, 그녀의 충고를 원하는 유명 고객들이 줄을 잇는다. 리는 언제나 직업적 도전을 사랑했고, 사실 어려운 문제를 찾아내고 해결하고자 하는 그녀의 욕구야말로 성공의 원동력이었다. 하지만 25년 동안 한 우물만 파자니 날이 갈수록 일이 지루해졌고 자신의 초기 경력의 특징이었던 지적 흥분을 갈망하게 되었다고 한다.

그렇다고 현재의 안락한 생활방식의 규모를 줄이기도 망설여졌다. 그리고 무엇보다 50세에 전혀 새로운 노력을 해야 할 것이라는 앞날에 대한 두려움이 앞섰다. "내가 변호사로 그토록 성공하지 않았더라면 하고 바랄 지경이었어요. 왜냐하면 그런 경우에는 만일 새로운 무언가를 하다가 완전히 실패한다고 해도 그리 많은 것을 잃었다는 기분은 들지 않을 테니까요."

마침내 제25회 법대 동창회에서 사건이 벌어졌다. 100여 명 남짓한 법대 동기들은 하나같이 서로가 서로를 벤치마킹하고 있었다. 그들이 들려주는 필연적인 성공 스토리들은 (리 역시 동기들에게 자신의 성공 이야기를 들려주었다) 마치 주문 같았다. 이제 그녀는 그 주문을 깨고 싶어졌다. 그녀는 무언가가 성취되지 못한 듯 허전하고 찜찜했는데, 그런 생각을 갖게 된 이유 중 일부는 자신이 보유하고 있는 회사 때문이었다. 그녀는 회사에서 변호사와 직원들과 하루 종일 일했다. 그리고 업무 외적인 시간도 대부분 회사에서 보내는 시간과 별로 다를 바 없었다. 즉 업무의 연장이랄 수 있는 직업적 서비스를 제공해야 했기에 퇴근 후나 주말이면 자신과 같은 처지의 변호사들과 주로 어울렸던 것이다.

그러다가 동창회에서 리는 자신의 현재 생활방식을 유지하는 것에 대한 걱정과 우려는 사실, 동기들에게 뒤처지고 싶지 않은 자신의 욕구와 깊은 관련이 있음을 확실하게 깨달았다. 그녀에게는 변화를 위한 특단의 조치가 필요했다. 그래서 그녀는 측근이 아닌 사람 중에서, 새로운 무언가를 추구하고 싶어 하는 그녀의 열망에 공감하고 중대한 경력 변화를 시도했던 사람들과 관계를 쌓아나갔다. 뿐만 아니라 직업적인 각종 회의에 참석하는 시간을 반으로 줄였다.

항로를 바꾸다

이 글에서 소개하는 사례에 등장하는, 자기 발견 과정을 시작하는 주인공 대부분은 한 가지 공통점을 가지고 있다. 자신의 가치를 발견하기는 의외로 쉽고, 가치와 자신의 실질적인 생활방식 사이의 격차를 분석하기는 다소 어렵고, 이런 격차가 생기는 이유를 분석하기는 더욱 어렵다고 생각한다는 점이다. 그러나 이 모든 일 중에서도 가장 어려운 것은 격차를 '메우는' 것과 관련된 행동을 하는 것이다. 조직생활에서 드러나듯이 변화는 말로 하기는 쉽지만 실제 행동으로 옮기는 것은 매우 어려운 과제이다. 개인생활에 미치는 타성의 힘은 대부분 조직생활에서도 마찬가지다. 타성의 힘은 개인생활과 조직생활 모두에 강력한 힘을 미친다.

중대한 변화에 대한 가장 일반적인 촉매제는 사랑하는 사람의 죽음, 본인이나 가족의 건강 악화, 사업 실패, 실직, 이혼 같은 개인적 혹은 직업적 위기이다. 이 세상에 위기를 바라는 사람이 있을까? 위기는 돈과 시간, 에너지를 고갈시킬 뿐 아니라 건강과 자신감, 명성까지도 앗아간다. 그러나 좋은 점도 있다. 위기를 통해 자신의 헌신을 아주 철저하게 재검토하는 사람들도 있으니 말이다.

아네트(Annette)는 어떤 네트워크에 몸담았던 개인 컨설턴트였다. 그녀는 업무에 점점 더 많은 시간을 쏟았지만, 정말로 자신의 상상력을 발동시키고 기술을 발전시키는 프로젝트에 쏟는 시간은 점점 줄어든다는 사실을 깨달았다. 켜켜이 쌓인 예전의 헌신에 발목을 잡혔고, 그중 일부는 자신도 모르는 사이에 살금살금 다가와 그녀를 꽁꽁 옭아맸다. 단 한 명의 고객도 실망시키고 싶지 않았기에 그녀는 늘 정해진 시간에 최고 품질의 서비스를 제공했다. 그러자 그녀가 늘 최고의 수준을 유지해주길 원하는 고객과 동료들의 기대는 갈수록 커졌다. 수년 간의 직업적 성공은 아네트에게 자신이 정말로 관심을 가지는 일에 헌신할 수 있는 자유를 거의 허락하지 않았다.

그 즈음 그녀의 어머니가 말기 암 진단을 받았고, 그 일을 계기로 아네트의 우선순위가 변했다. 그녀의 우선순위 맨 꼭대기에는 무슨 일이 있어도 어머니가 가급적 최상의 간호를 받도록 한다는 것이었다. 두 번째는 어머니에게 허락된 몇 달 동안 함께 지내며 가치 있고 재미있는 시간을 보낸다는 것이었다. 이것은 고객과 동료들에 대한 헌신은 우선순위에서 저 멀리 밀려났다는 것을 의미했다. 가끔은 그런 헌신을 어쩔 수 없이 포기해야 하는 경우가 있는 법이다. 아네트 어머니의 투병 생활은 반년 간 지속되었고, 다른 위기와 마찬가지로 상당한 시간과 에너지, 돈이 들어갔다. 그러나 동시에 어머니의 투병은 명백하고도 예기치 않은 이득을 가져왔다. 지금부터 그 이득에 대해 구체적으로 알아보자.

위기는 사람들이 자신에게 정말로 중요한 것을 발견하도록 만든다

결국 모든 위기는 인간이 전지전능하거나 불멸의 존재가 아니라는 사실을 상기시켜준다. 또한 자신에게 정말로 중요한 일을 무시해서는 안 된다는 점을 일깨워준다. 아네트 어머니의 병과 죽음은 아네트에게 확실한 메시지를 전해주었다. 자신의 삶을 최대한 활용해야 한다는 메시지였다. 그것은, 이름만 다를 뿐 똑같은 종류의 파워포인트 프레젠테이션을 이용해서 똑같은 종류의 고객들에게 똑같은 종류의 헌신을 보이는 것이 아니라 그녀 자신이 흥미를 느끼고 자신에게 도전의식을 불러일으키는 직업적인 프로젝트에 자신을 온전히 맡기는 것을 의미했다. 또한 그것은, 그녀와 마찬가지로 '저당 잡힌' 삶을 사는 배우자와 소원해진 아버지를 포함한 자신에게 가장 중요한 사람들과 더 많은 시간을 보내는 것을 의미했다.

위기는 사람들이 선택을 하도록 만든다

어떤 사람은 예전에 했던 약속에 발목을 잡힌 것처럼 느끼기 때문에 헌신을 하지 않는 반면, 그저 헌신 자체를 피하는 사람도 있다. 위기는 종종 헌신 회피 전략을 완전히 뒤엎기도 한다. 실직이나 예상지 못했던 승진 탈락은 직업적 삶에서 정말로 이루고 싶은 것을 탐구하는 촉매제가 될 수도 있다.

위기는 시대착오적인 헌신을 무효화시킬 수 있다

개인생활에 찾아온 위기는 법적 서류에 기재되는 불가항력적인 계약조항과 비슷하다. 예상하지 못했거나 통제 불가능한 사건으로 인해 예전의 모든 약속이 무효화되는 것이다. 바로 아네트의 경우가 그러했다. 어머니가 몸져눕기 전에 아네트가 시간과 에너지를 헌신했던 사람들은 이제 그녀의 우선순위가 바뀌었음을 이해했다. 그들에게 헌신하는 것보다는 투병 중인 어머니를 돌보는 데 그녀의 자원을 쏟는 것이 우선이었던 것이다. 요컨대 모든 것이 백지로 돌아갔다.

위기는 사람들이 일기장을 깨끗이 지우도록 만든다

반년 동안 집에서 어머니를 돌보면서 아네트는 자신의 고객 대부분을 동료에게 인계했고, 결국 그녀의 일정표는 거의 비게 되었다. 그러자 그녀는 새로운 헌신을 시작하면서 자신의 직업적 삶을 차근차근 다시 설계하고 되찾을 수 있었다.

위기는 성공의 주기를 끊는 데 도움을 준다

성공적인 많은 사람들이 되레 자신의 성공에 발목을 잡힌 것처럼 생각한다는 사실을 앞서 알아보았다. 직장에서의 실패는 분명 누구나 피하고 싶은 고통스러운 경험이지만, 동시에 당신을 해방시켜줄 수도 있다. 당신과 주변 사람 모두가 당신이 실패했다는 사실을, 또한 실패가 당신을 죽이지도 당신의 많은 강점을 파괴하지도 않았다는 사실을 알고 나면, 방향을 수정하고 새로운 도전을 시작하기가 한결 수월해진다. 아네트는 마침내 일터로 복귀하고 새로운 헌신을 시작했을 때, 예전의 행동방식을 고수하기보다는 창의적이고 도전적인 과제에 초점을 맞추었다.

위기에 직면하지 않았을 때 새로운 헌신을 시작하고 예전의 헌신을 재고하려면, 위기가 닥쳤을 때보다 훨씬 더 힘들고 또한 더 큰 용기가 필요하다. 타임아웃, 즉 안식 휴가나 경영자 교육 프로그램 혹은 이야기의 맥을 끊는 여타의 촉매제가 그토록 중요한 이유도 바로 이 때문이다. 그런 휴식은 큰 대가를 요구하지 않으면서도 위기가 생성시킬 수 있는 여러 혜택 중 일부를 성공적으로 제공한다. 특히 깊이 생각할 시간과 예전의 헌신을 깨뜨릴 수 있는 훌륭한 변명과 일정표를 깨끗하게 비울 수 있는 기회를 제공한다. 흔히들 자신이 어디로 가고 있는지 잘 알고 있을 때조차 방향을 수정하는 일은 쉽지 않다고 말한다. 이는 사람들이 헌신을 바꾸려고 할 때 다음과 같은 함정에 빠지는 경향이 있기 때문이다.

대약진 전략

어떤 사람들은 결국 실패할 수밖에 없는, 즉 실현할 수 없는 비현실적인 헌신에 발을 담근다. 이런 헌신은 매우 유혹적일 수도 있고, 처음 얼마 동안은 신선하고 짜릿하기도 하다. 그러나 그런 헌신은 매우 위험하다. 또한 좀 더 평범한 헌신을 시작하거나 유지하지 못하는 구차한 변명을 제공하기도 한다. 예를 들어 미국의 알코올중독방지회(AA, Alcoholics Anonymous), 일명 금주회는 회원들에게 다시는 알코올을 입에도 대지 않을 것이라는 약속을 섣불리 하지 말라고 말린다. 대신에 조바심을 내거나 서두르지 말라고 충고한다.

또 다른 사례로는 브라질 출신으로 미국에서 대학과 MBA 과정을 마친 마리아(Maria)를 들 수 있다. 그녀는 학업을 마친 후에도 계속 미국에 머물며, 중서부 지역에 본사를 둔 소비재 제조 대기업에서 마케팅 담당 임원으로 근무했다. 미국에서 15년간 생활한 후 그녀는 상파울로에 살고 있는 연로한 부모님과 더 많은 시간을 보내고 싶어 안달이 났다. 그리하여 그녀는 새 직장을 구하지도 않은 채 무작정 사표를 던진 다음 브라질로 날아갔다. 비록 부모님과 많은 시간을 보내는 것이 즐겁기는 했지만, 미국에서 근무했던 회사의 규모에 상응하는 새 일자리를 찾지 못해 크게 실망하고 좌절했다. 게다가 솔직히 그녀는 생각했던 것보다 미국과 친구들이 훨씬 더 많이 그리웠다. 18개월 동안 회사 두 곳을 전전하던 그녀는 마침내 미국으로 돌아가기로 마음먹었다. 그리고 애초에 직업적으로나 개인적으로 분위기도 익히고 반응도 알아볼 겸 다국적 기업을 선택해서 브라질에서 1년 정도 근무해보는 편이 나았을 것이라는 생각을 지울 수 없었다.

'단독 행동'의 착각

기존의 헌신을 뒤집고 새로운 헌신을 시작하는 것은 결코 단독 스포츠가 아니다. 결국 이런 헌신은 다른 사람들에 의해 좌우된다. 예를 들어 가족, 교회, 회사, 공동체 같은 사회 조직은 구성원 개인의 헌신에 내재된 약속을 통해 유지된다. 이런 헌신을 뒤엎는 것은 조직을 혼란에 빠뜨리고 개개인의 신용을 무너뜨릴 위험이 있다. 주변 환경이나 본인의 가치가 변화함에 따라, 독단으로 행동하는 것보다는 헌신의 변화로 말미암아 영향을 받을 사람들과 기존의 헌신을 재협상할 필요가 있다.

예를 들어 런던에 거주하는 정력적인 임원인 수전(Susan)은 미취학 자녀들과 더 많은 시간을 보내기 위해 직업적 의무를 줄이고 싶어 한다. 그렇게 하기 위해 수전은 업무량을 줄이고 업무를 재편성하는 방법에 대해 상사와 동료들과 의논할 필요가 있을 것이다. 하지만 수전의 입장에서 더욱 두려운 일은, 이런 헌신의 변화가 부부의 전반적인 생활방식은 물론, 가족과 재정적 책임에 어떤 파장을 불러올지에 대해 남편과 의논해야 한다는 생각이었다. 가장 중요한 것은, 과연 최종 결정권이 누구에게 있을지 그녀 자신도 헷갈린다는 점이다.

과다 헌신의 함정

새로운 헌신을 시작하면서 기존의 헌신을 체계적으로 철회하지 않을 때 과다 헌신의 함정에 빠진다. 그 결과 새로운 것이든 기존의 것이든 아주 많은 헌신은 시간과 여타의 자원을 소진시켜 그런 헌신 중 어느 하나도 충족시키지 못하거나, 그저 지금까지 해오던 일로 퇴보하는 결과를 낳을지도 모른다. 기존의 항목을 하나도 지우지 않은 채 할 일 목록에 새로운 항목만 추가하는 임원 회의에 참석할 때, 많은 사람들이 이러한 함정을 경험한다. 여러 가지를 고려해보면 추가된 새 안건은 실현 불가능할 수도 있다.

마거릿(Margaret)의 경험을 통해 이 문제를 짚어보자. 유럽에 기반을 둔 어떤 대기업에서 고위경영자로 일하던 그녀는 기존의 과다한 헌신 때문에 반드시 해야 한다고 생각하는 새로운 헌신을 할 수 없다는 사실을 깨달았다. 이유는 그녀는 직장에서 50개가 넘는 각기 다른 성과 지표마다 각기 다른 목표를 갖고 있었다. 그런 목표를 달성하기 위해 고군분투하는 것은 그녀로 하여금 새로운 목표를 세우고 실천하는 데 방해가 되었다. 일반적으로 과다 헌신을 피하는 좋은 방법은, 새로운 헌신을 할 때마다 기존 헌신을 포기하거나 재협상하는 것이다. 가령 마거릿은 매달 한 시간씩 일정표를 정리하는 시간을 별도로 정했고, 더 높은 우선순위의 일이 생기면 회의를 취소하는 것도 마다하지 않았다.

  조직의 전략 변화를 주도하는 방법을 가르치는 우리 강의의 마지막 과제는 늘 똑같다. 학생들에게 그 프로그램을 마친 다음 어떤 헌신을 할 것인지 발표하도록 하는 것이다. 그리고 그 결과는 언제나 우리를 놀라게 한다. 각자의 접근법이 너무나 다양한 탓이다. 한 학기 동안 같은 교실에 앉아 공부했는데도 어쩌면 그렇게 다양한지 지금 생각해도 신기하다.

  사실 우리도 헌신을 처음 시작하거나 재구성하기 위한 명확한 법칙을 제시하고 싶지만, 헌신의 이런 다양한 속성 때문에 그렇게 할 수 없는 것이다. 본질적으로 아주 이질적일 뿐 아니라 개인적인 상황에 크게 좌우되는 그 과정에 적합한 공식은 없다. 그러나 당신은 당신이 소중하게 생각하는 신념과 행동 사이의 격차를 관리할 수 있다. 방법은 단순하다. 당신의 가치와 당신이 소중한 자원을 할당하는 방식을, 주기적으로 그리고 체계적으로 재검토하는 것이다. 그런 훈련은 당신의 미래 헌신을 통제하는 데 도움이 될 수 있다. 그래야 과거의 헌신이 당신의 발목을 잡지 못할 것이다.

6

당신의 상사를
관리하라

존 가바로
John J. Gabarro

존 코터
John P. Kotter

요약 | 당신의 상사를 관리하라

1980년 처음 발행된 이 글은 『하버드 비즈니스 리뷰』의 고전 중에 고전으로 손꼽힌다. 이 글의 공동 필자인 존 가바로와 존 코터는 상사와의 관계를 관리하는 데 시간과 에너지를 투자하라고 충고한다. 그러나 오해하지 마라. 그들의 충고가 아첨으로 상사의 비위를 맞추라는 말은 절대 아니다. 오히려 상사와의 관계가 상호의존적인 여러 관계 중 하나임을 이해하라는 뜻이다.

상사들은 직속 부하직원들의 협력, 신뢰성, 정직을 필요로 한다. 한편 관리자들은 회사의 나머지 부분과 연결을 생성시키고 우선순위를 정하며 중대한 자원을 획득하기 위해 상사에게 의존한다. 따라서 당연히 관리자 입장에서는 그 관계가 가급적 순조롭게 기능하도록 노력해야 한다.

상사와의 관계를 성공적으로 관리하기 위해서는, 상사는 물론이고 자기 자신에 대해 특히 두 사람 모두의 강점과 약점, 업무 스타일과 욕구에 대해 잘 알고 있어야 한다. 일단 상사와의 의사소통을 방해하거나 촉진하는 것이 무엇인지 안다면, 당신은 그 관계를 향상시키기 위해 행동을 취할 수 있다. 다시 말해서 당신과 상사 모두에게 잘 맞고, 서로에 대한 기대가 명확하게 드러나며, 두 사람 모두를 좀 더 생산적이고 효과적으로 만들어주는 협력 방식을 구축할 수 있다.

물론 관리자 중에는 자신에게 부과된 여러 가지 업무 외에도 상사와의 관계까지 책임을 져야 한다는 점에 대해 곱지 않은 시선을 보내는 이들도 분명 있을 것이다. 그러나 이들이 모르는 것이 있다. 그 관계를 관리한다면 자신의 업무를 단순화하고 심각한 잠재적 문제를 제거할 수 있으며 생산성을 향상시킬 수 있다는 사실을 인지해야 한다. 이 글이 전하는 간단하지만 강력한 조언은 사람들의 업무 방식을 변화시켰고, 수많은 관리자와 상사의 관계를 강화했으며, 협력 성과를 향상시켰다. 또한 그동안 가바로와 코터의 이론은 전 세계 경영대학원과 기업 훈련 프로그램의 필수과정이 되었다.

상사도 관리 대상이다

많은 사람들이 '상사를 관리한다'는 말을 이상하게 생각하거나 의아하게 여긴다. 대부분의 조직에서 전통적인 상하 관계를 강조하기 때문에, 상사와의 관계를 관리해야 할 필요성과 이유를 납득하기가 쉽지 않다. 물론 개인적인 필요성이 있거나 정치적인 이유가 있는 경우는 예외지만. 그러나 우리는 정치적 공작이나 아첨을 말하는 것이 아니다. 당신과 상사, 그리고 회사 모두를 위한 최상의 결과를 얻기 위해 상사와 의식적으로 협력하는 과정을 설명하는 데 그 말을 사용할 뿐이다.

최근의 여러 연구 결과에 의하면, 유능한 관리자들은 부하직원들과의 관계뿐만 아니라 상사와의 관계를 관리하기 위해 시간과 노력을 들인다고 한다. 또한 그런 결과는, 다른 면에서는 유능하고 적극적인 관리자들이 종종 관리의 본질적인 측면을 무시한다는 점을 시사한다. 사실 부하직원, 제품, 시장, 기술 등은 적극적이고 효과적으로 관리하면서도 상사에 대해서는 거의 수동적인 태도를 견지하는 관리자들이 많다. 그러나 그런 태도는 거의 언제나 그들 자신은 물론 회사에 부정적인 영향을 미친다.

아직도, 상사와의 관계를 관리하는 것이 얼마나 중요한지 또한 그것을 효과적으로 하기가 얼마나 어려운지 잘 모르겠다면 잠시 다음 이야기를 살펴보자. 이 이야기는 안타까운 내용이지만 상사와의 관계를 이해하는 데 아주 유익할 것이다.

프랭크 기븐스(Frank Gibbons)는 그의 업종에서 누구나 인정하는 제조 분야의 귀재였으며, 모든 수익성 면에서 탁월한 경영자였다. 1973년 그는 자신의 강점을 발판으로, 규모는 업계 2위지만 수익성은 업계 1위를 달리는 회사의 제조 담당 부사장으로 승진했다. 그러나 안타깝게도 기븐스는 사람들을 관리하는 재주는 없었다. 그 자신뿐만 아니라 그의 회사와 업계에서도 그 사실을 누구나 잘 알고 있었다. 이런 약점을 이해한 그 회사 사장은 기븐스의 직속 부하직원을 뽑을 때 특히 신경을 썼다. 반드시 대인관계와 업무관계에 능하고 기븐스의 약점을 보완할 수 있는 사람들로 채운 것이다. 그런 의도적인 인력 배치는 아주 성공적이었다.

2년 뒤 필립 보네비(Philip Bonnevie)가 기븐스의 직속 부하직원으로 왔다. 보네비는 근무 성적도 아주 뛰어났을뿐더러 좋은 대인관계로 명성이 자자했기 때문이다. 그러나 사장은 그동안 보네비가 승진하는 과정에서 언제와 늘 유능한 상사와 일해왔다는 점을 간과했다. 요컨대 그는 그동안 까다로운 상사와의 관계를 관리할 필요도 기회도 전혀 없었다. 훗날 보네비도 당시를 돌아보면서, 상사와의 관계를 관리하는 것이 업무의 일부라고 생각해본 적이 단 한 번도 없었음을 인정했다.

보네비는 기븐스와 함께 일한 지 14개월 후 해고되었고, 보네비가 해고된 바로 그 분기에 회사는 7년 만에 처음으로 순손실을 기록했다. 이번 사태를 가까이에서 지켜본 많은 사람들조차 무슨 일이 있었는지 도무지 모르겠다고 말했다.

회사가 주요한 신제품 출시를 앞두고 있을 때는, 어느 기업이나 마찬가지지만 판매, 기술, 제조 분야의 모든 관련자가 의사결정을 매우 신중하게 조율해야 한다. 그런데 이토록 중요한 시기에 기븐스와 보네비 사이에 온갖 오해와 악감정이 생겨나고 말았다.

일례로 보네비는, 신제품을 생산하기 위해 새로운 유형의 기계 설비를 사용하겠다는 자신의 결정을 기븐스가 알고 있었고 심지어 승인까지 했다고 주장한다. 그러나 기븐스는 절대 그런 일이 없다고 하늘에 맹세한다. 게다가 기븐스는, 신제품 출시는 회사의 단기적인 미래에 너무 중요한 사안이므로 큰 실수는 절대 용납될 수 없다는 점을 보네비에게 확실하게 주지시켰다고 주장한다.

그런 오해의 결과로 계획 수립 단계부터 삐걱거렸다. 새로운 제조공장이 건설되었지만, 기술부서가 디자인한 제품을, 판매부서가 원하는 양만큼, 경영위원회에서 합의한 원가로 생산할 수가 없었다. 그러자 실패의 원인을 두고 기븐스는 보네비에게, 보네비는 기븐스에게 책임의 화살을 돌렸다.

물론 이 사례의 경우 부하직원을 관리하지 못한 기븐스의 무능력에서 문제가 비롯했다고 주장할 수도 있다. 그러나 그 문제가 직속상관을 관리하지 못한 보네비의 무능력과 관련 있다는 주장도 꽤 설득력이 있다. 기븐스는 다른 부하직원들과는 아무런 문제가 없었기 때문이다. 게다가 보네비가 치른 개인적인 대가(그는 해고되었고 또한 업계 내에서 명성이 심각하게 손상되었다)를 감안할 때, 문제의 원인이 기븐스가 부하직원들을 관리하는 능력이 부족해서라고 말하기에는 설득력이 떨어진다.

만일 보네비가 기브스를 이해하고 그와의 관계를 좀 더 능숙하게 관리했더라면 전혀 다른 상황이 전개될 수도 있었을 것이다. 상사를 관리하는 능력의 부재는 이례적으로 큰 대가를 불러왔다. 회사는 200만~500만 달러의 손실을 기록했고, 보네비 개인의 경력은 최소한 일시적일지라도 상처를 입었다. 대부분의 기업에서 이와 비슷한 사례가 발생한다. 물론 이처럼 큰 손실을 초래하는 경우는 드물지만 작은 사례들이 누적되면 그 효과는 매우 파괴적일 수도 있다.

상사와 부하직원 관계의 본질

앞서 살펴본 기브스와 보네비의 실패담이 그저 개인 간의 성격 갈등 사례에 지나지 않는다고 치부하는 사람들도 있다. 어떤 상사와 부하직원은 심리적으로 혹은 기질적으로 너무 맞지 않아 도저히 함께 일할 수 없는 경우도 있으므로 이것은 적절한 설명이 될 수도 있다. 그러나 우리가 살펴본 바에 의하면, 개인 간의 갈등은 문제의 일부분인 경우가 더 흔하다. 그것도 때로는 아주 작은 일부분에 불과하다.

보네비와 기브스는 서로 성격이 달랐을 뿐만 아니라, 보네비는 상사와 부하직원 관계의 본질에 대해 비현실적인 가정을 하고 비현실적인 기대를 품었다. 구체적으로 말하면, 보네비는 기브스와의 관계가 '실수를 할 수 있는' 두 인간 사이의 '상호 의존성'을 포함한다는 점을 이해하지 못했다. 이 사실을 알지 못하면 대개 상사와의 관계를 관리하는 것을 피하거나, 관리한다고 해도 비효과적으로 접근한다.

어떤 사람들은 상사가 그들에게 별로 의존하지 않는다고 생각한다. 그들은 상사가 자신의 일을 효과적으로 하기 위해 그들의 도움과 협력을 얼마나 많이 필요로 하는지 알지 못한다. 그래서 그들은 상사가 그들의 행동 때문에 깊은 상처를 받을 수 있다는 사실을 간과한다. 또한 부하직원의 협력과 신뢰성, 정직을 원한다는 사실을 인식하지 못한다.

또 어떤 사람은 자신이 상사에게 별로 의존하지 않는다고 생각하므로 일을 잘 수행하려면 상사에게 많은 도움과 정보를 받아야 한다는 사실을 애써 무시한다. 이런 사고방식은 관리자의 업무와 결정이 조직의 다른 여러 부분에 영향을 미칠 때 특히 파괴적이다. 앞서 살펴본 보네비의 사례가 이를 여실히 증명한다. 직속상사는 관리자를 조직의 나머지 부분과 연결시키고, 관리자의 우선순위가 조직의 요구와 반드시 일치하도록 만들 수 있다. 또한 관리자가 업무를 잘 수행하기 위해 필요한 자원을 확보하는 데 절대적인 역할을 할 수 있다. 그러나 상사가 제공할 수 있는 중요한 정보와 자원이 필요하지 않다고 생각하는 사람들도 있다.

보네비처럼 많은 사람들은, 상사가 마법사라도 되는 양 자신들에게 필요한 정보와 도움이 무엇인지 본능적으로 알고 또한 그것을 제공해줄 것이라고 생각한다. 물론 이런 식으로 부하직원들을 아주 알뜰살뜰하게 보살펴주는 상사도 분명 있을 것이다. 하지만 모든 상사에게 그런 것을 기대하기는 너무 힘들다. 상사가 적당한 수준의 도움을 제공해줄 것이라고 예상하는 게 훨씬 합리적이다. 상사도 결국 인간이지 않은가.

유능한 사람들은 이 사실을 받아들이고, 자신의 경력과 발전에 대한 1차적인 책임을 스스로 진다. 그들은 상사만 바라보며 무작정 기다리지 않는다. 업무 수행에 반드시 필요한 정보와 도움을 스스로 구한다.

따라서 실수를 저지르기 쉬운 인간들 사이의 상호의존적인 상황을 관리하려면 다음과 같은 전략이 필요하다. 이것들은 그냥 우리의 책상머리에서 나온 것이 아니라 현장에서 효과적인 관리자들을 직접 관찰한 결과이다.

- 다른 사람과 자신의 장단점, 업무 스타일, 욕구를 특히 잘 이해해야 한다.
- 건강한 업무 관계를 개발하고 관리하기 위해 이런 정보를 사용해야 한다. 건강한 업무 관계란 양측 모두의 업무 스타일, 장단점과 조화를 이루고 상대방의 가장 중요한 욕구를 충족시키며 서로에 대한 기대로 이루어진 관계를 말한다.

상사를 이해하라

상사를 관리하려면 자신이 처해 있는 상황은 물론이고 상사와 그의 주변 환경을 이해해야 한다. 모든 관리자가 어느 정도까지는 이렇게 하지만, 그 일을 아주 철저하게 해내는 관리자는 별로 많지 않다.

최소한 상사의 목표와 압박감, 강점과 약점을 이해할 필요가 있다. 상사의 조직적·개인적 목표는 무엇이고 그가 느끼는 압박감은 무엇인가? 특히 상사가 자신의 상사나 동일 직급의 사람에게 느끼는 압박감은 무엇인가? 상사의 강점과 약점은 무엇인가? 그가 좋아하는 업무 스타일은? 상사는 어떤 방식으로 정보를 획득하는 것을 좋아하는가? 예를 들어 메모로 전해지는 정보를 좋아하는가, 공식적인 회의에서 나오는 정보를 좋아하는가, 아니면 누군가 전화로 알려주는 정보를 좋아하는가? 상사는 갈등을 환영하고 그 갈등을 딛고 성장하는가, 아니면 갈등을 최소화하려 하는가? 이런 정보가 없다면 관리자는 상사를 다룰 때 눈을 가리고 비행하는 셈이므로 불필요한 갈등과 오해, 문제를 피할 수 없다.

우리가 연구했던 사례 하나를 통해 이 문제를 짚어보겠다. 뛰어난 능력을 자랑하던 최고의 마케팅 관리자가 어떤 회사의 부사장으로 영입되었다. 그의 임무는 '마케팅과 판매 문제를 해결'하는 것이었다. 재정적인 어려움을 겪고 있던 그 회사는 얼마 전 대기업에 인수되었던 터라 사장은 회사를 회생시키고자 하는 열망이 강했다. 그래서 부사장에게 무제한의 전권을 부여했다. 적어도 처음에는 말이다.

자신의 예전 경험을 토대로 신임 부사장은, 회사를 회생시키려면 무엇보다도 시장점유율을 향상시킬 필요가 있으며, 이를 위해 강력한 생산 관리가 필요하다고 생각했다. 그런 판단하에 그는 주력 비즈니스를 강화하기 위한 가격 책정과 관련하여 전권을 가지고 수많은 결정을 잇달아 내렸다.

그러나 이익 마진이 감소하고 재정적 상황이 개선되지 않자 사장은 신임 부사장을 강하게 압박하기 시작했다. 그러나 시장점유율만 회복하면 결국에는 모든 상황이 제자리를 찾아갈 것이라고 믿었던 신임 부사장은 사장의 압박을 거부했다.

부사장이 취임한 후 두 번째 분기가 지나도록 이익이 전혀 개선될 기미가 보이지 않자 사장은 특단의 조치를 취했다. 모든 가격 결정에 대한 통제권을 다시 장악했고 규모와 상관없이 모든 제품에 대한 일정 수준의 이익 마진을 설정한 것이다. 그러자 부사장은 사장이 자신을 내몬다고 생각하기 시작했고 당연히 그들의 관계는 악화되었다. 사실 부사장은 사장의 행동이 결코 정상적이지 않다고 생각했다. 불행하게도 사장의 새로운 가격 정책 역시 이익 마진을 증가시키지 못했고, 네 번째 분기가 되자 사장과 부사장 모두 해고되었다.

이 사례에서 부사장이 너무 늦게 깨달은 것은 마케팅과 판매를 개선하는 것은 사장의 여러 목표 가운데 '하나'일 뿐이라는 점이었다. 사장의 가장 긴급한 목표는 회사의 수익성을 증가시키는 것이었다. 그것도 신속하게 말이다.

부사장은 사장이 사업적인 이유는 물론이고 개인적인 이유로 인해 이런 단기적인 우선순위에 매달렸다는 사실을 몰랐다. 사장은 모기업과의 합병을 강력하게 옹호했던 터라 그의 개인 신용이 사면초가에 몰려 있었고, 신속하게 이익을 내지 않는다면 당장 내일도 장담할 수 없는 처지였다.

결과적으로 부사장은 세 가지 근본적인 실수를 저질렀다. 첫째, 자신에게 주어진 정보를 액면 그대로 받아들였다. 둘째, 전혀 정보가 없는 분야에서 자신의 임의대로 가정하는 실수를 저질렀다. 셋째, 상사의 목표를 명확하게 이해하기 위해 적극적으로 노력하지 않았다. 세 번째 실수가 가장 큰 악영향을 미쳤다. 그 결과 그는 사장의 우선순위와 목표에 크게 어긋나는 행동을 취하고 말았다.

직속상사와 효과적으로 협력하는 관리자들은 이런 식으로 행동하지 않는다. 그들은 상사의 목표와 문제, 압박에 관한 정보를 얻기 위해 노력한다. 또한 자신의 가정을 시험하기 위해 상사와 그의 주변 사람들에게 질문할 기회를 호시탐탐 노린다. 그들은 상사의 행동에 담긴 단서에 관심을 기울인다. 모든 관리자가, 특히 새로운 상사와 처음으로 일을 시작할 때는 반드시 그렇게 행동해야 한다. 뛰어난 관리자는 상사의 우선순위와 관심이 변한다는 사실을 잘 알기 때문에 늘 이렇게 행동한다.

상사의 업무 스타일을 명확하게 이해하는 것 역시 중요하다. 특히 새로운 상사를 맞이했을 때는 더욱 그러하다. 한 기업의 사례를 들어보겠다. 비공식적이고 직관적이었던 예전 사장이 물러난 다음 조직적이고 공식적인 접근법을 선호하는 신임 사장이 취임했다. 새 사장은 부하직원이 업무에 대한 서면 보고서를 준비해줄 때 일을 잘하였고, 미리 안건이 명확하게 공표된 공식적인 회의를 좋아했다.

사장의 직속부하직원 가운데 한 사람은 사장의 이러한 업무 스타일을 명민하게 이해했다. 그래서 그는 사장이 원하는 정보는 물론이고 사장이 어떤 보고서를 얼마나 자주 원하는지 확인하기 위해 사장과 함께 노력했다. 그는 또한 토론을 하기에 앞서 반드시 배경 정보와 간단한 안건을 사장에게 제시했다. 이런 식의 준비 작업이 그들의 회의를 아주 유익하게 만들어준다는 사실을 잘 알고 있었던 것이다. 뿐만 아니라 그는, 새 사장이 적절한 사전 준비만 충족된다면 비형식적이고 직관적이었던 예전 사장보다 브레인스토밍을 통해 문제를 해결하는 능력이 훨씬 뛰어나다는 사실도 발견했다.

반면 부서의 또 다른 관리자는 새 사장의 업무 스타일이 예전 사장과 어떻게 얼마나 다른지 완벽하게 이해하지 못했다. 또한 그런 업무 스타일을 지나치게 통제적이라고 생각했기 때문에 여간해서는 회의에 앞서 사장에게 배경 정보를 보내지 않았다. 그러자 사장은 그 관리자와 회의를 할라치면 늘 완벽한 무장을 하지 않은 채 전장에 나가는 장수 같은 심정이었다. 회의 준비에 대한 확신이 없었다는 이야기다. 또한 회의 중에도 사장은, 회의 전에 미리 알았어야 한다고 생각하는 정보를 얻는 데 많은 시간을 낭비했다. 사장은 이런 회의가 실망스럽고 비효과적이라고 생각했고, 그 관리자는 가끔 사장이 던지는 예기치 못한 질문에 급소를 맞는 기분이었다. 결국 그 관리자는 사표를 냈다.

위의 두 관리자의 차이는 비단 능력이나 적응성의 문제가 아니었다. 오히려 반응성의 차이가 그들의 운명을 갈랐다. 한 관리자는 다른 관리자보다 상사의 업무 스타일과 상사의 욕구에 함축된 의미에 좀 더 민감하게 반응했던 것이다.

자신을 이해하라

상사는 관계의 한쪽 당사자일 뿐이다. 다른 반쪽은 당신 자신이고, 그 부분은 당신이 좀 더 직접적인 통제권을 발휘할 수 있는 영역이다. 따라서 효과적인 업무 관계를 구축하려면 자신의 강점과 약점, 욕구와 업무 스타일을 알아야 한다. 자신이나 상사의 근본적인 성격 구조를 바꾸지는 못하지만, 자신의 어떤 점이 혹은 무엇이 상사와의 업무 관계를 방해하거나 촉진하는지 이해할 수 있을 것이다. 그리고 그런 이해를 바탕으로 그 관계를 더욱 효과적으로 만드는 행동을 취할 수 있다.

한 사례를 통해 여기에 대해 탐구해보자. 한 관리자와 상사는 의견이 맞지 않지 않으면 늘 갈등으로 치달았다. 그럴 때마다 상사가 보이는 전형적인 모습은 자신의 입장을 더욱 강화하고 강조하는 것이었다. 반면 관리자는 '배팅 액수'를 올리고 자신의 주장을 더욱 강화하는 것으로 반응했다. 이를 위해 그는 상사의 주장에 담긴 논리적인 오류를 찾아내 예리하게 공격하는 데 자신의 분노를 집중했다. 부하직원이 이런 행동을 보이면 상사 역시 자신의 입장을 더욱 강경하게 고수했다. 이런 감정적 대립이 치열해지자 부하직원은 상사와 갈등을 빚을 가능성이 있는 주제에 대한 토론을 점차 피하게 되었다.

고민 끝에 이 문제를 동료들과 의논해보았더니, 상사에 대한 자신의 반응이 사실은 정도의 차이는 있지만 자신과 다른 반대의견을 가진 사람에 대한 자신의 일반적이고 전형적인 반응임을 깨달았다. 그런 그의 태도는 동료들을 압도하기에는 충분했지만, 상사와의 사이에서는 이야기가 달랐다. 사실 그는 상사와 마주앉아 이 문제를 솔직하게 토론해보려고 했지만 소용이 없었다. 결국 그는 그 상황을 변화시키는 유일한 방법은 자신의 본능적인 반응을 다루는 것이라고 결론 내렸다.

상사와의 사이가 교착상태에 빠질 때마다 그는 자신의 조급증을 애써 억누른 채, 각자의 사무실로 돌아가서 그 문제에 대해 생각한 다음 다시 만나서 이야기를 계속하자고 제안하곤 했다. 대체로 토론을 재개할 때면 그들은 서로의 차이를 확실하게 이해했고 그 문제들을 더욱 잘 해결할 수 있었다.

물론 이처럼 부하직원이 자기인식 방법을 깨닫고 그런 인식을 토대로 행동하는 것은 분명 어려운 일이다. 그러나 위의 사례가 증명하듯 불가능한 것은 아니다. 과거 경험들을 되돌아본 다음 자신이 까다롭고 감정적인 대인관계 문제를 다루는 데 별로 능숙하지 못하다는 사실을 깨달은 한 젊은 관리자가 있었다. 그는 또한 자신이 그런 문제 자체를 싫어하고, 그런 문제에 대한 자신의 본능적인 반응이 거의 언제나 부정적이었다는 사실을 깨달았다. 단순히 이런 사실을 깨달은 데 그치지 않고 그는 그런 문제가 생길 때마다 상사를 찾아가서 의논하는 습관을 길렀다. 상사와의 대화는 늘, 그가 미처 고려하지 못했던 아이디어와 접근법을 수면 위로 끄집어냈다. 또한 그런 대화를 통해 상사는 그 관리자를 도와줄 수 있는 구체적인 행동을 이해하게 되었다.

비록 상사와 부하직원의 관계가 상호 의존적이기는 하지만, 일반적으로 부하직원이 상사에게 더욱 의존하는 관계이다. 이런 의존성은 결과적으로, 자신의 행동이나 선택이 상사의 결정으로 억압될 때 부하직원에 약간의 좌절감을 또 어떨 때는 분노를 안겨주기도 한다. 하지만 이런 상황은 삶의 정상적인 일부분이고, 또한 가장 좋은 관계에서도 나타난다.

부하직원이 이런 좌절감을 다루는 방식은 상사에 대한 자신의 의존적인 성향에 크게 좌우된다. 본능적으로 상사의 권위에 반감을 품고 상사의 결정에 반항하는 이들이 있는가 하면, 때로는 갈등을 적절한 수준 이상으로 비화시키는 이들도 있다. 상사를 거의 조직 생활의 적으로 생각하는 이런 유형의 관리자는 종종 자신도 모르게 상사와 오직 싸움을 위한 싸움을 벌일 것이다. 억압당하는 것에 대한 부하직원의 반응은 대개 강렬하고 또 때로는 아주 충동적이다. 그가 생각하는 상사의 모습은, 그 역할의 본질상 어쩔 수 없는 것임에도 불구하고 어쨌든 자신의 앞길에 걸림돌이 되고 어떻게든 피하거나 기껏해야 참아주어야 하는 장애물 그 이상도 이하도 아니다.

심리학자들은 이런 반응 양식을 반의존적(counter-dependent) 행동이라고 부른다. 사실 반의존적인 사람은 대부분의 상사에게는 관리하기 힘든 부하직원이며, 또한 대개의 경우 상사와 불안정한 관계를 형성한다. 특히 반의존적인 부하직원이 지시적이거나 권위적인 성향의 상사를 만났을 때 그들의 관계는 파괴적일 수 있다. 부하직원이 자신의 부정적인 감정을 토대로 행동할 때, 비록 가끔은 미묘하고 비언어적인 방식으로 행동한다고 해도, 상사가 적이 되어버리는 경우가 종종 발생한다. 부하직원의 잠재적인 적의를 감지한 상사는 그 사람이나 그의 판단력을 더 이상 신뢰하지 않을 것이고, 결과적으로 덜 솔직하게 행동할 것이다.

역설적이게도 이런 성향을 보이는 사람은 이따금씩 자신의 부하직원에게는 좋은 관리자이기도 하다. 그는 기회가 있을 때마다 무리를 해서라도 의식적으로 부하직원들을 지원하고 그들을 적극적으로 지지하는 것도 마다하지 않을 것이다.

또 다른 극단적인 유형은, 상사의 결정이 아주 형편없다고 생각할 때조차 자신의 분노를 삼키고 비굴할 만큼 순종적으로 행동하는 이들이다. 이들은 상사가 다른 의견 혹은 반대 의견을 환영할 때조차, 혹은 더 많은 정보만 주어진다면 상사가 자신의 결정을 쉽게 바꿀 수 있을 때조차 상사에게 맹목적으로 동의한다. 그들은 당면한 특수 상황과 전혀 관계가 없다는 점에서 볼 때, 사실 그들의 반응이나 반의존적인 부하직원의 반응이나 과잉반응인 것은 매한가지다. 상사를 적으로 생각하는 대신에 그들은 자신의 분노를 부인하고 (이는 또 다른 극단적인 반응일 뿐이다) 상사를 마치 아주 현명한 부모라도 되는 양 생각하는 경향이 있다. 무엇이 최선인지 알고, 그들의 경력에 책임을 지며, 그들이 알아야 하는 모든 것을 가르치고, 지나치게 야심적인 동료들로부터 그들을 보호해주는 사람으로 여기는 것이다.

반의존성과 과잉의존성 모두 결국에는 상사의 역할에 대한 관리자의 비현실적 관점으로 귀결된다. 문제는 그런 두 가지 관점 모두, 상사가 다른 모든 사람과 마찬가지로 실수를 할 수 있는 불완전한 인간일 뿐이라는 사실을 무시한다는 점이다. 그들의 시간이 무한한 것도 아니고 그들이라고 모든 것을 다 아는 것은 아니며, 초감각적인 직관의 소유자도 아니다. 또한 그들은 사악한 적도 아니다. 그들도 때로는 부하직원의 바람과 어긋나는 자신만의 관심과 압박이 있다. 그리고 가끔은 그럴 만한 충분한 이유가 있다.

권위적인 성향을 바꾸는 것은 특히 극단적인 성향을 바꾸는 것은, 집중적인 심리치료를 받지 않는 한 거의 불가능하다(정신분석적 이론과 연구를 보면, 그런 성향은 개인의 성격과 양육과 깊은 관계가 있다고 한다). 그러나 이런 극단적인 성향과 그 둘 사이의 범위를 인식하는 것은 당신의 성향이 어디쯤에 속하고 또한 상사와의 관계에서 당신이 보이는 행동양식이 어떤 의미인지를 이해하는 데 매우 유익할 수도 있다.

만일 자신이 반의존적인 성향을 보인다고 생각한다면, 당신은 자신이 어떤 반응을 보일지 그리고 과잉반응은 어떤 것일지 이해하고 예상할 수 있다. 반면 자신이 과잉의존적인 성향을 보인다고 생각한다면 당신은 진짜 차이에 대항하지 못하는 당신의 무능력이나 과잉순응성이 당신과 상사 모두의 효과성에 얼마나 부정적인 영향을 미칠 수 있는지 점검할 수 있다.

관계를 육성하고 관리하라

상사와 자신을 명확하게 이해한다면 당신은 '대개' 두 사람 모두에게 어울리고, 명확한 상호 기대가 포함되며, 모두가 '원원' 하는 협력적인 업무 관계, 즉 양자를 더욱 생산적이고 효과적으로 만들어주는 관계를 구축할 수 있다. 다음에 나오는 '상사 관리를 위한 점검표'는 그런 관계를 구성하는 몇 가지 요소를 요약한 것이다. 지금부터 몇 가지 요소에 대해 좀 더 자세히 알아보자.

조화로운 업무 스타일

다른 무엇보다 상사와의 좋은 업무 관계는 업무 스타일의 차이를 수용한다. 우리의 사례 연구 하나를 예로 들어보겠다. 한 관리자는, 회의 중에 상사가 가끔 주의를 기울이지 못하고 때로는 무뚝뚝해지곤 한다는 사

상사 관리를 위한 점검표

상사와 그가 처한 환경을 반드시 이해하라. 예를 들어 다음과 같은 것들이 있다.
- 목표와 목적
- 압박
- 강점, 약점, 맹점
- 좋아하는 업무 스타일

당신과 당신의 욕구를 확인하라. 예를 들어 다음과 같은 것들이 있다.
- 강점, 약점
- 개인적인 스타일
- 권위 있는 인물에 대한 의존적인 성향

관계를 구축하고 관리하라. 예를 들어 다음과 같은 것들이 있다.
- 당신과 상사 모두의 욕구와 스타일과 일치하는 관계
- 상호 기대가 포함된 관계
- 상사에게 지속적으로 정보를 제공하는 관계
- 신뢰성과 정직에 기초하는 관계
- 상사의 시간과 자원을 선택으로 사용하는 관계

실을 깨달았다(그는 직속상사와 관계가 꽤 좋았다). 그 관리자의 업무 스타일은 나쁘게 말하면 산만하고 좋게 말하면 추론적이며 탐구적인 경향이 있었다. 그는 이따금씩 배경적인 요인과 대안적인 접근법 등을 다루기 위해 당면한 주제에서 벗어나기도 했다. 반면 상사는 세부적인 배경 지식을 최소한으로 제한한 상태에서 문제를 토론하는 것을 좋아하고, 부하직원이 당면한 사안에서 옆길로 샐 때마다 조바심을 내고 주의력이 흩어지곤 했다.

이런 업무 스타일의 차이를 이해한 관리자는 상사와 회의를 할 때면 좀 더 간결하고 직접적으로 말하는 습관을 길렀다. 이렇게 하기 위해 회의에 앞서 자신이 회의 중에 지침으로 사용할 수 있도록 간단한 안건들을 정리했다. 그런 다음 회의 중에 잠시 본론을 벗어날 필요하다고 생각할 때마다 상사에게 그 이유를 설명했다. 업무 스타일의 작은 변화로 인해,

상사와의 회의는 두 사람에게 더욱 효과적인 것으로 변했고 그들의 좌절감은 훨씬 줄어들었다.

부하직원들은 상사가 좋아하는 정보 획득 방식에 맞추어 자신의 스타일을 조정할 수 있다. 피터 드러커(Peter Drucker)는 상사를 '듣는 자'와 '읽는 자'로 나누었다. 어떤 상사는 읽고 연구할 수 있도록 문서 형태로 보고받는 것을 좋아한다. 또 어떤 상사들은 그 자리에서 곧바로 질문하는 것을 좋아하기 때문에 직접 대면해서 보고받는다.

드러커가 지적하듯이, 그런 업무 스타일의 함축적인 의미는 명확하다. 만일 상사가 '듣는 자'라면 당신은 그를 직접 만나 간단하게 보고하고, 그런 다음 서면 보고서를 통해 세부 내용을 보완하라. 반면 상사가 '읽는 자'라면 먼저 중요한 항목이나 제안을 메모나 문서 형태로 보고하고, 그런 다음 그것에 대해 토론하라.

이 외에도 부하직원이 상사의 의사결정 스타일에 따라 자신의 스타일을 조정할 수 있는 방법이 많다. 어떤 상사는 토론과 그 과정에서 나타나는 문제에 직접 참여하는 것을 좋아한다. 이런 상사는 관여 욕구가 높은 관리자로서, 모든 일에 일일이 관여하고 명확하게 아는 것을 좋아한다. 대개 그들의 욕구는 (그리고 당신의 욕구는) 정기적인 만남보다는 임시적이고 특별한 필요에 따라 그들과 접촉할 때 최상으로 충족된다. 관여 욕구가 높은 상사는 어떤 식으로든 관여할 것이고, 따라서 그들을 관여시키되 당신이 주도권을 쥐는 것이 유리하다. 한편 위임하는 것을 좋아하는 상사도 있다. 그들은 직접적으로 관여하는 것을 별로 좋아하지 않는다. 그들은 당신이 주요한 문제가 있을 때 자신을 찾아오고 중요한 모든 변화에 대해 알려주기를 기대한다.

조화로운 관계를 구축하는 것은 또한 서로의 강점을 강화하고 서로의 약점을 보완하는 것을 포함한다. 우리의 또 다른 사례 연구의 주인공이 었던 어떤 관리자는 상사(기술 담당 부사장)가 직원들의 문제를 제대로 파악하지 못한다는 사실을 깨달았다. 그래서 그 일을 자신이 직접 했는데, 이는 커다란 문제의 불씨를 껴안는 셈이었다. 엔지니어와 기술자들은 모두 노동조합의 조합원들이었고, 회사의 사활이 고객과의 계약에 달려 있었으며, 최근 회사는 막대한 손실을 낳은 큰 파업을 경험했기 때문이다.

그 관리자는 상사와도 긴밀한 관계 속에서 일하는 한편, 회사의 전체적인 일정을 관리하는 부서와 인사부서 직원들과도 유익한 공조관계를 유지했다. 잠재적인 문제를 피하기 위해서였다. 또한 그는 상사가 자신과 함께, 구체적인 행동을 취하기 전에 인사나 작업 할당 정책과 관련하여 제안된 모든 변화를 검토하는 비공식적인 장치를 개발했다. 상사는 그의 조언을 높이 평가했고, 그가 부서의 성과는 물론이고 노사 분위기를 향상시키는 데 지대한 공헌을 했음을 인정했다.

상호 기대

자신이 상사의 기대를 알고 있다고 수동적으로 생각하는 부하직원은 조만간 큰 곤경에 빠질 것이다. 물론 자신의 기대를 아주 명확하고 상세히 밝히는 상사도 있을 것이다. 그러나 대부분은 그렇지 않다. 많은 기업들이 공식적인 계획 과정, 경력 계획 검토, 성과 평가 검토 등 서로에 대한 기대를 확인할 수 있는 토대를 제공하는 시스템을 갖추고 있지만, 이런 시스템은 절대 완벽할 수 없다. 뿐만 아니라 이런 공식적인 검토 기간 중에도 기대는 늘 변하게 마련이다.

안타깝게도 상사의 기대를 알아내는 것은 순전히 부하직원의 몫이다.

상사의 기대는 광범위할 수도 있고 매우 구체적일 수도 있다. 예를 들어 상사가 어떤 문제에 대해 언제 알고 싶어 하는지는 전자에 속하고, 특정 프로젝트가 언제 끝나야 하고 그때까지 상사가 어떤 정보를 원하는지는 후자에 속한다.

기질적으로 애매모호하거나 표현에 인색한 상사로 하여금 기대를 나타내도록 하는 일은 어려운 도전일 수도 있다. 그러나 효과적인 부하직원은 그 정보를 입수할 방법을 찾는다. 어떤 사람은 자기 업무의 핵심적인 측면을 기록한 상세한 메모를 작성해서 상사에게 보고하고 그의 승인을 구할 것이다. 그런 다음에는 그것에 대한 후속조치로서 일대일 토론 시간을 갖고 메모에 기록된 항목들을 상사와 함께 하나씩 자세하게 살펴볼 것이다. 이런 식의 토론이 가끔은 상사의 모든 기대를 표면화시키기도 할 것이다.

또 다른 효과적인 부하직원은 '좋은 관리'와 '우리의 목표'에 관한 항시적인 일련의 비공식적 토론을 시작함으로써 명료하지 않은 상사에 대처할 것이다. 그리고 상사에 대한 좀 더 간접적인 정보가 유익하다고 생각하는 부하직원들도 있다. 즉 이들은 예전에 그 상사와 일해본 경험이 있는 사람들에게서, 그리고 상사가 자신의 상사에게 헌신할 때 사용하는 공식적인 계획 시스템을 통해 정보를 입수할 것이다. 물론 당신이 어떤 접근법을 선택하는가는 상사의 스타일에 대해 얼마나 이해하는지에 따라 달라져야 한다.

그리고 실행 가능한 일련의 상호 기대를 개발하기 위해, 상사에 대해 어떤 기대를 하고 있는지 알려야 한다. 그런 다음 기대가 과연 현실적인지 확인하고 당신의 기대를 받아들이도록 상사를 설득해야 한다. 당신의 기대를 소중하게 생각하도록 상사에게 영향을 미칠 수 있다는 것은 상사가 과잉 성취자일 경우 특히 중요할 수도 있다. 그런 상사는 종종 비현실적으로 높은 기준을 세우는 경향이 있는데, 현실에 맞추어 그런 기준을 조정해야 한다.

정보의 흐름

부하직원의 일에 대해 상사가 얼마나 많은 정보를 원하는지는 상사의 스타일과 그가 처한 상황, 그 직원에 대한 상사의 믿음과 신뢰에 따라 크게 차이가 있을 것이다. 그러나 대부분의 상사는 보통 부하직원이 제공하는 것보다 더 많은 정보를 필요로 한다. 또한 부하직원은 상사가 실제 그가 아는 것보다 더 많은 것을 알고 있다고 생각하는 경우도 심심찮게 목격된다. 현명한 부하직원은 자신이 상사가 알아야 할 필요가 있는 것을 과소평가할 가능성을 인정한다. 따라서 상사의 스타일에 맞는 과정을 통해 상사에게 계속해서 정보를 제공할 수 있는 방법을 반드시 찾는다.

위로의 정보 흐름을 관리하는 일은 만일 상사가 문제에 대한 이야기를 듣는 것을 좋아하지 않는 유형이라면 특히 어렵다. 상사들은 종종 오직 좋은 소식만 듣고 싶다는 신호를 무의식중에 발산하곤 한다. 그들은 누군가가 문제에 대해 말할 때 엄청난 불쾌감을, 대개는 비언어적으로 표현한다. 그들은 심지어, 부하직원 개개인의 성과와는 상관없이 자신에게 문제를 알리지 않는 직원을 더욱 높이 평가하고 후한 점수를 줄지도 모른다.

그럼에도 조직과 상사, 부하직원 모두를 위해 상사는 성공뿐만 아니라 실패에 대해서도 들을 필요가 있다. 어떤 부하직원들은, '좋은 소식만 듣고' 싶어 하는 상사를 다룰 때 가령 경영 정보 시스템 같은 필요한 정보를 상사에게 전달하기 위해 비간접적인 방법을 찾는다. 또 다른 부하직원들은 잠재적인 문제는 즉각 논의될 필요가 반드시 있다고 생각한다. 반가운 소식으로든 나쁜 소식으로든 간에 말이다.

신뢰성과 정직

의지할 수도 신뢰할 수도 없는 부하직원보다 상사를 더 난감하게 만들고 도전적인 일은 거의 없다. 의지할 수 없는 사람이 되려고 일부러 노력하는 이는 찾아보기 힘들지만, 많은 부하직원들이 상사의 우선순위를 간과하거나 그것에 대한 확신이 없기 때문에 무심코 그렇게 행동하고 만다. 예를 들어 최종 시한을 낙관적으로 약속하는 것은 단기적으로는 상사를 기쁘게 할지 몰라도, 그 약속이 지켜지지 않을 경우에는 커다란 불쾌감을 안겨주기도 한다.

상사로서는 최종 시한을 반복적으로 어기는 직원을 의지하기란 참으로 힘들다. 어떤 사장은 자신의 부하직원 한 사람을 설명하면서 이렇게 말했다. "나는 그가 일을 아주 잘하지 못해도 좋으니 좀 더 일관성이 있었으면 좋겠습니다. 그러면 적어도 그를 신뢰할 수는 있을 테니까요." 물론 부하직원이 일부러 작정하고 상사에게 거짓말을 하지는 않을 것이다. 그러나 진실을 숨기고 사안을 간과하기는 너무나 쉽다. 현재의 작은 사안이 종종 미래의 커다란 문제를 초래하기도 한다. 만일 상사가 부하직원들이 제공하는 정보를 신뢰할 수 없다면, 상사는 효과적으로 일하기 힘들다. 거짓말은 신뢰성을 손상시키므로 부하직원에게는 가장 치명적인 성격적 결함이다. 기본적인 수준의 신뢰가 없다면 상사는 부하직원의 모든 결정을 일일이 확인해야 한다는 강박증을 느끼고, 이는 상사가 부하직원에게 일을 위임하기 어렵게 만든다.

시간과 자원의 효과적인 사용

상사 역시 부하직원만큼이나 시간과 에너지, 영향력이 제한적일 것이다. 부하직원이 상사에게 하는 모든 요구는 이런 자원의 일부를 소모시키므로 이런 자원을 선택적으로 사용하는 것이 현명하다. 그런데도 많은 부하직원들이 비교적 사소한 사안을 가지고 상사의 시간과 자신의 신뢰성의 일부를 소모시킨다.

어떤 부사장은 다른 부서의 참견이 심한 비서를 해고하도록 상사를 구슬리기 위해 온갖 노력을 기울였다. 상사는 부사장의 요구를 들어주기 위해 상당한 영향력을 행사해야만 했다. 그리고 외압으로 비서를 잃은 그 부서장의 기분이 좋을 리 없었다. 훗날 해결해야 하는 좀 더 중요한 문제가 생겼을 때 그 부사장은 난관에 부딪혔다. 비교적 사소한 사안으로 블루칩을 다 써버린 탓에 그는 자신과 상사가 좀 더 중요한 목표를 달성하는 일을 어렵게 만든 것이다.

어떤 사람은 자신이 처리해야 할 일을 하기에도 급급한데, 상사와의 관계를 관리하는 데까지 시간과 에너지를 쏟을 필요가 있냐고 반문할 것이다. 그런 사람은 상사와의 관계를 관리하는 일이 얼마나 중요한지, 그리고 큰 문제로 비화될 가능성이 있는 사안을 미리 제거함으로써 자신의 업무가 얼마나 쉬워질지 이해하지 못한다. 그러나 현명한 부하직원은 이 부분이 그들 업무의 일부분임을 인정한다. 따라서 자신이 조직에서 성취하는 것에 대한 궁극적인 책임이 자신에게 있다고 생각하고, 자신이 의지하는 모든 사람과의 관계를 구축하고 관리할 필요가 있다는 사실을 잘 안다. 물론 거기에는 상사와의 관계도 포함된다.

7

자기 자신을 관리하라

피터 드러커
Peter F. Drucker

요약 | 자기 자신을 관리하라

　인류 역사를 돌아보면 사람들이 자신의 경력을 관리할 필요가 있었던 적은 거의 없었다. 그러나 오늘날은 시대가 몰라볼 만큼 변했다. 우리 모두는 반드시 자신을 관리하는 방법을 배워야 한다. 자기관리란 무슨 뜻일까? 피터 드러커가 1999년에 처음으로 발표한 독창적인 이 글에서 말하듯이, 그것은 자기를 개발하는 방법을 배워야 한다는 뜻이다. 우리는 조직과 지역사회에 최상의 기여를 할 수 있는 길을 스스로 개척해야 한다. 또한 약 50년에 달하는 노동 시간 동안 정신적인 명민함을 유지하고 지속적으로 관여해야 한다. 이는 우리가 하는 일을 언제 어떻게 변화시킬지 아는 것을 뜻한다.

　사람들이 자신이 잘하는 일을 함으로써, 자신의 능력에 맞는 방식으로 일함으로써 결과를 성취한다는 말이 당연한 말처럼 들릴지도 모른다. 그러나 드러커가 말하듯이, 대부분의 사람들이 자신의 강점을 유리하게 사용하는 방법을 모를 뿐만 아니라 자신의 근본적인 강점조차 알지 못한다.

　그는 우리 모두에게 자신에게 질문하라고 촉구한다. "내 강점은 무엇인가, 나는 어떻게 수행하는가, 내 가치는 무엇인가, 나는 어디에 속해 있나, 나는 어떤 기여를 해야 하나?" 그리고 자신을 새장에 가두지 말라고 충고한다. 자신이 이미 보유한 기술을 개선하고 개인적인 작업 방식에 맞는 과제를 받아들이는 데 초점을 맞춘다면 평범한 노동자에서 뛰어난 성취자로 자신을 변신시킬 수 있다.

　오늘날 성공적인 경력은 미리 계획되는 것이 아니다. 오히려 그런 경력은 언제 찾아올지 모르는 기회에 대비해 잘 준비가 되어 있을 때 가능해진다. 왜냐하면 준비가 되었다는 말은, 이미 자신에게 그런 질문을 했고 자신의 독특한 특징을 열심히 평가했다는 의미이기 때문이다. 이 글은 개인적인 것이든 직업적인 것이든 자신의 미래를 관리하는 책임을 스스로 져야 한다는 점을 일깨워준다.

자기 자신을 관리하라

자기관리가 필요하다

우리는 전례가 없는 기회의 시대에 살고 있다. 만일 야망이 있고 영리하다면 당신은 출발점이 어디든 상관없이 당신이 선택한 직업에서 최고의 자리에 오를 수 있다. 그러나 기회에는 책임이라는 동반자가 늘 함께하는 법이다. 오늘날 기업들은 종업원들의 경력을 관리해주지 않는다. 지식노동자들은 반드시 그리고 효과적으로 자신에 대한 최고경영자가 되어야 한다. 당신의 자리를 개척하고, 방향을 언제 바꾸어야 할지 알고, 약 50년에 달하는 노동 시간 동안 자신을 지속적으로 관여시키고 생산성을 유지하는 것은 순전히 개인의 몫이다.

그런 일들을 잘하려면 스스로에 대한 깊은 이해력을 기를 필요가 있다. 즉 자신의 강점과 약점은 물론이거니와 당신이 어떻게 배우고, 다른 사람들과 어떻게 협력하며, 당신의 가치가 무엇인지, 당신은 어디에서 가장 큰 기여를 할 수 있는지 확실하게 이해해야 한다. 자신의 강점을 발판으로 수행할 때에만 진정한 의미의 우수함을 성취할 수 있기 때문이다.

나폴레옹과 다빈치와 모차르트 같은 역사상 위대한 성취자들은 늘 자신을 관리했다. 이 말은 곧, 상당 부분은 자기관리가 위대한 성취자의 원동력이라는 뜻이다. 그러나 그들은 아주 예외적인 경우로서, 평범한 인간 존재의 경계를 벗어난다고 여겨질 만큼 재능과 성취가 특출하다. 하지만 대부분의 사람들은, 심지어 어느 정도 선천적인 재능을 타고난 사람들조차도 자신을 관리하는 법을 배워야 한다. 우리는 자신을 개발하고, 자신이 가장 큰 기여를 할 수 있는 길을 스스로 개척해나가야 한다. 뿐만 아니라 정신적인 명민함을 유지하고 지속적으로 관여해야 한다. 이는 우리가 하는 일을 언제 어떻게 변화시켜야 하는지 아는 것을 의미한다.

자신의 강점을 파악하라

대부분 사람은 자신이 무엇을 잘하는지 안다고 생각하지만 대개 잘못 알고 있는 경우가 많다. 또한 자신이 무엇을 잘하는지보다 무엇을 잘 못하는지 아는 사람이 더 많지만, 심지어 이것조차 맞는 경우보다 틀릴 확률이 더 높다. 사람들은 자신의 강점을 토대로만 수행할 수 있을 뿐이다. 약점을 토대로 성과를 구축할 수는 없다.

인류 역사를 놓고 보면 사람들이 자신의 강점을 알아야 할 필요가 있었던 경우는 거의 없었다. 그저 태어날 때부터 신분이나 직업이 정해져 있었다. 가령 농부의 아들은 자라서 농부가 되고, 기술공의 딸은 자라서 기술공의 아내가 되는 식이었다. 다시 말해서 신분이나 직업은 거의 대물림되었다. 그러나 오늘날은 선택권이 있다. 따라서 자신이 어디에 속하는지 알려면 자신의 강점을 알아야 한다.

자신의 강점을 발견하는 유일한 방법은 피드백을 분석하는 것이다. 주요한 결정을 하거나 주요한 행동을 취할 때마다 무슨 일이 생기기를 기대하는지 기록하라. 9개월이나 1년쯤 지난 다음 자신의 기대와 실제로 발생한 결과를 비교해보라. 나는 거의 20년 가까이 이 방법을 실천하고 있는데, 그리고 나는 그렇게 할 때마다 깜짝 놀란다. 피드백 분석은 내게 많은 것을 보여주었다. 가령 나는 피드백 분석을 통해(이것 역시 나를 놀라게 했다) 내가 엔지니어, 회계사, 시장 조사원 등 전문 분야 종사자들에 대한 직관적인 이해력이 뛰어나다는 사실을 알게 되었다. 또한 나는 내가 팔방미인들과는 궁합이 전혀 맞지 않음을 알게 되었다.

피드백 분석은 절대로 새로운 개념이 아니다. 사실 이 개념은 14세기 이름이 거의 알려지지 않은 독일 출신의 한 신학자가 주창했고, 그로부터 약 150년 후 장 칼뱅(Jean Calvin)과 이그나티우스 로욜라(Ignatius Loyola)가 그 이론을 받아들였다. 그리고 둘 다 그 이론을 추종자들에게 종교적 실천법으로 제시했다. 사실 이런 습관이 가져다주는 성과와 결과에 확고하게 초점을 맞추는 것은 칼뱅과 로욜라가 각각 설립한 단체가 30년이 채 되기도 전에 유럽 사회를 지배하게 된 이유를 설명해준다. 칼뱅은 칼뱅주의자 교회를, 로욜라는 예수회(Jesuit Order)를 창립했다.

지속적으로 실천한다면 간단한 훈련을 통해 2~3년이라는 비교적 짧은 시간 안에 자신의 강점이 어디에 있는지 알 수 있다. 그리고 이것은 오늘날 세상에서 반드시 알아야 하는 가장 중요한 사안 중 하나이다. 피드백 분석을 하면 자신이 할 수 있거나 하지 못하는 일 중에서 자신의 강점으로 얻을 수 있는 모든 잠재적 혜택을 앗아가는 것이 무엇인지 파악할 수 있다. 뿐만 아니라 자신의 능력이 특히 부족한 영역을 이해할 수 있다. 또한 자신에게 전혀 강점이 없고 수행할 수 없는 분야가 무엇인지도 알게 될 것이다.

피드백 분석은 행동에 대한 몇 가지 유익한 정보를 제공한다.

첫째, 피드백 분석을 자신의 강점에 초점을 맞추어라. 그리고 자신의 강점이 결과를 도출할 수 있는 분야에 자신을 헌신하라.

둘째, 강점을 향상시키기 위해 노력하라. 피드백 분석을 통해 기술을 향상시키거나 새로운 기술을 습득할 필요가 있는 분야를 신속하게 확인하고, 지식의 격차를 이해하고 그런 격차를 메울 수 있다. 예컨대 수학자들은 타고나지만, 누구라도 삼각함수를 배울 수 있지 않은가.

셋째, 지적 오만이 어디에서 자신을 무능하게 만드는 무지를 야기하는지 발견한 다음 그것을 극복하라. 다른 영역의 지식을 경멸하거나 영민함이 지식을 대신한다고 믿는 사람들이 너무 많다. 특히 특정 분야에 대한 전문성이 뛰어난 사람일수록 더욱 그러하다. 가령 일류 엔지니어들은 인간이란 존재에 대해 전혀 무지하다는 것을 되레 자랑스럽게 생각하는 경향이 있다. 그들은, 인간이란 너무나 무질서하고 혼란스러운 존재라서 훌륭한 엔지니어적인 사고방식을 개발하기가 힘들다고 생각한다. 반면 인적자원 전문가들은 종종 자신이 기초 회계나 정량적 방법에 전혀 무지하다는 점을 자랑거리로 삼는다. 그러나 그런 무지를 자랑스럽게 생각하는 것은 자기 파괴적이다. 자신의 강점을 최대한으로 발휘하는 데 도움이 되는 기술과 지식을 획득하기 위한 노력을 게을리해서는 안 된다.

당신이 할 수 있거나 하지 못하는 일 중에서 당신의 효과성과 성과를 방해하는 나쁜 습관을 고치는 것은 강점을 강화하는 것만큼이나 중요하다. 그런 습관은 피드백을 통해 금세 드러난다. 가령 기획자는 자신이 수

립한 훌륭한 계획이 실패하는 이유가 자신이 끝까지 추진하지 않기 때문이라는 사실을 깨달을지도 모른다. 똑똑한 많은 사람들처럼 그는 아이디어가 산을 옮긴다고 생각한다. 그러나 산을 옮기는 것은 불도저이다. 단지 아이디어는 불도저가 어디서 일을 해야 하는지를 보여줄 뿐이다. 이 기획자는 그 계획이 완성되는 순간 일이 끝나는 것이 아님을 알아야 한다. 그는 반드시 그 계획을 실천할 사람들을 찾고 그들에게 그 계획을 설명해야 한다. 또한 계획을 실행에 옮김에 따라 그것을 조정하고 변화시켜야 하고, 마지막으로 그 일을 언제 중단할지 결정해야 한다.

또한 피드백을 통해, 예의가 부족한 것이 문제가 되는 순간이 언제인지 알게 될 것이다. 예의는 조직의 윤활유이다. 움직이는 두 물체가 서로 접촉할 때 마찰이 생기는 것은 자연의 법칙이다. 이 법칙은 비단 무생물체뿐만 아니라 인간에게도 그대로 적용된다. '부탁합니다' 나 '감사합니다' 같은 인사말과 상대방의 이름을 알거나 가족의 안부를 묻는 것 같은 간단한 예의는 두 사람이 함께 일할 수 있는 환경을 제공한다. 그들이 서로를 좋아하든 그렇지 않든 상관없이 말이다.

똑똑한 사람, 특히 총명한 젊은 사람은 종종 이것을 이해하지 못한다. 가령 피드백 분석을 해보니, 성공적으로 진행되던 일이 갑자기 다른 사람들의 협력이 필요한 지점에서 매번 좌절한다는 사실이 명백해진다면, 이는 십중팔구 예의가 부족하기 때문이라고 생각해도 좋다.

기대와 결과를 비교해보면 또한 하지 말아야 하는 일이 무엇인지 알 수 있다. 누구에게나 재능이나 기술이 전혀 없거나 심지어 보통 수준에도 이를 가능성이 거의 없는 수많은 영역이 있게 마련이다. 그런 영역에서는 특히 지식노동자들은 일을 시작하지도 직업을 구하지도 과제를 맡지도 말아야 한다. 역량이 부족한 영역을 향상시키려고 애쓰면서 소중한 시간과 노력을 낭비해서는 안 된다. 뛰어난 성과를 최고 수준으로 끌어올리는 것보다 무능함을 평범한 수준으로 향상시키는 데 훨씬 더 많은 에너지와 노력이 필요하다. 그럼에도 많은 사람들이, 특히 교사와 조직 대부분은 무능한 성취자를 평균 수준의 성취자로 끌어올리는 데 초점을 맞춘다. 오히려 에너지, 자원, 시간은 유능한 사람을 최고의 성취자로 만드는 데 집중해야 한다.

나는 어떻게 수행하는가

놀랍게도 많은 사람들이 자신이 어떻게 일하는지 모른다. 사실, 대부분의 사람들이 각자 독특한 방식으로 일한다는 사실을 모른다. 자신에게 맞지 않는 방식으로 일하는 것은 성과 '제로'로 가는 지름길이나 다름없다. '나는 어떻게 일하는가?' 라는 질문은 '내 강점이 무엇인가' 라는 질문보다 훨씬 더 중요할지도 모른다.

각자 지닌 강점이 다르듯이 각자 일하는 방식도 독특하다. 그것은 개성 혹은 성격의 문제이다. 성격은 선천적으로 타고날 수도 후천적으로 개발할 수도 있지만, 분명한 사실은 일이라는 것을 하기 훨씬 전에 이미 형성된다는 점이다. '무엇'을 잘하거나 잘못하는지가 이미 정해진 것과 마찬가지로 '어떻게' 수행하는지도 이미 정해져 있다. 개인의 수행 방식은 약간은 수정할 수 있지만, 완전히 변화시키는 것은 불가능하다. 게다가 쉬운 일도 절대 아니다. 잘하는 일을 함으로써 결과를 성취하듯이, 자신이 가장 자신 있는 방식으로 일함으로써 결과를 성취한다. 대체로 사람들의 수행 방식을 결정하는 몇 가지 공통적인 성격적 특성이 있다.

나는 '읽는 자'인가, '듣는 자'인가

가장 먼저 할 일은 자신이 읽는 자에 속하는지 아니면 듣는 자에 속하는지 확인하는 것이다. 많은 사람들이 듣는 자와 읽는 자가 있다는 사실조차 모르고, 그 두 가지 영역 모두에 속하는 사람은 거의 없다는 사실도 모른다. 게다가 그 두 가지 영역 중에서 자신이 어디에 속하는지 아는 사람은 훨씬 더 드물다. 그러나 그런 무지가 얼마나 파괴적일 수 있는지를 보여주는 몇 가지 유익한 사례가 있다.

드와이트 아이젠하워(Dwight Eisenhower)가 유럽연합군 총사령관이었을 때, 그는 언론의 사랑을 독차지했던 한마디로 언론의 총아였다. 그의 기자회견은 독특한 스타일로 유명했다. 아이젠하워는 기자들이 무슨 질문을 하든 완벽하게 답변했다. 게다가 아주 잘 다듬어지고 고상한 두세 문장으로 상황을 적절하게 묘사하고 정책을 효과적으로 설명했다. 10년 후, 그가 대통령이 되었을 때 예전에 그를 추종했던 기자들이 이번에는 아이젠하워를 공개적으로 조롱했다. 기자들은 그가 자신들의 질문에는 답변을 하지 않은 채 오히려 엉뚱한 문제에 장광설을 늘어놓는다고 불평했다. 게다가 아이젠하워가 일관성도 없고 문법에 맞지 않은 대답을 해 정통 영국식 영어를 망친다면서 그를 끊임없이 물고 늘어지며 조롱을 멈추지 않았다.

아이젠하워는 자신이 듣는 자가 아니라 읽는 자라는 사실을 몰랐음이 분명하다. 그가 유럽연합군 총사령관이었을 때 그의 보좌관들은 항상 기자회견이 시작되기 적어도 30분 전에 기자들로 하여금 모든 질문을 서면으로 제출해달라고 요청했다. 그 결과 아이젠하워는 질문에 철저하게 준비했고 기자회견장에서 완벽한 답변을 할 수 있었다. 한편 대통령이 되었을 때 그는 대표적인 '듣는 자'라 할 수 있는 프랭클린 루스벨트(Franklin

D. Roosevelt)와 해리 트루먼(Harry Truman)의 배턴을 이어받았다. 두 전직 대통령은 자신이 '듣는 자' 라는 사실을 잘 알았기 때문에 자유로운 분위기의 기자회견을 좋아했다. 아이젠하워는 자신의 성향을 무시하고 두 전직 대통령의 전례를 따라야 한다고 생각했는지도 모르겠다. 결과적으로 그는 심지어 기자들이 하는 질문을 제대로 듣지도 않았다. 그리하여 아이젠하워는 오늘날까지도 최악의 '듣는 자' 범주에도 들지 못한다는 평가를 받는다.

몇 년 후 린든 존슨(Lyndon Johnson)도 아이젠하워와 비슷한 경로를 걸었다. 다른 점이라면 존슨은 대통령 재임 시절 대부분 자신이 '듣는 자' 에 속한다는 사실을 깨닫지 못함으로써 제 발등을 찍었다는 것이다. 그의 전임 대통령이었던 존 케네디(John Kennedy)는 대표적인 '읽는 자' 로서, 훌륭한 작가들을 보좌관으로 채용했고, 반드시 그들에게 직접 만나서 토론하기 전에 미리 토론 내용을 서면으로 작성하여 자신에게 제출하도록 했다. 존슨은 케네디 대통령의 보좌관들을 그대로 물려받아 측근에 앉혔고, 당연히 그들은 계속 글을 써댔다. 하지만 존슨은 그들이 쓴 글을 단한 글자도 이해하지 못했음이 분명하다. 상원의원 시절 그는 최고의 스타였는데, 무엇보다 국회의원은 역할의 특성상 '듣는 자' 가 되어야 하기 때문이다.

듣는 자를 유능한 읽는 자로 만드는 것도, 혹은 듣는 자 스스로 유능한 읽는 자가 되는 것도 거의 불가능하다. 또한 그 반대도 마찬가지다. 따라서 읽는 자가 되려고 노력하는 듣는 자는 존슨의 운명을 맞게 되고, 듣는 자가 되려고 노력하는 읽는 자는 아이젠하워의 운명을 자초하게 될 것이다. 요컨대 그들은 수행하지도 성취하지도 못할 것이다.

나는 어떻게 배우는가

자신의 수행 방식과 관련하여 두 번째로 알아야 할 것은 자신이 어떻게 배우는가 하는 것이다. 글을 잘 쓰는 사람 중에 학교 성적이 형편없는 사람들이 많다. 그들은 학교 생활이 고문이나 다름없었다고 기억하곤 한다. 그러나 그들의 급우 중에는 그들처럼 기억하는 이가 거의 없다. 물론 그들이 학교라는 제도 자체를 별로 좋아하지 않았을 수도 있다. 하지만 그들을 가장 힘들게 했던 것은 듣기와 읽기 위주로 이루어지는 학교 교육에 대한 권태로움이었다. 그것은 글을 잘 쓰는 사람들은 대개 듣기와 읽기를 통해 학습하지 않는다는 것을 설명해준다. 그들은 쓰기를 통해 배운다. 학교는 그들이 이런 식으로 배우는 것을 허락하지 않기 때문에 학교 성적이 나쁜 것이다.

학교라는 제도는 배움에는 옳은 방법이 하나뿐이며 그것이 모든 학생들에게 똑같이 적용된다는 가정을 토대로 조직화된다. 그러나 학교가 제시하는 학습 방법을 일방적으로 강요받는 것은, 학습 방법이 다른 학생들에게는 지옥이나 다름없다. 사실 학습 방법은 여러 가지다.

윈스턴 처칠(Winston Churchill)처럼 글을 쓰면서 배우는 사람들이 있다. 어떤 이들은 늘 많은 필기를 하면서 배우기도 한다. 베토벤(Beethoven)은 엄청난 양의 스케치북을 남겼지만, 작곡을 할 때는 스케치북을 쳐다보지도 않았다고 말했다. 그런데도 왜 스케치북을 버리지 않고 보관하느냐는 질문에 그는 이렇게 대답했다고 한다. "당장 적어놓지 않으면 곧바로 잊어버리기 때문입니다. 그런데 스케치북에 적어놓으면 절대 잊어버리지도 않을뿐더러 다시 들춰볼 필요도 없어요."

어떤 사람들은 행동함으로써 배우고, 또 다른 사람들은 자신이 말하는 것을 들으면서 배운다. 내가 아는 어떤 최고경영자는 영세하고 평범한 가족 사업을 업계 최고의 기업으로 성장시켰는데, 그는 말을 함으로써 배우는 부류에 속했다. 그는 매주 한 번씩 회사의 모든 고위관리자들을 자신의 사무실에 불러 모아 두세 시간 동안 이야기를 하는 습관이 있었다. 그는 정책 사안들을 제기한 다음, 각각에 대해 세 가지 다른 입장을 설명했다. 그가 참석자들에게 의견이나 질문을 요구하는 일은 거의 없었다. 단지 그는 자신이 말하는 것을 들어줄 청중이 필요했을 뿐이다. 괴짜처럼 보일지는 몰라도 그것이 그가 학습하는 방법이었다. 비록 아주 극단적인 사례이긴 하지만 말을 함으로써 배우는 것은 전혀 이상한 방법이 아니다. 성공적인 변호사들도 그와 똑같은 방식으로 배우고, 많은 의사들도 그렇게 한다. 솔직히 말하면 나 역시 그렇다.

자기 인식의 중요한 모든 측면 중에서도 자신이 어떻게 배우는가를 이해하는 것은 자신을 인식하는 가장 쉬운 길이다. 사람들에게 "어떻게 배우십니까?"라고 물으면 열에 아홉은 그 대답을 안다. 그러나 "그러면 그것을 실천하십니까?"라고 물으면 "그렇다"라고 대답하는 사람은 아주 드물다. 이처럼 자신이 알고 있는 것을 토대로 행동하지 '않는' 것이 비성취의 주요 원인 중 하나이다.

"나는 읽는 자인가 듣는 자인가, 나는 어떻게 배우는가?" 이 질문들을 먼저 해야 하지만, 그것으로 끝나는 것은 결코 아니다. 자신을 효과적으로 관리하기 위해서는 "나는 팀 플레이어인가, 단독 플레이어인가?"를 물어보아야 한다. 그런 다음 만일 사람들과 함께 일할 때 더 좋은 성과를 낸다면 이번에는 이렇게 물어야 한다. "그것이 어떤 관계인가?"

어떤 사람은 아랫사람일 때 최고의 성과를 내기도 한다. 제2차 세계대전이 낳은 미국의 위대한 영웅인 조지 패튼 장군(General George Patton)이 좋은 사례이다. 패튼 장군은 미국의 최고 군사사령관이었다. 그러나 그가 독자 사령관(independent commander)에 추천되었을 때 미국의 합참의장이었던, 그리고 미국 역사상 가장 성공적인 인사 전문가라고 불러도 좋을 조지 마셜 장군(General George Marshall)은 말했다. 이렇게 "패튼은 지금까지 미군이 배출한 가장 뛰어난 부하입니다. 그러나 그는 사령관으로는 최악일 것입니다."

팀 구성원으로 일할 때 최고의 성과를 내는 사람들이 있는가 하면, 혼자 일할 때 가장 빛이 나는 사람들이 있다. 또한 코치와 멘토로서의 재능이 아주 뛰어난 사람들이 있는 반면, 멘토로서는 완전히 낙제점인 사람들도 있다.

또 다른 중요한 질문은 "나는 의사결정권자일 때 결과를 내는가, 조언자일 때 결과를 내는가?"라는 것이다. 조언자로서는 최고의 성과를 내지만 의사결정을 하는 부담과 압박감을 견디지 못하는 사람들이 아주 많다. 반면, 생각에 집중하기 위해 조언자가 필요한 사람들도 있다. 그런 사람들은 조언자의 말을 듣고 나서야 결정을 내리고, 그런 다음 신속하고 대담하게 그리고 확신을 가지고 그 결정을 토대로 행동할 수 있다.

한편 이것은, 조직의 2인자가 종종 1인자 자리에 오르지 못하는 이유를 설명한다. 1인자 자리는 의사결정자를 원한다. 강력한 의사결정자는 종종 자신이 신뢰하는 사람을 2인자에 올려 자신의 조언가로 삼는다. 그리고 그런 사람들은 그 자리에서 빛을 발하기도 한다. 그러나 그 조언자를 1인자 자리에 올리면 그는 실패한다. 그는 의사결정이 어때야 하는지는 알지만 실제로 의사를 결정하는 것에 따르는 책임을 받아들일 수 없기 때문이다.

또 다른 중요한 질문은 "나는 압박감을 받을 때 일을 더 잘하는가 아니면 일을 잘하기 위해 아주 체계적이고 예측 가능한 환경이 필요한가, 큰 조직에서 일을 가장 잘하는가 아니면 작은 조직에서 최고의 성과를 내는가?"를 포함한다. 모든 환경에서 일을 잘하는 사람은 극히 드물다. 큰 조직에서는 아주 성공적이었던 사람들이 좀 더 작은 조직으로 옮겨갔을 때 참담하게 실패하는 경우를 수없이 목격했다. 그리고 그 반대도 마찬가지이다.

가슴 깊이 새겨두어야 할 결론은 다음과 같다. 자신을 변화시키려 하지 마라, 성공하지 못할 것이다. 그러나 자신이 일하는 방식을 개선시키기 위해 열심히 노력하라. 그리고 자신이 할 수 없거나 할 수 있다고 해도 보잘것없는 성과만 거둘 일은 아예 시작하지 마라.

내 가치는 무엇인가

자신을 관리하기 위해 당신이 마지막으로 질문해야 하는 것이 있다. "내 가치는 무엇인가?" 이것은 도덕의 문제가 아니다. 도덕에 관한 한, 규칙들은 모든 사람에게 똑같이 적용되고 테스트는 매우 간단하다. 나는 그것을 '거울 테스트'라고 부른다.

20세기 초 몇 년 동안 세계 모든 열강의 외교관 중 가장 존경받았던 인물은 런던 주재 독일 대사였다. 그는 분명 큰 재목감의 운명을 타고났다. 독일연방의 총리는 못될지라도 적어도 외교부장관 자리는 따논 당상이나 다름없었다. 그런데 1906년 그는 돌연 사임함으로써 많은 이들을 의아하게 만들었다.

당시 그는 영국의 에드워드 7세(Edward VII)가 영국 주재 외교관들에게 베푸는 만찬에서 외교사절단 단장으로 만찬을 주재하기로 되어 있었다.

그런데 그는 만찬을 주재하기는커녕 돌연 사임했다. 에드워드 7세는 여자를 좋아하기로 악명이 높았고 만찬 메뉴도 직접 지시했다. 독일 대사는 이렇게 말했다고 한다. "나는 아침에 일어나 면도를 할 때 거울 속에서 포주의 얼굴을 보고 싶지 않습니다."

그것이 바로 거울 테스트이다. 윤리는 우리에게 질문하도록 만든다. "아침에 거울 속에서 어떤 사람을 보고 싶은가?" 하나의 조직이나 상황에서 윤리적인 행동이 다른 조직이나 상황에서도 마찬가지로 윤리적인 행동이다. 그러나 윤리는 가치 체계의 일부분일 뿐이다. 특히 조직의 가치 체계에서는 더욱 그러하다. 가치 체계를 받아들일 수 없거나 자신의 가치 체계와 일치하지 않는 조직에서 일하는 것은 필히 좌절과 비성과로 이어질 수밖에 없다.

아주 성공적이었던 어떤 인적자원 임원의 경험을 통해 이 문제를 짚어보자. 회사가 더 큰 회사에 인수된 후 그녀는 승진했고, 자신이 가장 잘 하는 일을 맡게 되었다. 여기에는 요직 인사권도 포함되었다. 그녀는 회사가 요직의 인사를 선발할 때에는 내부의 모든 가능성을 철저히 검토한 다음 적임자가 없을 때에만 외부에서 인재를 등용해야 한다고 확신했다. 그러나 새 회사는 외부 인사를 영입하는 것은 '신선한 피를 수혈' 하는 것이라고 생각했다.

그 두 가지 접근법 모두 일리가 있고, 내 경험으로 보면 두 가지를 적절하게 혼합해서 사용하는 것이 가장 현명하다. 그러나 그 두 가지 접근법은 근본적으로 양립할 수 없는 성질이다. 정책으로서가 아니라 가치로서 말이다. 그것들은 조직과 구성원 사이의 관계에 대한 전혀 다른 관점을, 또한 구성원들과 그들의 발전에 대한 조직의 책임에 대한 전혀 다른 관점을 나타낸다. 뿐만 아니라 기업에 제공하는 개인의 가장 중요한 기여에 대해 전혀 다른 관점을 보여준다. 몇 년간 좌절과 실망의 세월을 보낸 다음 그녀는 상당한 금전적 손실을 감수하고 조직을 떠났다. 절대로 그녀의 가치와 조직의 가치가 양립할 수 없었던 것이다.

비슷한 맥락에서, 가령 한 제약회사가 작은 개선 노력을 지속적으로 기울임으로써 결과를 얻으려 하든, 아니면 간헐적이고 비용이 막대하게 소요되며 위험한 '돌파구'를 성취함으로써 결과를 얻으려 하든, 그것은 경제학과 관련 있는 문제가 아니다. 둘 중 어떤 전략을 사용하든 결과는 크게 다르지 않을지도 모른다. 중요한 것은, 의사들이 일을 더 잘하도록 돕는 것과 관련 있다고 생각하는 가치 체계와, 과학적인 발견에 초점을 맞추는 가치 체계 사이의 갈등이다.

이와 마찬가지로, 비즈니스가 단기적인 결과를 추구하는가 아니면 장기적인 결과에 초점을 맞추는가 하는 것은 가치의 문제이다. 재무분석가들은 비즈니스가 두 가지 결과를 동시에 추구할 수 있다고 믿는다. 성공적인 기업가들은 이를 더 잘 안다. 분명 모든 기업은 단기적인 결과를 도출해내야 한다. 그러나 단기적인 결과와 장기적인 성장 사이의 모든 갈등에서 각 기업은 우선순위를 결정할 것이다. 이것은 대부분 경제학적인 관점의 차이가 아니다. 그것은 근본적으로, 비즈니스의 기능과 경영 책임에 관한 가치의 충돌이다.

가치 충돌은 비단 비즈니스 조직에만 국한되는 것이 아니다. 미국에서 급성장한 어떤 교회는 새로운 신도 수로 성공을 측정한다. 그 교회 지도부는 지역 교구에 새로운 신도가 얼마나 많이 가입하는지가 무엇보다 중요하다고 믿는다. 그런 다음 하나님이 그들 모두의 영적인 욕구나 적어도 그들 중 상당수의 욕구를 보살필 것이라고 생각한다. 또 다른 복음주의 교회는 중요한 것은 신도들의 영적인 성장이라고 믿는다. 그래서 그 교회는 새로 들어온 신도가 영적인 삶을 실천하지 않으면 그들을 제명한다.

다시 말하지만 이것은 숫자의 문제가 아니다. 얼핏 보면 두 번째 교회의 성장이 더딜 것이라고 생각될 것이다. 그러나 사실은 그 반대이다. 첫 번째 교회보다 두 번째 교회에서 새 신도들의 잔류율이 더 높다. 다시 말해서 그 교회의 성장이 더욱 탄탄하다는 이야기다. 이것은 또한 전혀 관련이 없다고는 할 수 없겠으나 어쨌든 기본적으로는 신학적인 문제도 아니다. 오히려 그것은 가치에 관한 문제일 뿐이다.

공공 토론에서 어떤 목사가 말했다. "먼저 교회에 나오지 않는다면 당신은 절대 천국의 문을 발견하지 못할 것입니다." 다른 목사가 대답했다. "아닙니다. 먼저 천국의 문을 찾지 않는다면 당신은 교회에 나오지 않을 것입니다."

사람과 마찬가지로 조직 역시 나름의 가치를 보유한다. 조직에서 성공하기 위해 개인의 가치는 반드시 조직의 가치와 양립할 수 있어야 한다. 개인의 가치와 조직의 가치가 똑같을 필요는 없지만, 공존할 수 있을 만큼 충분한 공통점이 있어야 한다. 그렇지 않다면 그 사람은 좌절할 뿐만 아니라 결과를 도출하지 못할 것이다.

개인의 강점과 그 사람이 일하는 방식이 충돌하는 경우는 거의 없다. 그 둘은 상호보완적이다. 그러나 가끔은 개인의 가치와 강점은 충돌하기도 한다. 그 사람이 잘하는 일이 심지어는 그저 잘하는 것이 아니라 뛰어나게 잘하고 성공적이라고 해도 본인의 가치 체계와 맞지 않을 수도 있다. 그런 경우 일은 일생을 바칠 가치가 없어 보일지도 모른다(혹은 그것에 삶의 많은 부분을 헌신할 가치가 없어 보일 수도 있다).

잠깐 내 개인적인 이야기를 할 테니 이해해주기 바란다. 몇 해 전 나 역시 내 가치와 내가 성공적으로 잘하고 있던 일 사이에서 결정을 해야 했다. 1930년 중반 나는 런던에서 젊은 투자은행가로서 꽤 잘나가고 있었고, 그 일은 분명 내 강점과도 잘 맞았다. 그러나 나는 내가 자산관리자로서 사회에 기여를 한다는 생각이 들지 않았다. 나는 내가 가치 있게 생각하는 것은 사람이라는 점을 깨달았고, 어차피 땅에 묻히면 세계 최고 갑부나 가난한 사람이나 똑같을 텐데 돈이 무슨 소용이겠냐고 생각했다. 나는 돈도 없었고 다른 직장을 구할 전망도 없었다. 게다가 대공황이 아직 끝나지 않았는데도 나는 잘나가던 일자리를 그만두었다. 하지만 그것은 옳은 일이었다. 결국 가치는 최종 테스트이고 또 그런 테스트여야 한다.

나는 어디에 속하는가

자신이 어디에 속하는지 아주 일찍 깨닫는 운 좋은 사람은 얼마 안 된다. 가령 수학자, 음악가, 요리사 등은 네다섯 살이 될 무렵이면 이미 수학자요 음악가요 요리사이다. 의사들은 대개 아무리 늦어도 10대 때 진로를 결정한다. 그러나 대부분 사람은 특히 재능이 아주 뛰어난 사람들도 20대 중반을 훌쩍 넘길 때까지 자신이 어디에 속하는지 감도 잡지 못한다. 그러나 그 나이쯤 되면 다음 세 가지 질문에 대한 답을 알아야 한다. "내 강점은 무엇인가, 나는 어떻게 수행하는가, 내 가치는 무엇인가?" 그런 다음 자신이 어디에 속하는지 결정할 수 있어야 하고 결정해야 한다.

아니, 자신이 어디에 '속하지 않는지' 결정할 수 있어야 한다. 가령 자신이 큰 조직에서 일을 그다지 잘하지 못한다는 사실을 깨달은 사람은 큰 조직이 제안하는 일자리에 '아니요'라고 거절하는 법을 배웠어야 했다. 혹은 자신이 의사결정자가 아니라는 사실을 깨달은 사람은 의사결정이 포함된 업무에 '아니요'라고, 또한 패튼 장군 같은 사람은 (아마 그는 이 것을 결코 배우지 못한 것 같다) 독립 지휘권에 '아니요'라고 말하는 법을 배웠어야 했다.

이런 질문에 대한 답을 안다면 당신은 기회든 제안이든 혹은 업무이든 간에 다음과 같이 대답할 수 있다는 점이 중요하다. "좋습니다. 제가 그것을 하겠습니다. 그러나 나는 그것을 반드시 이렇게 해야 합니다. 그것은 본래 이런 식으로 하게 되어 있습니다. 또한 그 관계가 본래 이런 식입니다. 당신이 내게 기대할 수 있는 결과와 시간 틀은 바로 이러합니다. 왜냐하면 나는 본래 이런 사람이기 때문입니다."

성공적인 경력은 계획되는 것이 아니다. 그런 경력은 기회를 자신의 것으로 만들 준비가 되어 있는 사람만이 개발할 수 있다. 왜냐하면 그들은 자신의 강점과 수행 방식 그리고 자신의 가치를 알기 때문이다. 자신이 어디에 속하는지 안다면 평범한 사람, 다시 말해서 성실하고 역량이 있으며 열심히 일하지만 큰 성과를 거두지 못하는 사람도 뛰어난 성취자로 변신할 수 있다.

나는 어떤 기여를 해야 하나

인류 역사상 지금까지 이런 질문을 해야 할 필요가 있었던 사람은 거의 없었다. "나는 무엇을 기여해야 하나?" 농부나 기술공은 그들이 하는 일 자체가, 혹은 하인들의 경우엔 주인이 그들이 무슨 일을 해야 하는지 분명하게 지시했고 어떤 기여를 해야 하는지 알려주었다. 게다가 최근까지도 대부분의 사람은 윗사람으로부터 지시받은 대로 일하는 것을 당연하게 여겼다. 심지어 1950~1960년대까지만 해도 새롭게 등장한 지식노동자들, 이른바 '조직 인간'(organization men, 기업이나 군대 등 조직에 헌신하여 주체성을 상실한 인간을 뜻함 – 옮긴이)은 자신의 경력을 계획하는 데 회사의 인사부서에 의존했다.

그러다가 1960년대 후반이 되자 사람들은 더 이상 자신이 무엇을 해야 하는지에 대해 누구에게도 지시받고 싶어 하지 않았다. 젊은 사람들은 질문하기 시작했다. "나는 '무엇'을 하고 싶은가?" 그리고 그들은 기여하는 방법은 "자신의 일을 하는 것"이라는 대답을 들었다. 그러나 결과적으로 이 대답은 '조직 인간'들의 생각만큼이나 오류투성이인 것으로 드러났다. 자신의 일을 하는 것이 기여와 자기 성취와 성공으로 이어질 것이라고 생각했던 사람 중에 실제로 이 세 가지 중 하나라도 성취한 이는 거의 없었으니 말이다.

그럼에도 그 누구도 무슨 일을 하라고 지시를 받거나 해야 할 일을 일방적으로 배정받았던 예전의 대답으로 돌아가지 않는다. 특히 지식노동자들은 이제까지 한 번도 한 적이 없는 질문을 하는 법을 배워야 한다. "나는 '어떤' 기여를 해야 하나?" 그 질문에 답하려면 다음에 제시하는 세 가지 독특한 요소를 다루어야 한다.

첫째, 상황이 무엇을 요구하는가? 둘째, 내 강점과 내가 수행하는 방식 그리고 내 가치를 감안할 때, 실행되어야만 하는 무언가에 가장 큰 기여를 어떻게 할 수 있을까? 셋째, 차이를 생성시키기 위해 성취되어야 하는 결과는 무엇인가?

어떤 병원에 새로 임명된 한 행정 담당자의 경험을 통해 이 문제를 살펴보자. 그 병원은 규모도 크고 명성도 있었지만, 지난 30년 동안 그저 과거의 명성에 의지하여 그럭저럭 굴러갔다. 새로운 행정 담당자는 자신의 기여는 2년 안에 중요한 분야 중 하나에서 우수성의 표준을 세우는 것이라고 결심했다. 그리고 그 대상으로 응급실을 선택했다. 응급실은 크고 눈에 잘 띄기는 했으나 아주 엉성했다. 그는 응급실을 찾은 모든 환자가 도착한 지 60초 내에 자격을 갖춘 간호사를 찾을 수 있도록 하겠다고 결심했다. 그로부터 12개월이 지나기 전에 그 병원의 응급실은 미국 내 모든 병원의 모델이 되었고, 다시 2년이 지나자 병원 전체가 변신했다.

이 사례에서 알 수 있듯, 너무 멀리 내다보는 것은 거의 불가능하거나 심지어는 아주 무익할 수도 있다. 하나의 계획은 대개 길어야 18개월을 넘지 않고 그럼에도 상당히 명확하고 구체적이어야 한다. 따라서 대부분의 경우 문제는 이런 것이어야 한다. "앞으로 1년 6개월 내에 차이를 만들어줄 결과를 나는 어디에서 어떻게 성취할 수 있을까?"

이 질문에 대한 답은 반드시 몇 가지 요소가 균형을 이루어야 한다. 첫째, 결과는 성취하기 어려운 것이어야 한다. 그런 결과는 '최대한의 능력 발휘'가 필요한 것이어야 한다. 그러나 동시에 달성 가능한 것이어야 한다. 성취할 수 없는 혹은 가장 가능성이 없는, 즉 모든 것이 가장 완벽하게 갖추어진 환경에서만 성취할 수 있는 결과를 목표로 삼는 것은 야망이라 할 수도 없다. 그저 바보짓일 뿐이다. 둘째, 그 결과는 반드시 의미 있는 것으로서 차이를 만들어야 한다. 셋째, 결과는 가시적이어야 하고, 가능한 측정해야 한다. 그 결과 행동방침이 나올 것이다. 다시 말해서 무엇을 해야 하고 어디에서 어떻게 시작하며 목표와 일정을 어떻게 정해야 하는지 알 수 있을 것이다.

관계에 대한 책임

혼자서 일하는 사람일지라도 혼자 힘으로 결과를 성취하는 경우는 거의 없다. 일부 위대한 화가, 과학자, 운동선수를 제외하면 말이다. 대부분의 사람들은 다른 사람들과 함께 일하고, 다른 사람들과 함께 일하는 게 효과적이다. 그것은 조직에 속한 구성원이든 아니면 자가 고용이든 간에 상관없다. 자기관리에는 관계에 대한 책임이 필요하다. 이 책임에는 두 가지 요소가 있다.

첫째, 다른 사람들도 자신만큼이나 독특한 개인이라는 사실을 받아들이는 것이다. 누구나 그렇듯이 그들도 인간으로서 행동할 뿐이다. 이는 곧 상대방 역시 나름의 강점이 있고, 일하는 독특한 방식이 있으며, 자신만의 소중한 가치를 보유한다는 점을 의미한다. 따라서 효과적인 사람이 되려면 동료들의 강점과 수행 방법, 가치를 알아야 한다. 그런데 그것에 관심을 기울이는 사람은 거의 없다.

상사가 '읽는 자'에 속한다고 파악해 첫 번째 과제로 보고서를 쓰는 훈련을 받는 사람이 있었다. 그는 분명 다음번의 상사가 '듣는 자'에 속한다고 해도 보고서를 계속 쓸 것이고, 이는 결국 아무런 결과도 창출하지 못할 것이다. 또한 상사는 그 직원을 어리석고 무능하며 게으르다고 생각할 것이다. 그러나 그것은 충분히 피할 수 있는 문제다. 만일 그가 새로운 상사를 면밀히 관찰하고 이 상사가 어떻게 일하는지 분석한다면 이런 문제는 충분히 피할 수 있다.

상사라는 지위를 가진 사람들은 조직도 상에 표시되는 하나의 '직함'도 아니거니와 하나의 '기능'도 아니다. 그들도 개성을 가진 인간이며 자신에게 가장 잘 맞는 방식으로 일할 권리를 부여받은 사람들이다. 그들을 관찰하고 그들이 일하는 방식을 알아내며 그들을 가장 효과적으로 만드는 것에 맞추어 자신을 변화시키는 것이 상사와 함께 일하는 사람으로서의 의무이다. 사실 이것은 상사를 '관리'하는 비결이다.

 이는 상사뿐만 아니라 동료에게도 똑같은 적용되는 원칙이다. 그들 각자는 자신의 방식으로 일하고, 또한 자신의 방식대로 일할 권리가 있다. 중요한 것은 그들이 어떻게 일하는가와 그들의 가치가 무엇인가 하는 것이다. 가령 일하는 방식을 놓고 보면, 그들은 각자 다른 방식으로 일할 가능성이 크다. 효과성의 첫 번째 비결은 당신이 함께 일하고 또한 의지하는 사람들을 이해하는 것이다. 그래야 그들의 강점과 업무 방식, 그들의 가치관을 활용할 수 있기 때문이다. 업무 관계의 토대는 업무 자체만이 아니다. 그것만큼이나 관련된 사람들도 그 관계의 토대로서 중요하다.

 둘째, 커뮤니케이션에 대한 책임을 지는 것이다. 나를 포함하여 컨설턴트들이 조직과 함께 일을 시작할 때마다, 우리가 듣는 첫 번째 말은 개인 간의 갈등에 관한 것이다. 이런 갈등의 대부분은 다른 사람은 무슨 일을 하고 어떻게 하는지 혹은 그들이 초점을 맞추는 기여는 무엇이고 그들이 기대하는 결과가 무엇인지 모른다는 사실에서 비롯한다. 그리고 그런 점들을 모르는 이유는 질문을 하지 않은 탓에 대답을 듣지 못했기 때문이다.

 이처럼 질문을 하지 않는 것은 분명 인간의 어리석음을 보여주지만, 그보다는 인간의 역사를 보여준다는 의미가 더 크다. 최근까지도 우리는 다른 사람에게 이런 것들을 물을 필요가 없었다. 가령 중세시대의 도시에서 특정 지역에 거주하던 모든 사람은 같은 생업에 종사했고, 한 계곡에 모여 사는 시골 사람들은 누구나 봄이 되어 땅이 녹자마자 똑같은 농작물을 심었다. 비록 '평범'하지 않은 일을 하던 사람들도 일부 있었지만 그들은 혼자서 일했기에, 다른 사람에게 자신이 무슨 일을 하는지 말할 필요가 없었다.

오늘날 대다수 사람들은 일과 책임이 제각각인 사람들과 함께 일한다. 가령 판매부서 출신의 마케팅 담당 부사장의 경우 그는 판매에 관한 한 모르는 것이 없을지는 몰라도, 가격 책정, 홍보, 포장 등 자신이 한 번도 해본 적이 없는 일에 대해서는 아무것도 모른다. 따라서 이런 일을 하는 사람들은 그들이 무슨 일에 왜 노력을 기울이는지, 그들이 그 일을 어떻게 할 것인지, 기대하는 결과는 무엇인지 등을 마케팅 담당 부사장이 반드시 이해하도록 만들어야 한다.

만일 그 부사장이 그들이 무슨 일을 하는지 이해하지 못한다면 그것에 대한 1차적인 책임은 부사장이 아니라 그들에게 있다. 그들은 그 부사장을 교육시키지 않았다. 반대로 마케팅 담당 부사장의 책임은, 자신이 마케팅을 어떻게 생각하는지 다른 사람들이 반드시 이해하도록 만드는 것이다. 자신의 목표는 무엇이고 자신이 일을 어떻게 하며 자신에게 그리고 동료 각자에게 무엇을 기대하는지 말이다.

심지어 관계에 대한 책임을 지는 것의 중요성을 이해하는 사람조차도 동료들과 충분하게 커뮤니케이션하지 않는 경우가 종종 있다. 그들은 사람들이 주제넘다고 꼬치꼬치 캐묻는다고 혹은 어리석다고 생각할까 봐 두려워한다. 하지만 이는 잘못된 생각이다.

누군가가 동료에게 "이것은 내가 잘하는 일입니다. 내가 일하는 방식은 이렇습니다. 내가 소중하게 생각하는 가치는 이런 것들입니다. 나는 이런 가치에 초점을 두고 있으며 내가 성취하기를 바라는 결과는 이런 것들입니다"라고 말할 때마다 늘 한결같은 반응이 돌아온다. "당신 이야기보다 더 유익한 말은 들어본 적이 없습니다. 그런데 왜 진작 말하지 않으셨어요?"

게다가 만일 계속해서 "당신의 강점과 당신이 수행하는 방식, 당신의 제안된 기여에 대해 알리면 어떻게 해야 할까요?"라고 질문한다면, 똑같은 반응이 돌아올 것이다. 내 경험으로 보면 단 한 번도 예외가 없었다. 사실 지식노동자들은 자신이 함께 일하는 모든 사람에게 이런 요청을 해야 한다. 아랫사람이든 윗사람이든 아니면 동료든 팀원이든 간에 말이다. 뿐만 아니라 이렇게 할 때마다 그 반응은 늘 똑같다. "물어봐주셔서 감사합니다. 그런데 왜 진작 묻지 않으셨어요?"

오늘날 조직은 힘에 기초하지 않는 게 아니라 신뢰에 기초한다. 사람들 사이에 신뢰가 있다고 해서 반드시 서로를 좋아할 필요는 없다. 단지 서로를 이해한다는 뜻이다. 따라서 관계에 대한 책임을 지는 것은 절대적으로 필요하다. 다른 말로 그것은 의무이다. 조직의 구성원이든 아니면 조직을 위해 일하는 외부 컨설턴트든 혹은 공급자나 배급업자든 당신의 역할이 무엇이든 모든 동료에 대해 이런 책임을 져야 할 의무가 있다. 당신의 일에 의존하는 사람들뿐만 당신이 의존하는 일을 하는 사람들 모두에 대해서.

인생의 후반부를 설계하라

대부분 사람에게 일이 육체노동을 의미했던 시절에는 인생의 후반부에 대해 걱정할 필요가 없었다. 그저 늘 해오던 일을 그대로 계속하면 되었으니 말이다. 게다가 만일 운이 좋아서 40년 동안 공장이나 철로건설 현장에서 힘들게 일하고도 건강을 유지할 수 있었다면, 여생 동안 아무

일도 하지 않으면서 살아도 꽤 행복했을 것이다. 그러나 오늘날은 다르다. 대부분 일은 지식노동이고, 지식노동자들은 40년 동안 일을 해도 '끝'이라는 것이 없으며 다만 지루해질 뿐이다.

수많은 경영자들이 중년의 위기를 겪는다. 그 위기의 대부분은 지루함이다. 45세가 되면 대부분 경영자는 비즈니스 경력의 정점에 도달하고 그들 자신도 그 사실을 잘 안다. 별로 다르지 않은 일을 20년 동안 하고 나니 그들은 자신의 일에서 거의 달인의 경지에 도달한다. 그러나 그들은 배우려고도 기여하려고도 심지어 일에서 만족감과 도전을 찾으려고도 하지 않는다. 그럼에도 그들은 비록 25년까지는 아니더라도 20년을 더 일해야 할 가능성이 크다. 이것이 바로, 자기관리가 갈수록 사람들로 하여금 두 번째 경력을 시작하도록 만드는 이유이다.

두 번째 경력을 개발하는 데는 세 가지 방법이 있다. 첫째, 실제로 무언가를 시작하는 것이다. 때로는 업종을 바꾸는 것만으로도 충분하다. 가령 대기업에서 부서장을 하던 사람이 중형 병원의 관리자로 자리를 옮길 수도 있다. 아예 직종 자체를 바꾸는 사람들도 갈수록 늘어나는 추세이다. 예를 들어 나이 45세에 성직자의 길을 선택하는 비즈니스 경영자나 정부 관리, 20년 동안 비즈니스 세계에 몸담고 있다가 회사를 사직하고 로스쿨에 진학한 다음 중소도시의 변호사가 되는 중간급 관리자 등등.

우리는 자신의 첫 번째 경력에서 꽤 성공한 축에 드는 사람들이 두 번째 경력을 선택하는 현상을 앞으로 점점 더 많이 보게 될 것이다. 그런 사람은 상당한 기술의 소유자들이며 일하는 방법을 잘 안다. 그들은 소속감을 느낄 수 있는 공동체가 필요하고 생활을 위한 수입 역시 필요하다. 게다가 성장한 자녀가 독립하면 집이 텅 빈다. 그러나 무엇보다 그들에게는 살맛을 주는 도전이 필요하다.

인생의 후반기를 준비하는 두 번째 방법은 병행 직업(parallel career)을 개발하는 것이다. 첫 번째 경력에서 크게 성공한 많은 사람들은 예전부터 해오던 일을 지속한다. 정규직이든 임시직이든 아니면 비상근 고문역으로든 간에 말이다. 그러나 그들은 그 일 외에도 대개는 비영리조직에서 주당 10시간을 일하는 병행 직업을 갖는다. 가령 교회의 행정 업무를 관장하거나 지역사회의 걸스카우트 위원회의 회장을 맡는 식이다. 혹은 여성의 쉼터를 운영하기도 하고 지역사회의 공공도서관에서 어린이 전문 사서로 일하거나 학교운영위원회에서 활동하기도 한다. 이 외에도 비영리조직에서 일하는 병행 직업은 수없이 많다.

마지막 방법은, 사회적 기업가가 되는 것이다. 이들은 대부분 자신의 첫 번째 경력에서 크게 성공한 사람들이다. 비록 여전히 자신의 일을 사랑하지만 그들은 더 이상 그 일에서 도전의식을 느끼지 못한다. 많은 경우 그들은 이제까지 해오던 일을 계속하지만, 그 시간을 점점 줄인다. 또한 새로운 다른 활동을 시작하는데, 대개는 비영리활동을 펼친다. 예컨대 내 친구 봅 버포드(Bob Buford)는 텔레비전 방송국을 설립했는데, 친구의 방송국은 크게 성공했고 아직도 그가 운영하고 있다. 그러나 그는 또한 개신교 교회들과 협력하는 성공적인 비영리조직을 설립하여 성장시켰다. 뿐만 아니라 현재도 그는, 사회사업가들에게 본래의 비즈니스를 운영하는 동시에 비영리 벤처사업을 관리하는 법을 가르치는 비영리조직을 한창 설립 중에 있다.

인생의 후반부를 관리하는 사람들은 소수에 지나지 않을지도 모른다. 대다수는 '일에서 은퇴' 한 다음 실질적으로 '세상을 은퇴' 할 때까지 남은 세월을 헤아리고 있을 것이다. 분명 소수이긴 하지만, 기나긴 근로 수명을 자신과 사회 모두를 위한 기회로 생각하는 이들이 결국에는 리더가 되고 모델이 될 것이다.

　인생의 후반부를 관리하기 위한 선행조건이 하나 있다. 반드시 인생의 후반부를 접어들기 훨씬 전부터 시작해야 한다는 점이다. 30년 전 인간의 근로 수명이 매우 신속하게 증가한다는 사실이 사상 처음으로 분명해지기 시작했을 때 (나 자신을 포함하여) 많은 관찰자들은 비영리조직의 자원봉사자로 일하는 은퇴자가 증가할 것이라고 생각했다. 하지만 우리의 예상은 보기 좋게 빗나갔다. 40세 이전에 자원봉사 활동을 시작하지 않는다면 일단 60세를 넘고 나면 자원봉사에 나서지 않는 경우가 많았기 때문이다.

　비슷한 맥락에서, 내가 아는 모든 사회사업가는 자신들의 처음 비즈니스에서 최고점에 도달하기 훨씬 전부터 자신들이 선택한 두 번째 직업에 몸을 담았다. 성공적인 변호사의 사례를 통해 좀 더 자세히 알아보자. 어떤 대기업의 법률 고문을 맡고 있던 한 변호사는 자신이 거주하는 주(州)에서 모델학교를 설립하기 위한 벤처사업을 시작했다. 그는 35세 무렵부터 모델학교들의 법률문제를 도와주는 자원봉사활동을 시작했고, 40세 때는 학교위원회에 선출되었다. 그리고 50세가 되어 상당한 부를 축적하자 모델학교를 설립하여 운영하기 위해 자신의 사업을 시작했다. 그러나 그는 지금도 여전히 혈기 넘치던 젊은 변호사 시절 설립에 관여했던 회사에서 수석 법률고문으로 거의 정규직에 가까운 시간 동안 일하고 있다.

　두 번째 직업을 개발하고 그것도 가능한 일찍부터 발전시켜야 하는 또 나른 이유가 있다. 수명이 크게 연장된 오늘날, 개인적인 삶이나 직업적 삶에서 심각한 좌절을 맛보지 않은 채 그토록 긴 세월을 살 수 있는 사람은 아무도 없기 때문이다. 예를 들어 45세의 유능한 엔지니어가 승진에서 탈락하기도 하고, 자격 조건은 충분하지만 42세의 전문대학 교수가 자신은 결코 유명한 종합대학의 교수가 되지 못할 것이라는 사실을 깨닫기도 한다. 또한 결혼 실패나 자녀의 죽음처럼 가정 생활에도 비극이 찾아온다. 그런 시기에 단순한 취미가 아니라 제2의 직업이 있다면 이야기는 전혀 달라진다. 가령 위의 엔지니어는 자신이 일에서는 크게 성공하지 못했다는 사실을 깨닫는다. 그러나 교회의 회계담당자 같은 직업 외적인 활동에서는 꽤 성공한 사람 축에 든다. 비록 가정 생활은 파탄을 맞을지 몰라도 가족의 테두리를 벗어나면 늘 지역사회가 기다리고 있다.

성공이 갈수록 아주 중요해지는 사회에서 대안이 있다는 것은 그만큼 커다란 의미가 있다. 역사적으로 볼 때 '성공' 과 같은 것은 없었다. 절대 다수의 사람들은, 나이 많은 영국의 구도자가 찾을 법한 자신들의 '알맞은 위치' 에 머무르는 것 외에는 아무것도 기대하지 않았다. 유일한 이동성이래야 아래로의 이동성뿐이었다.

그러나 지식사회에서는 모든 사람이 성공하기를 기대한다. 이것은 분명 불가능한 일이다. 성공은커녕 실패하지 않으면 그나마도 다행이다. 성공이 있는 곳에 반드시 실패도 있게 마련이다. 게다가 자신이 헌신하고 차이를 만들며 '대단한 누군가' 가 될 수 있는 영역을 가지는 것은 개인뿐만 아니라 가족에게도 매우 중요하다. 그것은 리더가 되고 존경받으며 성공적인 사람이 되는 기회를 제공하는 제2의 영역을 찾는 것을 의미한다. 두 번째 경력이든 병행 직업이든 사회적 벤처사업이든 간에 말이다.

자기를 관리할 때 나타나는 도전적인 과제는 비록 간단하지 않을지는 몰라도 누구나 쉽게 이해할 수 있을 것이다. 게다가 그것들에 대한 대답을 허무하리 만치 쉽게 찾을 수 있을지도 모른다. 그러나 자기관리는 개인에게, 특히 지식노동자에게 전례 없는 새로운 무언가를 요구한다. 사실상 자기관리는 지식노동자 각자가 마치 자신이 최고경영자인 것처럼 생각하고 행동하도록 요구한다. 게다가 지시받은 대로 일하는 육체노동자에서 자신을 관리해야만 하는 지식노동자로의 변화는 사회구조에 커다란 도전을 야기한다. 기존의 모든 사회는 심지어 가장 개인주의적인 사회조차 비록 잠재의식적이기는 하지만 두 가지를 당연하게 생각한다. 조직의 수명이 노동자들의 수명보다 더 길다는 것과, 대부분 사람은 제자리에 머문다는 가정이다.

그러나 오늘날의 현실은 정반대이다. 지식노동자의 수명이 조직의 수명보다 더 길고 그들은 역동적이다. 따라서 자기관리는 더 이상 선택사항이 아니다. 오히려 인간사(事)에 새로운 혁명을 가져오고 있다.

8

내 인생
최고의 조언

데이지 웨이드먼
Daisy Wademan

요약 | 내 인생 최고의 조언

한 젊은 관리자가 자신의 경력에서 처음으로 위기를 맞자 회사 내에 있는 자신의 멘터를 찾아간다. 멘터는 사무실 문을 닫고 그에게 의자를 내준 다음 이런저런 '전쟁담'을 들려준다. 그러다가 마침내 당면한 문제에 대한 몇 가지 구체적인 조언을 제시한다. 그런 다음 그가 막 자리에서 일어나려는 찰나에 사소하지만 핵심적인 지혜 하나를 덧붙인다. 그리고 그 젊은 관리자는 비즈니스 세계를 떠날 때까지 그 지혜를 가슴 깊이 담고 살아간다. 이런 것이 바로 비즈니스 조언의 전형이다. 하지만 조언이 늘 이런 식으로 이루어지는 것은 아니다. 이 글에서 소개하는 여섯 가지 사례만 해도 그 반대의 경우다.

오길비앤매더(Ogilvy & Mother) 회장인 셸리 라자루스(Shelly Lazarus)는 순간적인 긴장을 누그러뜨리기 위해 무심코 내뱉은 말에서 심오한 통찰력을 얻었다. 노바티스(Novartis) CEO인 대니얼 바셀라(Daniel Vasella)는 레지던트 시절 눈 내리던 어느 날에 들었던 재치 있는 말에서 깨달음을 얻었다. 출판왕 얼 그레이브스(Earl Graves)와 스타우드 호텔(Starwood Hotel)의 배리 스턴리히트(Barry Sternlicht)가 각자 가슴에 새긴 조언도 결코 전형적인 것은 아니었다. 경력 초창기 시절 상사들이 들려준 신뢰에 관한 조언이 시간이 지남에 따라 더욱 깊고 실질적인 의미로 발전했을 뿐이다. 골드만삭스(Goldman Sachs) 회장인 헨리 폴슨 주니어(Henry Paulson Jr.)는 선친이 들려준 구체적인 조언만큼이나 그 자신이 훌륭한 본보기였다. 패션디자이너인 리즈 랭(Liz Lange)은 다른 사람들의 조언을 받아들이는 것이 늘 지혜롭다는 아이디어 자체를 아예 거부했다.

이들의 이야기가 증명하듯이, 전혀 예기치 못한 순간에 지혜를 얻게 된다. 또한 그 순간을 초월하여 훗날 자신들이 결정하고 사람들을 평가하며 자신의 행동을 검토하고 재검토하는 방식에 깊은 영향을 미칠 조언이 어떤 것인지 절대 알지 못한다.

비즈니스 조언의 진실

한 젊은 관리자가 자신의 경력에서 처음으로 위기를 맞았다. 자신이 맡은 중요한 프로젝트가 일정보다 늦어지고 이미 예산을 초과했으며, 더군다나 그의 리더십에 대한 팀원들의 신뢰가 하루가 다르게 급격히 줄어들고 있었다. 실의에 빠져 혼란스러운 그는 앞으로 나아갈 방향에 대한 조언과 따뜻한 격려를 구할 요량으로 자신의 멘터를 찾아갔다. 회사의 고위경영자인 멘터는 사무실 문을 닫고 그에게 의자를 권했다. 멘터는 이런저런 경험담을 들려주다가 프로젝트의 방향을 수정하는 방법에 대해 몇 가지 구체적인 조언을 해주었다. 잠시 뒤 그 젊은 관리자가 자리를 뜨려는 순간 약간 개인적인 조언을 덧붙였다.

그것은 어찌 보면 자애롭고도 지혜로운 작은 조언이 담긴 강력한 문구 하나에 지나지 않는다. 하지만 그 젊은 관리자는 경력의 사다리를 내려올 때까지 그 조언을 가슴 깊이 새길 것이다. 할아버지의 유품 시계처럼 한 세대의 관리자에게서 다음 세대의 관리자에게 전해지는 직접적이고 사려 깊은 조언, 그것이 바로 비즈니스 조언의 전형이다.

과연 꼭 그럴까? 3년 전 하버드 경영대학원에서 공부하던 당시 나는 『자신이 누군지 기억하라(Remember Who You Are)』는 제목의 책을 쓰기 시작했다. 그 책은 하버드 경영대학원 교수들이 비즈니스맨들에게 들려주는 조언을 망라한 것이었다. 그리고 그 책에 나오는 모든 조언은 개인적인 이야기 형식으로 구성되었다. 그 책을 쓰면서 나는 의문이 들기 시작했다. 성공적인 경영자들은 (교육자들과는 달리) 인생을 바꿔주는, 다시 말해서 인생 역전의 조언을 과연 언제 어떻게 어디에서 얻는 것일까? 분명 기업은 교실과는 다른 환경이다. 고위 비즈니스 리더들이 최고의 자리를 향해 올라가고 마침내 그 자리를 차지하는 그 모든 과정에서 그들에게 영향을 미치는 조언은 어떤 것일까?

본문에서 들려주는 이야기들은 이런 질문에 몇 가지 해답을 들려준다. 나는 다양한 산업 분야의 최고경영자 6명을 인터뷰했고 그들에게 다음과 같이 단도직입적으로 물었다. "지금까지 받은 개인적인 조언 중에서 비즈니스 현장에서 직접 사용했던 최고의 조언은 무엇입니까? 그 조언은 누가 어떤 상황에서 해준 것입니까? 그리고 그 조언을 업무에서 어떻게 사용했는지 구체적으로 말씀해주세요."

그들이 들려준 대답은(각각은 본문에서 수필 형식으로 편집했다) 내가 예상했던 것과 전혀 달랐다. 어떤 사람은 인터뷰를 시작하기 전에 쑥스럽다는 듯한 표정을 짓거나 어깨를 으쓱거리기도 했다. 반면 대부분의 사람들은 그 질문에 대해 처음에는, '이것이다'라고 한마디로 정의할 만한 사건은 없었다고 딱 잘라 말했다. 그렇지만 다들 얼마 지나지 않아 어떤 식으로든 이야기를 전개했고, 약속이라도 한 듯이 개인적인 비즈니스 성공에 대한 다양한 철학, 전략, 정보를 쏟아냈다. 하지만 그들이 들려주는 메시지만큼이나 나를 놀라게 한 것은 그런 메시지가 전달되고 흡수되는 환경과 방식이었다.

나는 그들을 만나기 전에는, 그들이 존경하는 멘터 옆에 앉아 소중한 지혜를 얻었을 것이라고 막연히 생각했다. 또한 멘터가 들려주는 지혜의 의미를 즉각 온전히 이해했을 것이라고 상상했다. 그런데 내 예상은 보기 좋게 빗나갔다.

그들은 전혀 예상치 못한 우연한 기회, 혹은 비즈니스와는 전혀 상관없는 환경에서 조언을 받았다. 심지어 어떤 사람은 수십 년에 달하는 비즈니스 경험을 쌓은 뒤에야 비로소 멘터의 조언이 담고 있는 진정한 의미를 이해할 수 있었다고 한다. 아마도 조언을 해준 상대방은 그런 말을 했다는 사실조차 기억하지 못할지라도, 그 말을 되새기며 오랫동안 가슴 깊이 품었던 것이다. 겨우 얼굴만 아는 정도인 사람들의 말이나 우연히 들은 조언들이 수년 동안 그들의 행동에 영향을 미친 경우도 있었다.

인터뷰 결과, 비즈니스 조언에 관한 한, 가족 관계나 교육적 환경이 직장에 버금가는 '조언 제조공장'인 것으로 드러났다. 게다가 놀랍게도 조언을 격언이나 진부한 문구 따위의 전형적인 방식으로 받은 사람은 거의 없었다. 대개 질문과 이야기, 그리고 전반적인 인생관이 복합적으로 어우러진 결과물이었다. 심지어 긴장을 누그러뜨리기 위한 농담에서 지혜를 얻은 사람도 있었다.

이처럼 다들 다양한 방법으로 조언을 얻었지만 이들의 이야기는 한 가지 공통적이고 역설적인 특징을 갖고 있었다. 각자 특정한 환경에서 조언을 얻었지만, 그 순간을 초월하여 훗날 그들이 의사결정을 하고 사람들을 평가하며, 자신의 행동을 검토하는 방식에 영향을 미쳤다는 점이다. 스타우드 호텔 그룹의 전 CEO였던 배리 스턴리히트는 출근 첫날에, 골드만삭스 전 회장이었던 헨리 폴슨은 어릴 적 집안일을 돕다가 조언을 얻었다.

오길비앤매더의 셸리 라자루스가 말하듯이, 대수롭지 않은 우연한 말 한마디가 일상적인 경영과 리더십에 지속적인 영향을 미칠 수 있다. 그녀의 첫 번째 사례가 보여주듯이, 어떤 지혜는 전통적인 방식으로 나타나기도 하지만.

셸리 라자루스

세계적인 광고 회사인 오길비앤매더 월드와이드 회장 겸 CEO

9년 전 CEO에 내정된 사실을 알았을 때 나는 우리 회사의 전설적인 설립자인 데이비드 오길비(David Ogilvy)와 프랑스에 있는 그의 성(城)에서 사흘을 보냈다. 때는 3월이었고 내내 춥고 비가 왔던 터라 우리는 사흘을 꼬박 성 안에 갇혀 지내며 회사에 대한 이야기를 나누었다.

한번은 그에게 단도직입적으로 물었다. "데이비드, 만일 제게 꼭 해주고 싶은 말이 있다면 무엇입니까?" 그는 잠시도 머뭇거리지 않고 대답했다. "자네가 사람들의 가치에 대해 생각하고 걱정하고 초점을 맞추고 질문을 하고 또한 그들을 평가하는 데 아무리 많은 시간을 들여도 충분하지 않을 서네." 그런 다음 잠시 뜸을 들이다 말을 이었다. "오직 사람만이 중요할 뿐이라네. 그리고 자네가 반드시 생각해야 하는 유일한 문제도 사람이지. 왜냐하면 그 문제만 바로 잡힌다면 모든 것은 저절로 굴러가게 마련이기 때문이지."

나는 하루도 빠짐없이 데이비드의 그 충고를 되새긴다. 그래서 지금도 나 자신에게 묻는 데 많은 시간을 할애한다. "나는 충분히 하고 있나? 나는 회사 직원 가운데 누구를 걱정해야 하는가? 또 다른 도전이 필요한 사람은 누굴까? 약간 생기가 없어 보이는 사람은 누구인가? 삶에 대한 새로운 관점이나 새로운 왕국이 필요한 사람은 누구인가?"

이렇듯 데이비드의 조언은 내가 사람들에 대해 생각하고 그들을 가르치는 방법뿐만 아니라, 비즈니스 전략을 구성하고 중요한 결정을 하는 방법에까지 영향을 미친다.

가령 우리 회사의 지점이 없는 도시에 광고의 귀재가 있다고 가정해보자. 그리고 그 귀재는 뉴욕이든 어디든 우리와 함께 일하기 위해 고향을 떠나 다른 도시로 이사할 마음이 추호도 없다고 치자. 내게 그것은 새로운 사무실을 개설할 명분이 된다. 많은 사업가들은 주로 비용이나 그 새로운 도시에 고객들이 있는지 없는지에 대해 생각할 것이다. 그러나 궁극적으로 볼 때 그런 사안은 뛰어난 인재를 얻고 그들을 회사에 계속 잡아두어야 하는 필요성에 비하면 아무것도 아니다.

지금부터 나는 약간 개인적인 조언을 들려주려 한다. 광고업계에서 경력을 시작했던 아주 초창기 시절에 있었던 일이다. 아마 나는 오길비와 약 2년 정도 일한 것 같다.

어느 날 나는 중요한 고객과의 회의를 준비하면서 상사의 사무실에 앉아 있었다. 고객과의 회의는 2시에 예정되어 있었는데, 벌써 1시가 넘어가고 있었다. 그런데 갑자기 회계 부분을 담당하던 매체 기획자가 복도에 나타났는데, 완전히 얼이 나가 유령 같은 몰골이었다. 그녀는 컴퓨터가 고장 나서, 우리가 오늘 제안하기로 예정된 매체 기획을 위한 각종 수치 정보를 출력할 수 없다고 말했다. 당시는 컴퓨터가 고장 나면 그대로 모든 것이 정지되던 시절이었다. 컴퓨터를 껐다가 재부팅하는 기술이 개발되기 전이었기 때문이다.

그녀는 거의 뛰다시피 사무실로 들어가더니 히스테리 직전의 모습으로 원을 그리며 달리기 시작했다. 사실 나는 누군가가 실제로 그렇게 하는 모습은 그 이전에도 그 이후에도 본 적이 없다. 그녀는 두 손으로 머리를 부여잡은 채 계속 말했다. "이제 어떡하지? 이제 어떡하지?" 우리는 어찌할 비를 모른 채, 그녀가 이런 광적인 상태에서 계속해서 원을 그리며 도는 모습만 지켜보았다.

어느 정도 시간이 지난 다음 내 상사인 찰리 프레더릭스(Charlie Fredericks)는 더 이상 두고 볼 수 없었던지 자리에서 일어났다. 그러고는 그녀의 앞을 가로막고 어깨를 잡아 멈추게 한 다음 고함을 지르다시피 큰소리로 말했다. "그들이 당신한테 어떻게 할 건데? 당신 아이들이라도 뺏어간대?"

솔직히 적어도 일주일에 한 번은 나도 프레더릭스처럼 행동해야 하는 순간을 경험한다. 즉 공황 상태에 빠진 누군가를 멈추게 하여 현실적인 관점을 주입해야 하고, 주변 사람들이 나와 똑같이 하도록 도와주어야 한다. 비즈니스 상황이 긴박하고 절망적으로 보일 때 사람들은 겁을 먹는다. 그들은 마치 자동차 불빛을 본 사슴마냥 얼어붙는다. 그들은 그 문제를 해결하거나 좋은 결과를 생산할 능력의 스위치를 꺼버리고 만다. 이유는 오직 하나, 너무 겁에 질렸기 때문이다. 그들은 위기를 해결하기 위한 행동보나는 위기 자체에 초점을 맞춘다.

그렇기 때문에 나는, 긴장감이 피부로 느껴지는 회의에 참석할 때, 모든 주변 사람들이 마치 세상이 무너지는 것처럼 생각할 때, 가령 다음과 같은 질문으로 그 상황을 무장해제시킨다. "명확하게 한 번 짚어보죠. 우리의 행동 때문에 혹은 우리가 아무 행동도 하지 않아서 그것 때문에 죽는 사람이 있나요? 우리 회사가 망하기라도 하나요? 그렇다고 누가 아이를 잃나요? 만일 그렇다면 내게 말씀만 하세요. 내가 정말로 본때를 보여줄 테니까요."

이런 내 말에 사람들은 일순간 웃음을 터뜨린다. 어느 정도 웃음이 가라앉고 나면 나는 말한다. "자, 이제 다들 정신 차리고 이 문제를 해결하는 데 집중하죠."

이 기법은 사람들이 위기감에 사로잡힐 때면 언제라도 사용할 수 있다. 그러나 가장 유익한 순간은 뭐니 뭐니 해도 사람들의 감정이 '정말로' 고조되는 때이다. 광고업계에서 그런 일은 장기적인 고객이 기존 광고회사와의 관계를 재검토하거나 다른 광고회사와 거래하기로 결정할 때 발생한다. 왜냐하면 그 순간에는 얻는 것은 거의 없지만 잃는 것은 엄청나게 많기 때문이다.

1991년 우리 회사는 아메리칸 익스프레스(American Express)로부터 버림을 받았다. 그동안 우리 회사가 도맡아 하던 주로 텔레비전 광고를 통한 브랜드 이미지 구축과 관련된 대규모 광고 프로젝트를 다른 광고회사에 맡긴 것이다. 우리 회사에는 보잘것없는 협동 광고, 즉 사업장 설립에 관한 제휴 판촉 일만 맡겼다. 사실 아메리칸 익스프레스는 1960년대 초부터 우리 회사와 거래를 해왔고, 한때는 우리 회사의 최대 고객이었던 적도 있었다. 그러나 데이비드 오길비가 그 주 토요일에 내게 전화를 해서 말했듯이, 고객들은 철새처럼 왔다가 가게 마련이다. 즉 언제라도 새로운 고객을 확보할 수 있고 또 언제라도 기존 고객이 떠나버릴 수도 있다.

그런데 진짜 문제는 그게 아니었다. 직원들의 사기가 꺾이고 의욕이 떨어져 위기감에 휩싸였을 때, 그리고 자신의 일에 대해 예전과 다르게 느끼고, 더 이상 아무일도 하고 싶어 하지 않으면서 당장이라도 화를 내며 자리를 박차고 나가버릴 분위기였을 때 진짜 문제가 찾아왔다.

따라서 나의 도전은 단순히 주요 고객을 되찾는 것이 아니었다. 오길비의 전 종업원들에게 그 재앙을 잊어버리고 업무에 집중하도록 동기를 부여하는 것이었다.

전체 직원을 한자리에 모아놓고 나는 말했다. "일어난 일은 이미 일어난 일입니다. 따라서 만일 이 어려운 상황을 참고 견디고 싶지 않다면 회사를 떠나세요. 아무도 붙잡지 않을 테니 그냥 회사를 떠나세요. 하지만 만일 다시 믿음을 가지고 이 책상에 둘러앉을 준비가 되었다면 지금 당장 시작하세요. 아메리칸 익스프레스에 대한 우리의 모든 관심과 믿음을 총동원하여 진심으로 그 문제를 해결할 준비가 되었다면 지금 당장 시작하세요. 그런 다음 우리가 그들의 마음과 정신을 되찾을 수 있을지 한번 두고 봅시다." 장장 11개월이 걸리긴 했지만 어쨌든 우리 회사는 아메리칸 익스프레스를 되찾아왔다.

데이비드 오길비의 조언과 찰리 프레더릭스의 말은 비록 어조와 메시지 측면에서는 아주 달랐지만 근본적인 사안은 똑같다. 광고는 한마디로 아이디어 비즈니스이다. 그것이 우리의 현주소다. 게다가 아이디어는 하늘에서 그냥 뚝 떨어지지 않는다. 그것은 인간에게서 나온다. 만일 회사가 직원들이 훌륭한 아이디어를 창조하고 아무리 어려운 환경 속에서도 자신의 관섬과 좋은 판단력을 온전하게 유지할 수 있도록 도와주지 못한다면 어떻게 될까? 나아가 직원들이 고객들을 만족시킬 만한 방식으로 그런 아이디어를 발전시키지 못한다면 어떻게 될까? 대답은 자명하다. 우리는 빈껍데기일 뿐이다.

대니얼 바셀라

노르바티 제약회사 회장 겸 CEO

배우는 방법은 아주 다양하다. 우리는 이론과 관찰과 실질적인 개인적 경험에서 배운다. 당연한 말이지만 감정은 학습을 심화시키고, 특히 어떤 말 한마디나 경험이 우리에게 상처를 주거나 기쁨을 줄 때는 더욱 그러하다. 이는 도전을 다룰 수 있는 새로운 방법을 생성시키고 새로운 통찰력을 제공하기 때문이다. 개인의 성격에 어울리는 학습은 이해하기가 한결 수월할지 몰라도, 결국 오랫동안 기억에 남는 것은 우리의 일상적인 양식과는 다른 예기치 못한 학습이다.

물론 나는 지금까지 모든 상사로부터 때로는 긍정적인 사례를 통해, 또 때로는 부정적인 사례를 통해 교훈을 얻고 배웠다. 하지만 어떤 상사에게서 구체적으로 무엇을 배웠다고 꼬집어 말할 수는 없다. 나는 좋은 조언이란 토론에서 나온다고 생각한다. 특히 평소보다 더욱 편안하거나 성찰적인 토론이라면 그 가능성은 더욱 높아진다. 이런 식의 대화가 오갈 때는 학습이 삼투적으로 일어난다. 사실, 시간이 흐르고 나면 그 대화의 정확한 배경이나 세부적인 내용은 기억하기가 어려울 것이다. 하지만 그 대화를 통해 아무리 시간이 흘러도 가슴 깊이 새겨져 사라지지 않을 소중한 지혜를 배운다. 나는 내 삶의 각기 다른 여러 단계에서 이러한 경험을 몇 차례 했다. 지금부터 그중 두 가지를 소개하려 한다.

첫 번째 사건은 내가 레지던트로 근무하던 시절로 거슬러 올라간다. 병원에서의 매일 아침은 짧은 회의로 시작했고, 우리는 그것을 '아침 보고시간'이라 불렀다. 그 보고시간에, 낮 근무를 위해 출근하는 의사들은 간밤에 환자에게 있었던 변화와 더불어 새로운 환자에 대해 간단하게 보고를 받았다. 또한 우리는 그 시간을 통해 그날 누가 무슨 일을 담당할지 정했다. 그 회의는 아주 엄격한 규율 속에서 진행되었고, 내 상사는 사람들이 지각하는 것을 아주 질색했다. 사실 지각은 용납될 수 없는 분위기였다.

그러나 어느 겨울 아침, 그날 따라 날씨가 아주 끔찍했고 도로는 얼음과 눈으로 뒤덮여 그야말로 빙판길이었다. 병원으로 차를 몰고 가던 중 나는 회의 시간이 얼마 남지 않았다는 사실을 깨닫고 거의 패닉 상태에 빠졌다. 회의에 15분(어쩌면 20분이었는지도 모르겠다) 늦게 도착한 나는 당황해서 어쩔 줄을 몰랐고 자리를 찾아 앉으면서도 연신 굽실거리며 죄송하다는 말을 되뇌었다. 그러나 내 상사가 내 말을 끊고 말했다. "오늘 같은 날, 바보가 아닌 다음에야 누가 정시에 출근하겠는가?"

그 말은 내게 아주 깊은 영향을 미쳤다. 그 일로 나는 당연하게 받아들여지는 전통적인 규칙이 가끔은 사람들이 따라야 하는 최악의 상황이라는 사실을 깨닫게 되었다. 가령 특정 상황에서 우선순위를 정할 때는 각 항목의 상대적인 중요성과 상황 모두를 면밀히 검토해야 한다. 또한 스스로의 규칙을 변화시킬 의지가 있어야 한다.

두 번째 사건은 불과 몇 달 전, 싱가포르를 방문했을 때 발생했다. 나는 그곳에서 싱가포르의 초대 총리로 장기 집권했던 리콴유(李光耀) 장관을 만났다. 리콴유 장관은 총리로 재임하던 시절 비록 동남아시아에서 가장 성공적인 국가를 건설했음에도 서구권 국가들로부터 독재주의적인 통치자라고 비난을 받았다.

우리는 약 1시간가량 이야기를 나누었다. 그는 베트남 전쟁과 미국이 결국 베트남에서 손을 떼기로 한 결정에 대한 자신의 의견을 말했다. 또한 그 상황이 오늘날 인도네시아와 싱가포르가 직면한 종교적 근본주의와 관련한 도전에 어떤 영향을 미치는지에 대해 말했다. 대화가 끝나갈 무렵 그가 말했다. "당신도 알겠지만 이제는 승부수를 띄울 때입니다." 분명 그는 어떤 반대자를 만나도 조금도 주저하지 않고 맞설 배짱이 있었다. 그는 양측 모두가 그 과정에서 다칠 수 있음을 인정했지만, 승리할 수만 있다면 무력을 행사하는 것도 마다하지 않을 것이다. 다른 사람들의 반응이 아무리 부정적일지라도 말이다.

첫 번째 사례에서 내 상사는 의견을 제시했고, 두 번째 사례에서 리콴유 장관은 그 자신과 자신의 생각과 결의 그리고 자신의 조국에 대해 말했다. 그러나 위의 두 사례에서 내가 그 순간에 혹은 그들의 말에서 직접적으로 통찰력을 얻은 것은 아니다. 오히려 한 걸음 물러나서 그 시간들을 되돌아보며 그들이 무슨 말을 했고 내가 감정적으로 어떻게 반응했는지 곰곰이 생각해본 다음에야 통찰력을 얻었다.

위의 두 사건 모두는 사실상 오늘날까지도 내게 실질적인 영향을 미친다. 직장에서의 내 행동방식, 선택안과 대안을 평가하는 방식, 그리고 나 자신과 내 행동을 분석하는 방식 모두에 영향을 미친다는 이야기다.

예전에 레지던트로 근무하던 시절 지독한 날씨 때문에 아침에 지각했던 경험에서 나는 나 자신과 다른 사람들의 실수에 대한 너그러운 관용을 배웠고, 그 습관을 지금까지도 이어오고 있다. 비록 처음에는 실수인 것처럼 보일지 몰라도 가끔은 그것이 유일하게 앞으로 나아가는 옳은 길일 수도 있기 때문이다. 또한 그 경험을 통해, 가령 직원들이 성심을 다해 노력하지만 피치 못할 이유로 말미암아 업무나 프로젝트를 감당할 수 없을 때, 그들에게 공감할 수 있게 되었다. 요컨대 그 경험은 나로 하여금 내 규칙의 적절성을 가끔씩 재고하고 또한 변화하는 환경에 비추어 그 규칙들을 재검토하도록 가르쳤다.

비록 최근에 있었던 일이지만, '승부수를 띄울 때'라는 리콴유 장관의 말은 어려운 상황과 그 상황에 대한 나의 새로운 사고방식과 관점을 창조하면서 내 뇌리에 깊이 각인될 것이다.

나는 어느 분야에서 승부수를 띄워야 하는 결정적인 순간을 피하려고 하는가? 그 이유는 무엇인가? 어떻게 하면 승부수를 띄우기로 결심할 수 있을까? 어떻게 하면 엄격한 감시와 비판에도 불구하고 올바르고 필요한 일을 하겠다고 의식적으로 그리고 자발적으로 결심할 수 있을까?

이미 나는 특정 사건들을 승부수를 띄울 필요가 있는 시기로 재검토하는 일을 시작했다. 특히 우리 회사가 아벤티스(Aventis)와 합병을 위해 노력했던 방식과 관련하여 승부수를 띄워야 했던 결정적인 순간에 대해 많이 생각했다. 당시 우리는 프랑스 정부로부터 일방적인 통보를 받았다. 요지는 그들은 아벤티스가 사노피-신데라보(Sanofi-Synthelabo)와 합병하기를 원하기 때문에 우리 회사와는 합병 이야기를 할 수 없다는 것이었다. 이 사건과 관련한 문제는 '과연 우리 회사는 그냥 포기해야 할 것인가? 아니면 프랑스 정부와의 대립의 가능성을 불사하고라도 합병을 계속 추진해야 할 것인가?' 라는 것이었다.

이제 나는 안다. 그때가 승부수를 띄워야 하는 결정적인 순간이었음을. 우리는 프랑스 정부와 언론의 반응은 머릿속에서 지워버려야 했다. 결과적으로 말해, 우리는 아벤티스와 합병하는 데 실패했지만 비즈니스적인 측면에서는 성공했다. 승부수를 띄워야 하는 중요한 순간을 회피하지 않았다는 이야기다.

곰곰이 생각해보니, 내 개인적인 직업적 배경과 훈련 때문에 위의 두 가지 특별한 말들은 언제까지라도 내 뇌리에 깊이 남아 있을 것이다. 가령 당신이 의사라고 가정하자. 당연히 당신은 의사로서 자신의 지식과 전문성의 한계를 확실하게 이해할 것이다.

모든 상황이나 모든 전문 분야에 탁월한 능력을 발휘할 수 있는 사람은 없다. 따라서 당신은 다른 분야의 전문가들로부터 끊임없이 도움을 구해야 한다. 또한 당신이 환자를 치료하는 데 도움을 줄 수 있다고 생각되는 사람이 있다면 그에게 당신 지식의 한계를 부끄러워하지 않고 솔직하게 드러낼 수 있어야 한다. 하지만 당신이 치료에 필요한 지식을 갖추고 환자의 상태를 정확하게 진단할 수 있게 된다면, 당신은 반드시 앞으로 나아가고 당신의 치료법을 제시할 수 있을 만큼 확신을 가져야 한다. 비록 다른 사람들이 당신에게 의문을 제기하거나 다른 관점을 표현한다고 해도 말이다. 그런 경우에는 단호하고 신속한 행동이 그 환자의 생사를 가를 수도 있기 때문이다. 물론 비즈니스 세계에서는 생사가 달려 있지는 않지만, 분명하고 원칙에 입각한 능숙한 사고와 즉각적인 행동은 대개 성공의 절대적인 요소로 작용한다.

리즈 랭

패션업체인 리즈 랭 임부복(Liz Lange Maternity)의 창업자, 사장, 디자이너

3년 전 나는 세련된 고급 임부복을 디자인하고 판매하는 패션업체를 성공적으로 운영하고 있었다. 우리 회사는 매디슨가와 베벌리힐스에 단독 건물로 된 영업장이 있었고, 나이키와도 독점 라이선스 계약을 맺었다. 또한 당시는 유명 고급백화점 체인과 입점 문제를 놓고 한창 의견을 조율하던 중이었다. 그 계약만 성사되면 미국 전역에 있는 그 백화점에 입점할 예정이었다.

동시에 나는 다른 업체와도 임부복을 납품하기 위해 상담을 진행하고 있었다. 그 업체는 타깃(Target)이었다. 나는 그곳에 세련되면서도 백화점에 납품하는 임부복보다 훨씬 저렴한 임부복을 판매할 계획이었다. 내 계획을 들은 대부분 사람들의 반응은 똑같았다. 초저가 할인점에 납품하기 위해 리즈 랭의 상표를 단 의상을 디자인하는 것은 너무나도 터무니없는 발상이라고 일축했다. 심지어 타깃과 손을 잡는 것은 이제까지 어렵게 쌓아 온 리즈 랭이라는 브랜드를 죽일 것이라고 으름장을 놓는 사람도 있었다. 고급 제품과 저가 제품은 공존할 수 없는 법이라고 그들은 한결같이 말했다. 어떤 가게에서는 25달러면 살 수 있는 스웨터를 다른 가게에서 200달러를 주고 사고 싶어 하는 사람이 있겠느냐는 말이었다.

백화점의 CEO는, 만일 내가 타깃과 손을 잡는다면 모든 거래는 끝이라고 통보했다. 그러나 나는 반대론자들에게 귀를 기울이고 그들에게 발목을 잡혀 주저앉는 것을 거부했다. 대신에 나는 내 자신이 비즈니스 세계에 몸담고 있는 사람으로서 특히 기업가로서 해야 하는 가장 중요한 일 중 하나라고 생각하는 것을 실천했다. 나는 외부의 모든 조언을 무시하고 오직 내 본능에만 귀를 기울인 것이다.

당시 아무도 내게 "리즈, 외부의 조언을 무시하세요"라고 말하지 않았다. 아니, 적어도 그렇게 직접적으로 말한 사람은 없었다. 내 남편 역시 자기 사업을 운영하고 있는 기업가이다. 그는 파생상품 거래를 위한 수학적 모델을 개발했고, 그 모델을 골드만삭스 같은 금융기관에 납품한다. 우리 부부는 식업이 직업인지라 기업가적 경험에 대해 많은 이야기를 나눈다.

그는 내가 하는 일에 대해 아주 큰 지지를 보내고 큰 영감을 불러일으키는 존재이다. 그는 특히 초창기에 사업 자금을 모으는 데 애를 먹었던 제록스(Xerox) 창업자들에 관한 이야기를 좋아한다. 벤처 투자자들은 제록스의 시제품을 조사한 다음 이렇게 말하곤 했다. "그런데 복사하고 싶어 할 사람이 있을까요?" 내 남편의 요지는 이랬다. 창업을 하려면, 특히 전혀 새로운 분야인 경우에는 주변의 소음을 차단하고 자신의 생각을 소신과 뚝심을 가지고 착실하게 추진해야 한다는 것이다.

내게 있어, 세련된 임부복을 저렴한 가격에 제공한다는 아이디어는 전혀 잘못된 것이 없었다. 내가 고가의 임부복뿐만 아니라 좀 더 저렴한 임부복도 생산하기를 바란다는 이메일을 얼마나 많이 받았는지 상상도 못 할 것이다(이 말도 꼭 해야겠다. 사람들은 내가 고객들의 이메일을 읽지 말아야 한다고, 그러면서 그 시간에 성장 중인 회사의 사장으로서 더 중요한 일을 하라고 말했다).

내가 받은 이메일 중에는 "저는 임신부인데요, 당신이 디자인한 임부복을 입고 싶지만 너무 비싸서 살 수가 없어요"처럼 예의바른 내용도 있었고, "당신이란 사람은 도대체 어떻게 바지 한 벌에 150달러를 받을 수 있어요?"처럼 아주 무례한 내용도 있었다.

나는 고객들이 부티크에서 구입하는 제품이랑 타깃에서 구입하는 제품이 다르다는 점을 이해할 것이라는 사실을 본능적으로 알았다. 또한 나는, 부자 고객이라도 타깃에서 15달러짜리 우리 디자인 티셔츠를 구매하고 매디슨가에 있는 부티크에서 값비싼 자킷을 구매한 다음, 그 옷들을 잘 코디해서 입을 것이라고 생각했다. 뿐만 아니라 내 생각엔 그것도 참 의미 있는 일 같았다.

타깃과의 거래는 우리 회사의 상황과도 아주 잘 맞았다. 만일 고급 백화점 체인과 거래를 한다면, 우리는 전국 약 30여 개의 매장에 납품할 제품을 생산하고 팔리지 않은 재고품을 회수해야 했을 것이다. 결과도 말해주었지만, 타깃은 자체 브랜드의 제품을 직접 생산하고 소유하며 전국 1200개 매장에 동시 납품하고 대대적인 광고 캠페인을 시작할 계획이었다. 따라서 납품대금을 받는 데는 아무 문제없을 것이라는 확신이 섰다.

 나는 주변의 비판과 비난에도 불구하고 내 소신만 믿은 채 비행기에 몸을 싣고 미니아폴리스로 날아갔다. 그곳에서 나는 약 15명 정도의 타깃 직원들을 만났고 내가 누구이며 우리 회사가 어떤 회사인지에 대해 설명했다. 나는, 이 아이디어가 그들에게나 나에게 그리고 고객들에게 모두 좋은 일이라며, 또한 이치에 맞는 것이기 때문에 논리적으로 가능한 일이라고 생각했다. 한두 주 정도 지난 뒤 타깃에서 연락이 왔고, 우리는 계약을 체결했다.

 아마 이 사건 때문에 나를, 좌충우돌하며 앞뒤 재지 않고 무모한 삶을 살아가는 미스터 마구(Mr. Magoo, 돈 많은 사업가로 어이없는 삶을 살아가는 만화 캐릭터. 영화로도 제작되었다-옮긴이)처럼 생각하는 사람도 있겠지만, 절대로 그렇지 않다. 사실 나는 매우 경쟁력이 있는 사람이고 회사 걱정에 뜬눈으로 밤을 새기도 하며, 다른 임부복 디자이너들보다 앞서나가도록 나 자신을 거세게 몰아붙이기도 한다. 그러나 사업체를 성장시키는 각 단계마다 나는 부정성에 대해서는 생각하지 않아야 했고 소음을 차단해야 했다.

 7년 전에 회사를 창업했을 때 세련된 고가의 임부복이라는 말은 그 자체가 모순이었다. 당시 임부복은 날염한 천으로 헐렁하게 디자인된 것이 주를 이루었고, 너무 귀엽게만 보이려고 했다. 마치 임신부가 임신을 한 것이 아니라 그녀 자신이 아기로 돌아가기라도 한 것처럼 말이다. 월가든 잡지사든 어디에서 일하든 간에, 내가 아는 모든 임신부들은 늘 불평을 했다. "오늘 중역회의가 있었고, 화요일에는 오피스파티(office party, 주

내 인생 최고의 조언

로 크리스마스이브에 개최하는 파티 - 옮긴이)가 있고, 그리고 주말에는 햄튼 호텔에 가야 하는데, 몸이 이러니 도무지 입고 갈 만한 옷이 없어요."

이들의 불만에 착안하여 나는 일종의 비공식적인 여론 조사를 시작했다. "만일 내가 신축성이 아주 뛰어난 소재로 정말로 멋진 바지를 디자인했는데, 그 바지가 175달러라면 구매하겠습니까?" 대부분은 '아니오' 라고 대답했다. 훗날 나는 대규모 소매업체들을 찾아다니며 내 아이디어를 설명했다. 그들의 반응은 한결같았다. 임부복 사업은 위험 부담이 너무 크다는 것이다. 임신 기간이 겨우 아홉 달밖에 되지 않기 때문에 임신부들은 자신의 인생에서 짧은 그 시간을 위해 아름답고 값비싼 임부복을 구매하지 않을 것이라는 이야기였다. 심지어 개중에는 그런 데 투자할 돈을 아꼈다가 차라리 파리로 멋진 쇼핑 여행이나 가는 게 낫다고 충고 아닌 충고를 했던 이도 있다.

하지만 그 어떤 부정적인 피드백도 나를 막지 못했다. 나는 마침내 맨해튼 61가에 작은 사무실을 열었고, 몇몇 샘플을 만들 공장을 찾았다. 그런 다음 내가 알고 있는 임신부들에게 전화를 걸기 시작했다. 나를 오해하지는 마라. 창업 첫해에 반대자들의 말이 옳았던 것이 아닌가 걱정하면서 말 그대로 침대에 웅크리고 드러누워 있었던 날이 얼마나 많았는지 모른다. "이것은 정말 그들의 말대로 끔찍한 아이디어야. 나는 절대 성공하지 못할 거야. 내가 지금 '뭐 하고' 있는 거야?" 그리고 전화 한 통 걸려오지 않고 아무 약속도 없던 날은 또 얼마나 많았던지.

그러나 얼마 지나지 않아 전화통에 불이 나기 시작했다. 예전에 설문조사를 할 때 175달러짜리 바지를 사지 않을 것이라고 말했던 여성들이 그 바지를 주문했다. 몇 년 후 나이키가 임신부 운동복 라인을 공동 브랜드로 출시하자고 제안했을 때는 더욱 가관이었다. 심지어 내 변호사들조차 그 거래는 결코 성사될 수 없을 것이기 때문에 내가 그들에게 법률 자문료를 지급하느라 아까운 돈만 낭비하고 있다고 말할 지경이었다. 나이키는 이제까지 운동선수들과 공동 브랜드 계약을 체결했을 뿐, 디자이너와 그런 계약을 체결한 적이 없을뿐더러 내 회사처럼 영세한 회사는 두말할 필요도 없다는 것이었다.

내가 몸에 딱 들러붙는 임부복을 디자인하는 것에 대해 생각하기 시작했을 때 고객들은 그런 옷을 입는다는 아이디어에 거부반응을 보였다. 하지만 오늘날 나이키 매장에서 팔리는 리즈 랭 임신부 운동복은 성업 중이고, 우리 부티크에서 몸에 딱 맞는 끈 없는 튜브-톱과 신축성 좋은 가죽바지는 베스트셀러 상품이다.

기업가로서 나는 청중 앞에서 연설할 기회가 아주 많다. 그들 중에는 이미 창업한 사람도 있고 창업을 생각 중인 사람도 있다. 연설할 때마다 나는 외부의 충고를 무시하는 것이 아니 적어도 신중하게 걸러서 받아들이는 것이 아주 중요하다고 말한다. 그리고 매번 연설이 끝날 때면 백여 명의 사람들이 줄을 서서 기다리고, 그들 모두는 똑같은 말을 한다. "오, 맙소사, 어쩜 그리도 정확한지 몰라요. 내게 일어났던 일이 바로 그거예요. 당신이 그것을 말로 표현했을 뿐이에요."

어떤 분야에 몸담고 있든 혹은 어떤 종류의 사업을 시작했든, 그들 모두는 '아니오'라는 말을 분명 들었을 것이다. 그런 경험은 아주 보편적이다. 고객과 투자자들은 제품에 대한 당신의 비전을 결코 이해하지 못할 것이다. 왜냐하면 그들은 그것을 미리 만져볼 수도 그렇다고 느껴볼 수도 없기 때문이다. 이에 당신이 할 일은, 당신의 본능을 따르고 끊임없이 자조의 노력을 기울이는 것이다. 아울러 만일 당신이 그 제품을 실제로 만든다면 그들이 고객이 될 것이라고 믿는 것이다.

헨리 폴슨 주니어

세계적인 금융서비스 기업인 골드만삭스 회장 겸 CEO

유년기와 사춘기를 거치는 동안 내 곁에는 늘 강력한 안내자가 있었다. 바로 나의 아버지다. 아버지는 똑같은 조언을 각기 다른 많은 방식으로 몇 번이고 반복해서 들려주었다. 그 조언은 구체적인 행동이나 상황에 관한 것이 아니었다. 습관이나 보편적인 생활철학, 일에 대한 관점과 관련 있었다. 아버지는 진짜 행복은 쉽지 않은 무언가를 하기 위해 열심히 노력하고 그런 다음 그 일을 성공적으로 하는 데서 나온다고 말했다.

아버지는 비록 크게 성공하지는 못했지만 사업가였다. 처음에는 할아버지가 창업한 회사에서 사회생활을 시작했다가, 나중에는 독립하여 교육 관련 서비스를 제공하는 경영 컨설턴트 회사를 설립했다. 겉모습은 사업가였지만 아버지의 마음은 늘 농부에 가까웠다. 아버지는 그 지역이 개발되기 전에 이미 플로리다 스튜어트에 목장을 소유하고 있었다. 그리고 가족 사업을 운영하기 위해 고향으로 돌아가야 했을 때 일리노이 주에 있는 작은 농장에 터전을 잡았다.

아주 어렸을 적부터(아마 대여섯 살 무렵) 나는 아버지 손에 이끌려 농장의 일상적인 허드렛일을 해야 했다. 건축용 벽돌을 가득 실은 손수레를 끌기도 했고 잔디를 깎은 적도 있으며 마구간을 청소하고 건초를 묶고 쌓는 일도 했다. 아침에 일어나면 아버지는 내게 그날 해야 하는 일의 목록을 건네주곤 했다(내 동생은 아직도 그 목록에 관한 꿈을 꾼다고 말한다). 그리고 내가 일을 마치면 아버지는 직접 와서 검사를 했다.

당시 우리 집에는 7~8에이커 정도 되는 앞마당이 있었는데, 가을이면 낙엽을 긁어모으는 일이 여간 고역이 아니었다. 정말이지 나는 그 일이 영원히 끝나지 않을 것처럼 생각되었다. 그리고 내가 일을 끝내면 아버지는 정원을 둘러보았고, 행여 미처 치우지 못하고 덤불 속에 남아 있던 낙엽을 찾기라도 하면 이렇게 말했다. "너는 여기 놀러 왔었구나." 그리고 남아 있는 낙엽이 하나도 없으면 그제야 아버지는 일을 잘했다고 칭찬해주었다.

많은 점에서 아버지는 '일'을 찬양했다. 그렇다고 늘 일만 하고 전혀 쉬지 않는 부류의 사람은 결코 아니었다. 아버지는 열심히 일하는 것 자체가 미덕이라고도 또한 일을 할 때 고통스러워야 한다고도 생각하지 않았다. 아버지는 휴가의 필요성을 믿었고, 우리 형제를 캐나다로 카누와 스키와 낚시 여행에 데려가는 것을 얼마나 좋아했는지 모른다. 또한 당시 우리 집은 말을 여러 마리 키웠는데, 아버지는 우리가 하루 농장 일을 끝내고 나면 우리를 말에 태운 다음 들종다리, 쌀먹이새, 풍금새 등 여러 새 소리를 가르쳐주었다. 그리고 더운 여름날이면 마을의 수영장으로 가라고 허락해주었다. 하지만 그것도 우리가 일을 마친 다음이었다.

일에 대한 아버지의 철학은 다음과 같았다. 만일 크고 어려운 목표를 세운다면 당신은 그 목표를 달성하기 위해 노력하는 데서 큰 즐거움을 얻을 것이다. 그리고 실제로 목표를 달성함으로써 엄청난 자신감을 획득하고 그것을 완수하는 데서 큰 만족감을 얻을 것이다. '그런 다음' 당신은 당신의 성공을 축하하고 다른 재미있는 일로 옮겨갈 수 있다.

아버지의 영향력은 내 성년기 전반에 걸쳐, 그리고 골드만삭스에서 경력을 쌓아가는 내내 늘 나와 함께했다. 아버지의 조언은 여러 가지 사소한 면에서 내게 영향을 미쳤다. 예를 들어 오늘날까지도 나는 일을 완수하기 위해 노력하는 편이다. 그리고 일을 빨리 해치우고 가장 하기 싫은 일을 먼저 한다. 그래야 가족과 더 많은 시간을 보낼 수 있기 때문이다.

그리고 보다 큰 방식으로 영향을 끼치기도 했다. 골드만삭스에 근무하던 초창기 시절, 캐터필러(Caterpillar), 사라 리(Sara Lee), 켈로그(Kellogg), 산타페 철도회사(Santa Fe Railway)와의 거래를 담당하게 되었는데, 이들은 모두 처음으로 거래하는 고객이었다. 당시 나는 그들과의 관계를 구축하기 위해 패기 넘치는 젊은 임원으로서의 모습을 보여야 했다. 8에이커에 달하는 앞마당에서 낙엽을 긁어모으는 일과 마찬가지로, 그것은 내게 참으로 위압적인 과제였다.

아이디어를 생각해내야 했고 고객들을 만나기 위해 끝없이 출장을 다녀야 했으며 그들의 신뢰를 얻기 위해 엄청나게 노력해야 했다. 그래야 그들이 중요한 거래를 실행할 필요가 있을 때 기존에 거래하던 금융기관이 아니라 골드만삭스와 거래를 틀 것이기 때문이었다.

낙엽을 긁어모으는 일은 뚜렷한 일의 진척 상태를 눈으로 확인할 수 있다. "2에이커는 끝냈고 3에이커도 거의 끝나가네." 그러나 관계를 구축하는 일은 이야기가 달랐다. 길어도 단 며칠이면 끝나는 낙엽을 긁어모으는 일에 비해 훨씬 더 어려웠고 좌절의 연속이었으며 수년이 걸렸다. 뿐만 아니라 나는 고객들과의 관계에 진척이 보인다고 확신했었는데(그리고 아마도 내 생각이 맞았을 것이다), 정작 거래가 마무리될 즈음 기존 거래 은행으로 발길을 돌린 경우도 부지기수였다. 그것은 마치, 한 줄기 바람이 불어와서 애써 긁어모은 낙엽을 다시 정원으로 날려 보내는 것만 같았다(사실 이것은 그리 이상한 경험도 아니었다).

그럼에도 나는 흔들리지 않는 확신이 있었다. 대개의 경우, 만일 내가 지름길을 택하지 않고 당면한 문제에, 그것이 낙엽으로 뒤덮인 정원이든 아니면 경쟁사의 고객이든 간에 성심을 다해 노력한다면 언젠가는 보상을 받을 것이라는 확신이었다.

그렇다고 내가 일만 죽으라고 한 것은 아니다. 혈기 넘치는 젊은 은행가였지만 휴가만은 꼬박꼬박 챙겼다. 가족과 함께 야생의 자연 속에서 카누를 타고 캠핑하는 것은 아버지의 영향력을 보여주는 것이었다. 가끔 나는 빗속에서 거센 역풍을 거스르며 카누를 띄웠고 자녀를 뱃머리에 앉혔으며 그러다가 이런 생각을 하곤 했다. "도대체 내가 왜 이런 짓을 하는 거지?" 대부분 사람들은 이런 휴가는 고려할 가치조차 없다고 생각할 것이다. 하지만 우리 가족은 열심이었다. 연신 모기떼를 쫓아가며 카누를 젓는 데 집중했다. 오로지 아름답고 고립된 호수에 다다르기 위해 우리는 이 어려운 여정을 묵묵히 헤쳐나갔다.

일단 그곳에 다다르고 나면 그 호수는 온전히 우리만의 호수였다. 그리고 어려움을 극복하고 그곳에 다다랐다는 사실이 우리에게 커다란 자부심을 안겨주었다. 사실 그곳은 단순한 호수가 아니라 우리만의 작은 천국이었다. 있는 것이라고는 우리 가족과 물새와 비버, 그리고 수영할 깨끗한 물과 아침에 팬케이크가 되어줄 블루베리와 저녁거리로 안성맞춤인 싱싱한 송어뿐이었으니 말이다.

얼 그레이브스

얼 그레이브스(Earl G. Graves, Limited) 창업자, 회장, CEO, 『블랙 엔터프라이즈(Black Enterprise)』 잡지도 이 회사 소유다.

1960년대 중반 나는 발레리오 카르디날레(Valerio Cardinale)라고 하는 부동산 개발업체의 세일즈맨으로 일했다. 카르디날레는 자신의 분야에서 크게 성공한 인물로 엄청나게 성실하고 고결한 사람이었다. 또한 커다란 슬픔을 가슴에 품은 사람이기도 했다. 자신과 마찬가지로 부동산업계에 종사하던 그의 아들 중 한 명이 자동차 사고로 목숨을 잃었기 때문이다. 그 비극이 그를 끊임없이 괴롭혔을 것이다.

그곳에 입사할 당시 카르디날레는 내게 두 가지 조언을 해주었다.

"그레이브스 씨," 그가 내게 말했다(나보다 스무 살이나 많은 사람치고 아주 격식을 차린 말이었다). "당신이 우리 회사에서 알아야 할 첫 번째는 우리는 모든 사람을 똑같이 대한다는 점입니다. 그 사람이 백만장자 부동산 개발업자이든 세입자이든. 그저 분명하게 밝혀두기 위해 하는 말입니다만, 나는 임대 계약과 관련하여 불평하러 사무실을 찾아오는 사람에게는 한 시간 이상 할애하지 않습니다. 하지만 크게 무리가 없는 한, 누구에게라도 내 시간을 아주 관대하게 나눠줍니다."

두 번째 조언은 "사람을 믿으세요"라는 것이었다. 그의 말이 무슨 뜻이었을까? 잘은 모르겠지만, 가장 단순한 수준에서 그는 신뢰의 실질적인 필요에 대해 말했을 것이다. 카르디날레 밑에서 일한 지 얼마 지나지 않아 나는 내가 세일즈에 큰 소질이 있음을 깨달았다. 하지만 동시에 나는 끊임없이 사람들을 의심했다. 은행의 부동산 대출 담당자, 경쟁 부동산 개발업자 등등. 카르디날레도 내 의심이 터무니없는 것이 아니라 그럴 만하다고 확인해주었지만, 만일 내가 다른 사람들을 신뢰할 수 없다면 나는 결국 아무것도 이루지 못할 터였다.

그러나 신뢰에 관한 그의 조언은 단순히 그런 의심을 없애는 차원이 아니었다. 신뢰는 당신이 스스로 자신의 가치를 높이도록 만든다. 또한 당신을 더욱 효과적으로 만들어주거나 당신의 아이디어를 실천할 수 있는 사람들에게 책임을 위임하도록 만든다. 가령 내가 보좌관에게 중요한 전화를 하라고 지시할 때 나는 그 일이 처리될 것이라고 그것도 신속하게 처리될 것이라고 믿는다. 다른 사람에 대한 이런 신뢰는 내 모든 상호작용의 근간이 되었고, 나는 나와 함께 일하는 사람들을 의심하지 않는다.

지금부터 아주 최근의 사례를 들려주겠다. 2004년 10월 호를 준비하고 있을 때 『블랙 엔터프라이즈』의 사장 겸 회장인 부치(Butch, 그는 내 아들이다)가 나를 찾아와 버락 오바마(Barack Obama)를 표지모델로 하고 싶다고 말했다. 우리는 10월 호에 오바마 개인의 이야기와 그의 삶과 정치적 경력 그리고 그의 상원의원 출마에 대한 대대적인 기사를 실을 예정이었다. 우리가 이 결정을 했을 때만 해도 오바마가 민주당 전당대회에서 연설을 하기 전이었고, 선거는 한참 전이었다. 그래서 나는 부치에게 다른 대안은 무엇이냐고 물었다. 잡지사는 표지에 대해 늘 두 가지 대안을 준비한다. 그것은 '흑인들을 위한 최우수 대학 50'에 관한 특집 기사였다. 이것은 우리 잡지 독자들이 관심을 가질 만한 훌륭한 기사였다. 그러나 부치가 나를 찾아와 "이것은 가치 있는 기사입니다"라고 말할 때 나는 그의 의견을 심각하게 받아들인다. 결국 오바마가 2004년 10월 호의 표지를 장식했다. 그리고 궁극적으로 그것은 우리로서는 옳은 선택이었다.

신뢰는 사람에게서 최상의 것을 끌어낸다. 만일 상대방이 자신을 신뢰한다는 것을 안다면 사람들은 어떤 경우에도 잘 대처할 것이다. 나도 그랬다. 이제부터 나를 신뢰했던 어떤 사람에 대한 이야기를 잠깐 들려주겠다. 로버트 케네디(Robert Kennedy)가 상원의원으로 재임할 당시 나는 그를 위한 자원봉사자로 일했다. 내가 처음에 맡은 일 중 하나는 그를 위해 크리스마스 파티를 준비하는 것이었다.

자원봉사자들이 준비했던 예전의 행사들은 다들 실패로 돌아갔기에 나는 이번만큼은 무슨 일이 있어도 아주 잘 조직된 성공적인 행사로 만들고자 정말 열심히 일했다. 행사 중에 케네디가 내 쪽으로 몸을 살짝 기울이면서 물었다. "죄송하지만 성함이 뭐라고 하셨지요?" 나는 "그레이브스입니다"라고 대답했다. 그 행사가 있고 얼마 지나지 않아 나는 그의 정식 보좌관으로 일하게 되었다. 행사가 아무 문제없이 순조롭게 끝난 사실이 분명 그에게 깊은 인상을 주었을 것이고, 나를 자신이 한 말에 대해 책임을 지는 사람이라고 신뢰했기 때문에 그런 일이 가능했을 것이다.

나와 마찬가지로 케네디는 사람들과 그들의 동기부여에 대해 의심할 수도 있었다. 가끔 그는 회의나 정치 집회에 참석할 때 스태프를 쳐다보며 말하곤 했다. "저 안에 들어가기 전에 주머니 지퍼를 올리는 게 좋아!" 그러나 그는 자신을 위해 일하는 사람들은 절대적으로 신뢰했다. 이에 우리는 그의 기대를 충족시키기 위해 우리가 할 수 있는 모든 일을 하는 것으로 그 신뢰에 보답했다. 조금 과장된 말인지는 몰라도, 만일 그가 스태프에게 "오늘 이 사무실에서 농구경기를 하고 싶군"이라고 말했다고 치자. 그러면 우리는 그 말이 끝나기가 무섭게, 천장을 높이고 딱딱한 나무 바닥을 깔며 농구 골대를 세우는 등등 행사 준비에 돌입했을 것이다. 그것이 바로 신뢰가 생성시키는 헌신인 것이다. 그리고 그것은 모든 관리자가 꿈꾸는 헌신이다.

배리 스턴리히트

스타우드 호텔 앤 리조트 월드와이드(Starwood Hotels & Resorts Worldwide)의 회장 겸 최고 디자인 임원(CDO, Chief Design Officer)

나는 수년 동안 사람들이 들려준 조언에 크게 고무되었다. 그런 조언은 어느 날 갑자기 너무나 중요하게 생각되었고, 요즘도 가끔 그것에 대해 생각한다. 그것은 마치 내 뇌리에 깊이 각인된 것만 같고, 모두가 너무나 강력하여 내 삶의 한 축을 차지한다.

그런 경험 덕분에 나는 조언이라는 보물을 좇는 사냥꾼이 되었다. 비아콤(Viacom)과 CBS의 사장을 역임한 멜 카르마진(Mel Karmazin)의 최근 연설에서 "꽤 좋은 것만으로는 부족하다"라는 말을 들었는데, 이 말이 내게 깊은 인상을 남겼다. 회사를 운영하다 보면 그 말의 진가를 새삼 느낄 것이다. 내가 누군가에게 "요즘 어떻게 지내십니까?"라고 물으면, 그들은 "꽤 좋아요"라고 대답할 것이다(아주 뛰어난 것이 낫지 않을까? 도대체 누가 '꽤 좋은' 것을 얻기 위해 노력한단 말인가).

또 다른 조언들도 있다. "희망은 비즈니스 전략이 아니다." "행운이란 준비가 기회를 만날 때 찾아오는 것이다." "끈기는 천재성이 변장한 것이다." 이 문구들은 사실 '포춘 쿠키'(fortune cookie, 점괘가 든 과자-옮긴이)에서 발견한 것이지만, 나는 그 말의 진실성을 조금도 의심하지 않는다. 나는 내 자신이 총명하다고 생각해본 적은 결코 없지만, 경력 전반에 걸쳐 나는 내 모든 것을 바쳐 열심히 일했고, 고맙게도 내 노력은 보상을 받았다.

그러나 내가 획득한 가장 중요한 조언 중 하나는 다소 복잡하다. 솔직히 '포춘 쿠키'에 담을 만한 문구라고는 할 수 없어도 나는 그것에 대해 끊임없이 생각한다.

1986년 하버드 경영대학원을 졸업했을 때 나는 시카고에 소재한 JMB 리얼티(Realty)라는 부동산 개발 회사에 취직했다. 당시 나는 부동산업계 경험이 전혀 없었지만, 부동산 거래에 대해 배우고 싶었다. 출근 첫날 상사가 나를 사무실로 불러 이렇게 말했다. "우리 회사의 '교전규칙'에 대해 알려주겠네. 자네가 해야 하는 첫 번째 일은 언제나 진실을 말하는 것일세. 나는 우리의 투자 대상과 관계된 모든 것에 대한 진실을, 즉 모든 사실을 알고 싶네. 그런 다음 나는 그런 사실에 대한 자네의 의견을 들을 것이네. 그러나 나는 자네가 그 두 가지의 차이를 확실하게 이해하기를 바라네. 가령 자네가 그 모든 것을 말할 수 있다면 나는 자네가 좋은 판단력의 소유자라고 생각하겠지. 그리고 자네가 정말로 좋은 판단력을 가지고 있다면 자네는 이 세상 어디라도 갈 수 있고 이 회사의 어떤 자리에라도 오를 수 있을 것이네. 하지만 좋은 판단력이 없다면 자네는 이 분야에서 결코 성공하지 못할 것이네."

그 충고는 경력 전반에 걸쳐 내가 거래에 임하는 태도와 방법뿐만 아니라 CEO로서 내 모든 행동의 기본이 되었다. 조직을 구축하기 위해 당신은 위임할 수 있어야 하고, 위임하기 위해서는 당신을 위해 일하는 사람들에 대한 신뢰와 확신이 있어야 한다. 당신은 그들이 조사를 철저하게 하고, 필요한 모든 사실을 수집하며, 자신이 발견한 것에 대해 진실을 말하고, 자신이 수집한 데이터를 토대로 합리적인 의견을 정립하며, 사실과 추측의 차이를 이해한다는 사실을 알아야 한다.

그 정도는 식은 죽 먹기라고? 틀렸다. 그 충고를 듣고 나서 얼마 후 나 자신도 깨달았을 듯이, 특정한 프로젝트에 관한 중요한 모든 자료를 수집하는 것조차 당신이 생각하는 것보다 어려운 일이 될 수도 있다. 이해를 돕기 위해 JMB리얼티에서 내가 처음에 담당했던 거래 중 하나와 관련된 이야기를 들려주겠다.

당시 나는 캘리포니아에 소재한 아파트 건물을 매수하는 일을 맡았다. 젊은 혈기가 충천했던 나는 나의 총명함으로 모든 사람들에게 깊은 인상을 주자고 다짐했다. 나는 몇 날 며칠을 온통 이 프로젝트에만 매달렸다. 그리고 입주자들을 일일이 찾아다니며 이야기를 나누었고, 심지어 정원

잔디 잎사귀 길이까지 쟀다. 나는 이 부동산에 대한 모든 것을 파악했다고 자신했다.

그러나 회사의 투자위원회 대표를 만났을 때 그는 내게 "주차장의 줄 간격이 얼마나 됩니까?"라고 물었다. 나는 "무슨 말씀이신지? 저는 그 아파트에 대해 모르는 것이 없습니다. 심지어 스미스 부인에게 대학에 다니는 자녀가 있고 다음 주에 이사를 나갈 예정인 것도 압니다. 그러면 우리는 그녀의 아파트를 재임대할 수도 있습니다. 그런데 대표님은 왜 주차장 줄 간격에 대해 물으시는 것입니까?"라고 되물었다. 그러자 그가 말했다. "왜냐하면 줄 간격을 알면 주차 공간의 간격을 재조정할 수 있고, 그러면 주차 대수를 늘릴 수 있기 때문입니다. 대형차는 주차하는 데 16피트가 필요하고 소형차는 13피트면 족할 수도 있습니다. 게다가 그 공간들은 주차 수입으로 따지면 5만 달러어치의 가치가 있습니다."

그 순간 나는 생각했다. '오! 세상에. 나는 그 생각을 못했어. 정말로 그런 생각은 못했어.' 심지어 나는 그런 질문을 할 생각조차 못했다. 나는 진실을 말했고 의견을 제안했지만, 그 의견을 정립하는 데 필요한 모든 사실을 다 알지는 못했다.

그러나 그들 앞에 놓인 모든 진실에도 불구하고, 심지어 주차장의 줄 간격까지 고려하는 아주 엄격하고 정확한 실사를 하고 난 다음에도, 총명한 사람들 중에는 자신 앞에 놓인 정보의 의미를 몰라 훌륭한 의견을 정립할 수 없는 이들이 있다. 또 어떤 사람은 그 사실들을 조사하고도 그 모든 것을 아무렇지도 않게 무시하고 또한 진실을 다 털어놓지 않으려 한다.

대학을 갓 졸업한 다음 뉴욕 시에서 컨설턴트로 근무하던 시절의 일이다. 상사가 두 가지 변수를 x와 y축의 도표에 점으로 표시하라는 일을 지시했다. 일을 마치고 나니 내가 그린 그래프는 온통 점으로 도배되었다. 그때 파트너가 들어오더니, 먼저 도표의 한쪽 면에 점들을 찍은 다음 다른 쪽 면에 또 점들을 찍었다. 그렇게 하니까 거짓말같이 위로 향하는 직선이 나타났다. 마침내 내 파트너가 말했다. "잘 봐, 이렇게 하니까 모든 점이 완벽하게 연결되었잖아." 그 말에 나는 "그래서는 안 돼!"라고 응수했다. 당신의 의견은 자료를 토대로 정립되어야지, 그 반대가 되어서는 안 된다. 즉 당신은 당신이 진실이기를 바라는 것에 맞도록 사실을 거꾸로 짜 맞출 수 없다는 이야기다.

하지만 더욱 나쁜 상황은 사람들이 전혀 확실한 근거도 없는 정보를 토대로 정립된 의견을 제시하고, 단순히 자신이 진실이기를 바라는 정보를 토대로 관점을 형성하는 것이다. 가끔 사업을 운영하다 보면 경쟁사에 계약을 뺏길 때가 있다. 그럴 때면 우리 측 거래 책임자는 내게 이렇게 말한다. "글쎄, 그들이 우리보다 낮은 가격을 제시하는 바람을 계약을 뺏기고 말았습니다." 그러면 나는 이렇게 대답한다. "그것이 확실한가? 아니면 그저 자네의 개인적인 생각인가?" 내가 알고 싶은 것은, 경쟁사가 우리보다 낮은 가격을 제시한 것이 확실한 사실인지, 아니면 그것이 그 담당자의 개인적인 생각인지 혹은 거래를 놓쳤기 때문에 자기 보호 차원에서 나온 말인지 하는 것이다.

우리 회사가 웨스틴 호텔(Westin Hotels)을 인수했을 때 다른 호텔 체인의 CFO는 그 거래가 형편없는 것이었고 너무 비싸게 샀다고 말했다. 당시 그는 이름만 대면 업계에서는 누구나 다 아는 아주 유명한 사람이었지만, 나는 조무래기에 지나지 않았다. 그러나 적어도 그 거래에서만은 내가 그보다 한 수 위였다. 그는 그 거래에 대해 몰랐고, 내가 그 거래를 어떻게 성사시켰는지 몰랐으며, 우리의 진짜 매입가격도 몰랐고, 그 거래에 포함된 자산에 대해서도 몰랐던 것이다.

　사업상의 결정은 실질적인 정보를 토대로 이루어져야 한다. 즉 당신의 회사가 무엇을 어떻게 하고 있는지에 대한 확실한 평가와 분석을 토대로 이루어져야 한다는 이야기다. 그저 당신이 진실이기를 바라는 정보를 토대로 결정을 하기 시작하면 당신은 악수(惡手)를 두기 십상이다.

　나는 내가 처음 상사에게 들은 이 충고를 사회생활을 갓 시작하는 사람들에게 반복해서 들려준다. 그리고 우리 회사의 모든 신입사원에게 들려주는 것을 좋아한다. 그러나 그것은 승진 사다리를 올라갈수록 더 중요해진다. 승진 사다리의 더 높은 곳에 오를 때 특히 CEO가 될 때 당신은 이런 '잘못불가', 즉 불사신의 지적인 환상에 사로잡힌다. 그리고 그 순간 당신은 명석한 판단력을 잃어버릴 수 있다. 당신은 자신이 성공했기 때문에 두려움을 모르고, 자신이 모든 것을 확실하게 안다고 생각한다. 그러나 그 환상을 거부하고 JMB리얼티 시절 내 상사의 충고를 따른다면, 다시 말해서 사실에 집중하고 늘 정직하며 확고한 의견을 정립하고 좋은 판단력을 발휘한다면 그것은 당신을 곤경에서 구해줄 든든한 동아줄이 될 것이다.

| 출처 |

1장 Dan Ciampa, "Almost Ready: How Leaders Move Up", *Harvard Business Review*, January 2005.

2장 Edward M. Hallowell, "Overloaded Circuits: Why Smart People Underperform", Harvard Business Review, January 2005.

3장 Herminia Ibarra and Kent Lineback, "What's Your Story?", *Harvard Business Review*, January 2005.

4장 Laura Morgan Roberts, Gretchen Spreitzer, Jane Dutton, Robert Quinn, Emily Heaphy and Brianna Barker, "How to Play to Your Strengths", *Harvard Business Review*, January 2005.

5장 Donald N. Sull and Dominic Houlder, "Do Your Commitments Match Your Convictions?", *Harvard Business Review*, January 2005.

6장 John J. Gabarro and John P. Kotter, "Managing Your Boss", *Harvard Business Review*, January 2005.

7장 Peter F. Drucker, "Managing Oneself", *Harvard Business Review*, January 2005.

8장 Daisy Wademan, "The Best Advice I Ever Got", *Harvard Business Review*, January 2005.

옮긴이 김정혜

1992년 한양대학교 화학과를 졸업한 다음 1996년까지 상은리스주식회사에서 근무했다. 2001~2002년 미국 필라델피아 커뮤니티칼리지에서 SLP 과정을 수료했고, 현재는 바른번역 소속 번역가로 활동 중이다.
역서로는 『아서왕의 원탁』, 『다가올 세대의 거대한 폭풍』, 『꿈이 우리에게 알려주는 것』, 『실비아 브라운의 Lessons for Life』, 『새로운 세계질서를 리드하는 유럽합중국』, 『설득의 힘』, 『체인지 리더십』, 『워터쿨러 위즈덤』, 『말 안 듣는 우리 아이를 사랑 받는 아이로 키우는 방법』, 『행복한 차세대 크리스천을 위한 7가지 습관』, 『임팩트 코드』, 『젊음의 유전자, 네오테니』, 『친절한 설득책』, 『마인드 이노베이션』, 『쿠엔틴 타란티노』, 『생각이 차이를 만든다』, 『당신이 회사에서 보지 못하는 90%의 진실』, 『어제와 다른 나를 만드는 1분 셀프 리더십』, 『불안을 내려놓고 가볍게 날아올라봐』, 『긍정이 허락하는 모든 것』, 『리더십의 딜레마』 등이 있다. 『로마전쟁영웅사』를 포함하여 다수의 공동 역서가 있다.

KI신서 2241
하버드비즈니스클래식

리더의 자기혁신

1판 1쇄 인쇄 2010년 1월 6일
1판 1쇄 발행 2010년 1월 15일

지은이 헤르미니아 이바라 외 **옮긴이** 김정혜 **펴낸이** 김영곤 **펴낸곳** (주)북이십일 21세기북스
출판콘텐츠사업본부장 정성진 **경제경영팀장** 김성수
기획 엄영희 **디자인** 씨디자인, 네오북
마케팅·영업 최창규, 김보미, 김용환, 이경희, 김현섭, 허정민, 노진희
출판등록 2000년 5월 6일 제10-1965호
주소 (우413-756) 경기도 파주시 교하읍 문발리 파주출판단지 518-3
대표전화 031-955-2100 **팩스** 031-955-2151 **이메일** book21@book21.co.kr
홈페이지 www.book21.co.kr **커뮤니티** cafe.naver.com/21cbook

값은 뒤표지에 있습니다.
ISBN 978-89-509-2191-0 13320

이 책의 내용의 일부 또는 전부를 재사용하려면 반드시 (주)북이십일의 동의를 얻어야 합니다.
잘못 만들어진 책은 구입하신 서점에서 교환해 드립니다.